シリーズ
世界を知る
ための地誌学
日本

仁平尊明・菊地俊夫 [編]

Regional Geography of Japan

朝倉書店

―――― **書籍の無断コピーは禁じられています** ――――

　本書の無断複写（コピー）は著作権法上での例外を除き禁じられています。本書のコピーやスキャン画像、撮影画像などの複製物を第三者に譲渡したり、本書の一部をSNS等インターネットにアップロードする行為も同様に著作権法上での例外を除き禁じられています。

　著作権を侵害した場合、民事上の損害賠償責任等を負う場合があります。また、悪質な著作権侵害行為については、著作権法の規定により10年以下の懲役もしくは1,000万円以下の罰金、またはその両方が科されるなど、刑事責任を問われる場合があります。

　複写が必要な場合は、奥付に記載のJCOPY（出版者著作権管理機構）の許諾取得またはSARTRAS（授業目的公衆送信補償金等管理協会）への申請を行ってください。なお、この場合も著作権者の利益を不当に害するような利用方法は許諾されません。

　とくに大学等における教科書・学術書の無断コピーの利用により、書籍の流通が阻害され、書籍そのものの出版が継続できなくなる事例が増えています。

　著作権法の趣旨をご理解の上、本書を適正に利用いただきますようお願いいたします。　　　　　　　　　　　［2025年1月現在］

まえがき

　本書は，2011年に出版された世界地誌シリーズ1『日本』の改訂版である．そのシリーズは，日本と世界の様々な地域を学ぶため，地域の基礎的な情報や地理的な考え方を提供することを目的とした．それから10年以上が経過して，世界の情勢は大きく変化した．日本では高齢者が増え，デジタル化が進み，災害が発生した．世界では人口が増加し，感染症が流行し，気候が変動している．この改訂版は，そのような変化に対応できるようにするための新しい教科書でもある．改訂版であるが，ほとんどの章が新しく書き下ろされており，雑誌やインターネットなどではまだ発表されていないものが多い．本書が想定している読者は，大学で教養を勉強している大学生や，教員免許の取得を目指している大学生，あるいは地理や世界事情に興味をもつ高校生や中学生の皆さんである．

　地誌（regional geography）とは，「地（ち）」を「誌（しる）」すことであり，地域の地理のことである．地域にもいろいろあるが，本書では，日本を8つの地方に分けて，それぞれを説明した．具体的には，北海道，東北，関東，中部，近畿，中国，四国，九州である（第2〜9章）．それらに加えて，日本全体の話や，地誌に関する蘊蓄なども記載している．具体的には，様々な姿からみた日本の地域像（第10章）や，これからの地誌の学び（序章），日本地誌の見方，考え方（第1章），日本の地誌は何に役立つか（終章）である．本書は，旧版のコンセプト（章立てや視点など）を踏襲しながらも，現在の地誌を学んだり，説明したりするのに適した内容にアップグレードされている．旧版との違いは，地方の概要（自然，歴史，文化，社会，経済）を縮小し，その代わりに，それぞれの地方を特徴づけるトピックを設けたことである．これは旧版で試みた動態地誌の視点を掘り下げたためである（動態地誌は地域を特徴づけるテーマで地誌を描く）．さらに本書では，比較地誌の視点も取り入れている．異なる時代や地域との比較によって，地誌はさらに面白くなる．また本書では，地図や写真がカラー印刷になった．このようなビジュアルの工夫は，読者の理解の助けになるし，地図を利用する人や作成する人の参考にもなる．加えて，トピックの末尾には，「さらに探究する」コーナーを設けた．これは地域を探究し理解するための「主体的な学び」につながるだろう．

　最近の10年でいろいろなものが変わった．先日，道路工事の横を歩いていたら，年配の日本人が，外国人の働き手を相手に，「チェーンジ」と言い，何かを指示していた．このように，労働者も労働環境も日常の言葉も変化し，さらに10年後には大きく変化するかもしれない．しかし，あまり変わらないものもあるだろう．それは，場所や地域の性格であり，アイデンティティであり，風土である．それらは，日本の地誌を考える上での基盤になるものかもしれないし，地域の基本的な枠組みを形成するものかもしれない．この枠組みの中で地域の中身は変化するが，地誌としての枠組みは不変なものになっている．本書における地域のトピックは地域の変化する中身を紹介しており，執筆者の様々な属性や思いなどを反映して，地域の多様な姿が描かれている．しかし，その根底にある変わらない地域の性格やアイデンティティや枠組みを感じ取っていただければ，それは執筆者らにとって望外の喜びとなるだろう．

2025年2月

仁平尊明・菊地俊夫

編集者

仁平尊明（にへいたかあき）　東京都立大学都市環境学部
菊地俊夫（きくちとしお）　東京都立大学名誉教授
　　　　　　　　　　　　東京都立大学プレミアム・カレッジ特任教授

執筆者

（　）は担当章

大石貴之（おおいしたかゆき）　岡山商科大学経営学部（7章）
太田　慧（おおたけい）　高崎経済大学地域政策学部（4章）
兼子　純（かねこじゅん）　愛媛大学法文学部（8章）
菊地俊夫（きくちとしお）　東京都立大学名誉教授　　　　　　　　（序章，1章）
　　　　　　　　　　　　東京都立大学プレミアム・カレッジ特任教授
栗林　賢（くりばやしけん）　佐賀大学芸術地域デザイン学部（9章）
駒木伸比古（こまきのぶひこ）　愛知大学地域政策学部（5章）
坂本優紀（さかもとゆうき）　東京都立大学都市環境学部（10章）
堤　　純（つつみじゅん）　筑波大学生命環境系（2章）
仁平尊明（にへいたかあき）　東京都立大学都市環境学部（3章，終章）
矢ケ﨑太洋（やがさきたいよう）　兵庫県立大学大学院地域資源マネジメント研究科（6章）

（五十音順）

目　　次

序章　これからの地誌の学び……………………………………………［菊地俊夫］ *1*
　　1　新たな地誌の考え方　*1*
　　2　リアルな地域の地誌学習　*1*
　　3　リアルな地域の地誌学習の基本とその事例　*2*
　　4　まとめ─地誌の学びの方向性─　*4*

1　日本地誌の見方，考え方……………………………………………［菊地俊夫］ *5*
　　1.1　日本を知るための視点　*5*
　　1.2　日本を描く新しい地誌学的アプローチ　*6*
　　1.3　日本における多様な地域区分　*7*
　　1.4　日本における地域差と地域構造　*13*

2　北海道─壮大なスケールの自然と大陸的風土─……………………［堤　　純］ *15*
　　2.1　北海道の自然　*15*
　　2.2　北海道の歴史　*17*
　　2.3　北海道の社会経済　*18*
　　2.4　トピック 1─北海道の都市と農村─　*24*
　　2.5　トピック 2─北海道の食文化と観光─　*25*

3　東北地方─豊かな自然とそれに育まれた地方文化─………………［仁平尊明］ *27*
　　3.1　東北地方の自然　*27*
　　3.2　東北地方の歴史文化　*29*
　　3.3　東北地方の社会経済　*31*
　　3.4　トピック 1─会津盆地の地誌を野外で説明するためのメモ─　*33*
　　3.5　トピック 2─東北地方の温泉の写真について私が書くこと─　*35*

4　関東地方─変化を続ける巨大都市圏─………………………………［太田　慧］ *39*
　　4.1　関東地方の位置と範囲　*39*
　　4.2　関東地方の歴史文化　*41*
　　4.3　関東地方の社会経済　*41*
　　4.4　トピック 1─東京都心や臨海部の近年の再開発─　*44*
　　4.5　トピック 2─南房総沿岸の観光─　*47*

5 中部地方―東と西を結ぶ回廊― ［駒木伸比古］ 52
- 5.1 中部地方の自然　52
- 5.2 中部地方の歴史文化　53
- 5.3 中部地方の社会経済　55
- 5.4 トピック1―日本有数の観光ポテンシャルをもつ中部地方―　57
- 5.5 トピック2―名古屋は日本における第三の都市か―　60

6 近畿地方―各地の人々と資源が交わる地域― ［矢ケ﨑太洋］ 64
- 6.1 近畿地方の自然　64
- 6.2 近畿地方の歴史文化―古代から続く歴史と都を中心とした文化―　66
- 6.3 近畿地方の社会経済―社会を象徴する牛文化と和牛―　68
- 6.4 トピック1―海と丘陵へ拡大する京阪神大都市圏―　70
- 6.5 トピック2―日本の防災と復興を変えた阪神・淡路大震災―　74

7 中国地方―中国山地がもたらす多様な自然，文化，社会― ［大石貴之］ 76
- 7.1 中国地方の自然　76
- 7.2 中国地方の歴史文化　78
- 7.3 中国地方の社会経済　80
- 7.4 トピック1―過疎化が進む農村と地域振興―　82
- 7.5 トピック2―島の暮らしと観光―　84

8 四国地方―4つの地域性が織りなす小島― ［兼子　純］ 88
- 8.1 四国地方の自然　88
- 8.2 四国地方の歴史文化　90
- 8.3 四国地方の社会経済　92
- 8.4 トピック1―四国遍路―　95
- 8.5 トピック2―四国のジオパーク―　96

9 九州地方―変わりゆく九州地方とその地域性の核心と革新― ［栗林　賢］ 100
- 9.1 九州地方の自然　100
- 9.2 九州地方の歴史文化　101
- 9.3 九州地方の社会経済　103
- 9.4 トピック1―九州の観光―　106
- 9.5 トピック2―九州新幹線の開通と地域の受容―　109

10 様々な姿からみた日本の地域像 ［坂本優紀］ 112
- 10.1 人口からみた日本の姿　112
- 10.2 海外からみた日本の特徴　113
- 10.3 日本の地形と自然災害　115

10.4　主食の生産と加工　*117*
　10.5　日本の祭りと芸能　*119*
　10.6　様々な地域像　*121*

終章　日本の地誌は何に役立つか　　　　　　　　　　　　　　　　　［仁平尊明］*124*
　1　地誌で日本を視覚的に紹介する　*124*
　2　日本地誌は日本を学ぶ基礎　*124*
　3　地誌は生涯学習に役立つ　*125*
　4　地誌で地域の魅力を伝える　*125*
　5　地誌は野外での教育に役立つ　*125*
　6　地誌は国際化する観光に役立つ　*126*
　7　防災の教育に役立つ　*126*
　8　地誌でSDGsを理解する　*126*
　9　地誌を書くための視点「文化層序」　*127*

索　　引　　　　　　　　　　　　　　　　　　　　　　　　　　　　　　　　　　*129*

序章 これからの地誌の学び

1 新たな地誌の考え方

　地表上に展開する様々な現象や事象を地理的なものとして把握する方法は大きく2つある．一つは，現象や事象そのものを分析し，他地域の現象や事象と比較などして特徴を明らかにするもので，それは特定のテーマに基づく分析で系統地理学と呼ばれるものである．もう一つは，現象や事象が展開する地域そのものを分析して地域の性格を明らかにするもので，それは特定の地域に基づく分析で地域地理学あるいは地誌学と呼ばれるものである．地理の学習において，系統地理学的な方法と地誌学的な方法を学ぶことは重要であり，それらの方法は地域を理解する両輪となっている．系統地理学に基づく学習は新たなテーマや異なる分析方法などにより，深化することができ，地理の学習から探究に容易に導くことができる．しかし，地誌学に基づく地理の学習は地域調査を基本とし，その方法は小学校からの身近な地域調べとほとんど変わらないもので，地誌に基づく学習の新しいアイディアが求められている．

　実際，地誌の学習も静態地誌や動態地誌，あるいは比較地誌などのアイディアが随時検討されてきたが，それらのアイディアが効果的に活用されてきたわけではない．したがって，従来の地誌学習のアイディアを踏まえながら，21世紀にふさわしい地誌学習の新しいアイディアを検討することが本書の主眼となる目的である．本書の目的を検討する前に，新たなアイディアの背景としてZ世代（現代の高校生・大学生の世代）からα世代（将来の高校生・大学生の世代）へのニーズの変化を踏まえておく必要がある．現代のZ世代に対する教育・学習は，情報化社会に適応できる技術や能力を身につけさせるため，コンピュータやプログラミングに精通する人材を育成することを目標としていた．地理や地誌の教育においても，データの解析やGISによる地図化，そして画像や映像を利用したバーチャルなデータから地域や世界が主たる学習の対象となった．しかし，21世紀のα世代になると従来のニーズとは異なり，バーチャルではなく，よりリアリティが求められるようになる．つまり，地誌学習においても現実の地域のリアルな地誌が求められ，リアルな地域とバーチャルな世界との使い分けが進むとともに，リアルな世界とバーチャルな世界との融合が進むと考えられる．そのためにも，地誌学習ではリアルな地域を実際に調査して理解することが重要になる．

2 リアルな地域の地誌学習

　リアルな地域の地誌を学習することは，身近な地域を調べることであり，それは小学校や中学校の内容でもある．しかし，小学校や中学校は単なる調べ学習で終わってしまい，地域を構成する何らかの地理的な現象や事象の分布パターンの解明に終わっている．そのような学習は地誌の初期の段階として，あるいは基礎的な段階として成功しているといえる．さらに発展させた段階が高等学校や大学での地誌の学びに必要になる．つまり，高等学校や大学では地誌学習として位置づけてリアルな地域を分析して学び，リアルな地域の性格を理解することが必要になる．具体的には，実際の地域における地理的な現象や事象がそれぞれにどのような関係にあるのか，あるいは地域の基礎的な環境としての自然や歴史・文化，そして社会・経済などとどのように関連しているのかを明らかにすることにより地域の性格が理解されていく（菊地，2021）．

　身近なリアルな地誌はそこから市町村，そして県や地方，さらに国や州・大陸と異なった地域スケールを包摂することにより，地域の関連性や連携性を通じて，地域の性格や構造を様々なスケー

ルで理解することもできる．このような地誌の学習は，「Think Globally, Act Locally（地球規模で考え，足元から行動しよう）」のグローカルな考え方に通じるもので，リアルな世界とバーチャルな世界を使い分けるだけでなく，それらの世界をつなげる役割を果たすことにもなる．また，このような地誌学習は，静態地誌や動態地誌，および比較地誌の方法を統合して応用することにもなる．

このような地域スケールを包摂する地誌学習のアイディアを観光の動態地誌で具体的に説明してみると（図1），空間スケールは県・市町村レベルや集落レベルのミクロスケールから地方や国レベルのメソスケール，そして州や大陸規模のマクロスケールまで変化し，それぞれのレベルに応じて地域が描かれる．ミクロスケールの観光の動態地誌では，地域の様々な環境資源が観光を中心に組み合わされて，一つのまとまりあるシステムが構築され，地域の性格がつくられている．市町村レベルの様々な観光の動態地誌のシステムが地方や国レベルのスケールにおいても展開し，それらの市町村レベルのシステムが地方や国レベルのスケールの中で観光を中心に地域や様々な環境と連携して一つの観光の動態地誌のシステムを構築するようになる．同様に，地方や国レベルの観光の動態地誌のシステムは州や大陸レベルのスケールの中で観光を中心として一つのシステムにまとめられていく．このようにして，観光を中心とした地域のつながりや空間システムが明らかになる．このような地誌学の包摂構造は静態地誌の方法でも可能であり，地誌の学習における3つの方法（静態地誌，動態地誌，比較地誌）の融合にもつながる（飯塚・菊地，2021）．

3 リアルな地域の地誌学習の基本とその事例

新しい地誌のアイディアはリアルな地域の地誌学習が基本となる．リアルな地域の地誌学習は身近な地域の景観分析からはじまる．景観分析では（図2），景観は地域の諸環境（自然，歴史・文化，社会・経済，生活など）を地表上に投影したものとして捉えることができる．そのため，景観を読み解くことにより，地域の構成要素としての諸環境を地誌的に理解することができる．地域での人々の日々の生活を映した景観を体系的に読み解くためには，最初に景観の中に特徴的な現象や興味深い現象を発見し，次に発見した現象を特徴づける自然環境，社会・経済環境，歴史・文化環境などを抽出し，最終的に特徴的な現象と諸環境との相互関係から地域の性格を考える．それは，静態地誌で地域を調べ，動態地誌で地域を考えることになる．基本的には，景観は地域の自然環境や社会・経済環境，および歴史・文化環境などを基盤にし，それらの環境要素がジグソーパズルのようにモザイク状に，あるいは重層的に組み合わされてつくられている．そのため，ジグソーパズルのピースを一枚一枚はがしていくように景観をつくる環境要素を識別し，それらをはめて一枚の

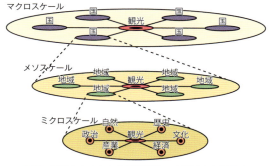

図1　観光を中心とする動態地誌の空間的な包摂構造

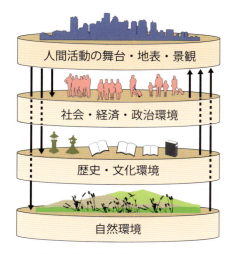

図2　地域の景観分析のフレームワーク

絵をつくりだすように地域を描き（地域を誌し）人間と諸環境の関係を読み解くことが地域を理解する一つの醍醐味となる（菊地，2023）．

実際に身近な地域の景観として歴史的な町並み景観を取り上げて，地誌の見方・考え方を試してみよう．歴史的町並み景観は実際に観察することもできるし，文献や映像メディアや地形図などからも分析することができる．そのことを踏まえれば，歴史的町並み景観の地誌的な見方・考え方では，景観や地誌の基盤となる諸環境が時代とともに変化してしまうことに注意しなければならない．特に，歴史的町並み景観は住民の就業構造の変化や地域の都市化・観光化などの社会・経済環境の変化によって，あるいは食や住居などの生活の欧米化などの文化環境の変化によっても，大きく変化してしまう．そのため，歴史的町並み景観の基盤となる諸環境を理解するとともに，歴史的町並みの景観変化の要因となる諸環境の変化も理解しなければならない．このような景観変化と諸環境の変化を関連づけて丹念に記載することが地誌の基本であり，これからの地誌の真髄でもある．

歴史的町並み景観に基づく地誌の具体的な事例として埼玉県三芳町三富新田（上富，中富，下富）をみてみよう．その地区の土地利用図によれば（図3），1694（元禄7）年の新田開発の町並みと地割が現在でもしかりと残されている．三富新田の開拓では幅6間（約11 m）の道路が縦横に敷設され，その道路に沿って両側に開拓農家が立地している．それぞれの農家には間口40間（約72 m），奥行375間（約675 m）の短冊状に区画された土地（約5 ha）が配分された．各農家は，道路に面した土地を宅地とし，宅地に連続した土地を農地として，最も離れた土地を薪炭や堆肥づくりのための雑木林として利用した．そのような町並みと地割は地域を上空から撮影した鳥瞰写真からも読み取ることができる（写真1）．

1976年の土地利用図をみると（図3），道路に沿った町並みと短冊状の地割，そして細長い長方形の農地と武蔵野の雑木林が残されている．農地では野菜や芋が集約的に栽培され，三富新田は都市近郊の農業地域として性格づけられてきた（写真2）．このような景観が残されている要因の一つは，歴史的町並みやそこでの生業の持続性が「川越いも街道」としての地域の観光化に支えられていることである．三富新田では江戸期からかんしょが主要な作物として栽培され，その後，生産の拡大や品種更新を経て，農家は「川越いも」

写真1　埼玉県三芳町三富新田（出典：武蔵野の落ち葉堆肥農法世界農業遺産推進協議会ウェブサイト）

図3　埼玉県三芳町三富新田（出典：1976年国土地理院発行2万5千分の1土地利用図「所沢」と「志木」）

写真2　埼玉県三芳町上富地区における新田集落の景観（2019年9月）

のブランドを確立してきた．その結果，道路沿いには「川越いも」の直売とその位置を知らせる幟が立ち並び（**写真3**），歴史的建造物の一部を活用した「農家カフェ」も立地し，多くの観光客がそのカフェを利用している（**写真4**）．しかし，三富新田は東京近郊に位置しており，都市化の影響も強く受けている．その結果，かつての雑木林は相続などを契機に売却され，大規模な工場や物流センターに変化している．このような都市化の影響から歴史的町並みを保全し持続させるためには何が必要かは，地理を学び，景観やその変化を地誌的に読み解くことにより見出すことができる．

以上に述べてきたように，地域の景観を諸環境と関連づけて読み解くことは，平凡な身の回りの日常的な景観に様々な意味を見出し，地域を様々な視点から知ることになる．このことが，地域を地誌的に見たり考えたりする本質的な姿勢となる．しかし，景観に様々な意味を見出し，地誌的に見たり考えたりすることは容易ではない．景観を読み解く手順に基づいて，自然環境や歴史・文化環境，および社会・経済環境から順次検討しても，地域の特徴は見出せないかもしれない．景観を地誌的に読み解くためには，専門的な知識が必要であるが，幅広い知識や見識や体験も必要になる．いわば，スペシャリストの素養よりも，ジェネラリストの素養が求められる．森を理解しようとする場合，個々の「木」だけを観るのではなく，「森」全体を観る姿勢が肝要となる．

4　まとめ―地誌の学びの方向性―

地誌の学び方は様々であるが，地域を「みる」，地域で「きく」，地域を「しらべる」，地域から「かんがえる」，地域を「つたえる」の5つは誰でも簡単にできる方法である．特に，地域を景観として「みる」ことからはじめることは，そこに表れた「地」の「理」を諸環境の関連性から総合的，複眼的に読み解くことになり，「みる」ことを契機にして「きく」ことや「しらべる」こと，「かんがえる」ことや「つたえる」ことの方法につながる．このように，景観に表れた「地」の「理」を読み解くことが地域を学ぶ基本であり，それは身近な地域からはじめることができる．身近な地域の地誌は，その視点を広げることにより，市町村レベルの地誌に展開することができるし，都道府県や地方レベルの範囲に展開することができる．つまり，地誌の面白さは，ミクロスケールの見方・考え方を基本にして，メソスケールやマクロスケールなどで地域を見たり考えたりすることである．

［菊地俊夫］

写真3　埼玉県三芳町上富地区の歴史的町並み景観と「川越いも」の直売（2019年9月）

写真4　埼玉県三芳町上富地区の歴史的町並みに立地する「農家カフェ」（2019年9月）

文献

飯塚　遼・菊地俊夫（2021）：観光地誌学―観光から地域を読み解く―，183p，二宮書店．

菊地俊夫編（2021）：「地」の「理」の「学」び方―地域のさまざまな見方・考え方―，151p，二宮書店．

菊地俊夫（2023）：「地」の「理」を「学」ぶための5つの技能．地理月報，570：14-17．

1 日本地誌の見方，考え方

日本地誌では，静態地誌と動態地誌と比較地誌の見方，考え方があり，それらを地域のスケールに応じて使い分けて地域の性格を理解することが重要である．日本の多様な地域区分では，自然条件，歴史的背景，社会経済条件，生活文化などに地域差がみられる．それらの地域差は南北に細長い国土と，それにともなう気候変化による南北性や，脊梁山脈による太平洋側と日本海側の違いとして理解できる．また，古代から近世にかけての都との関係や，近世以降の江戸ないし東京との関係に基づいて，西日本と東日本の地域差や，中央と周辺との地域差，および大都市圏を中心とした圏構造が日本の地域構造として識別できる．

日本の鉄道交通の起点となる東京駅（2019年5月）

1.1 日本を知るための視点

土地や場所の特徴を読み解く方法は大きく2つある．一つは，土地や場所で興味・関心のある「現象」や「事象」を取り上げ，その現象の秩序や法則性，あるいは因果関係や形成システムなどを通じて土地や場所の特徴を理解する方法である．これは，地形や気候，あるいは人口や農業など一つの特定のテーマを掘り下げて「地（ち）」の「理（ことわり）」を「学（まな）」ぶものであり，系統地理学的な方法として知られている．もう一つの方法は，特定の土地や場所としての「地域」に興味をもつもので，地域を構成する自然や文化，および社会や経済などの諸要素を丁寧に記載し，それらの記載を総合的に検討して地域の性格を読み解くものである．これは，「地（ち）」を「誌（しる）」すことで土地や場所の性格を明らかにするもので，地誌学の方法として周知されている．

地誌学の方法では土地や場所を区画するスケールをどのように設定するかが重要になる．例えば，地域は都道府県や市町村の規模で捉えることができるし，地方（関東など）や国といった規模で捉えることもできる．また，身近な地域のようにきわめて微細なスケールが用いられることもあるし，州（ヨーロッパなど）や大陸（アフリカなど）のような大規模なスケールやグローバルなスケールが用いられることがある．当然，地域のスケールの違いによって地域を考察する視点や方法は異なってくる．地域のスケールが小さくなるにつれて，地域を構成する要素の記載が詳細で具体的なものとなり，土地や場所の性格はより的確に把握できる．他方，地域のスケールが大きくなるにつれて，地域を構成する要素の記載は一般化・標準化されたものとなる傾向にあり，土地や場所の性格の全体的な概要や地域的な差異は把握しやすい．

本書の日本を対象にした地誌では，小さな地域スケールの地誌の利点（具体的な記載）と，大きな地域スケールの地誌の利点（記載の一般化）をいかすため，両方の地域スケールを組み合わせて地域の性格を読み解くことにする．いずれの地域スケールでも，地域の具体的な諸相や地域的差異の因果関係などを詳しく検討し，土地や場所の性格を明らかにする．

地域を記載し地域の性格を総合的に把握するためには，地域を構成する諸要素を位置（数理位置・関係位置），自然（地形・気候・陸水・土壌・植生），人口（人口属性・人口構成・人口分布・人口移動），歴史，産業（農牧業・工業・商業・流通・交通・通信・観光），生活文化（都市・村落・衣食住・言語），他地域との関連に分け，その順序と項目に従って体系的，網羅的に整理する方法が一般的である（図 1.1）．以上に述

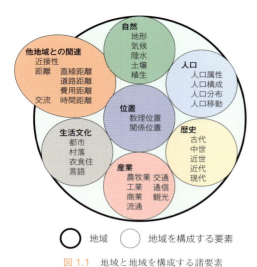

図1.1 地域と地域を構成する諸要素

べた方法は，多くの国別の世界地誌や百科事典で採用されているものであり，静態地誌と呼ばれるものである．このような方法は，地域を構成する要素を漏らすことなく項目として網羅的に調べることができ，地域が異なっても同じ項目で体系的に調べることができるため，地域の比較も容易にできる．しかし，地域を構成する要素が羅列的に説明されることや，地域を構成する要素間の相互関係に基づく性格や特徴が把握しにくいといった問題も少なからず指摘されている．

地域を構成する要素の羅列的な説明に陥らないようにするためには，説明に重点項目を設け，メリハリをつける必要がある．本書では，日本を一つの地域として理解するために，あるいは日本をいくつかに区分した地域で理解するために，以下の視点からの考察も必要である．すなわち，自然環境からの考察，歴史的背景からの考察，産業からの考察，環境問題や環境保全からの考察，人口や都市・村落からの考察，生活文化からの考察，そして他地域との結びつきからの考察である．

1.2 日本を描く新しい地誌学的アプローチ

地域を構成する要素を項目ごとに調べて記載し，最後に記載したことをまとめて考察して地域の性格を明らかにする静態地誌の方法に代わって，特色ある地理的事象や地域の構成要素を中心にして，他の構成要素を関連づけながら地域の性格を考察する方法が求められている．この方法は動態地誌と呼ばれるものである．動態地誌は従来の静態地誌の問題点であった羅列的な記載や分析的でない考察，あるいはステレオタイプ的な結論といったものを改善するために考え出されたフレームワークである．このフレームワークの基本は記載した要素を分析し，その相互関連性に基づいて地域の性格や特徴を体系化するものである．

地域を構成する要素の相互関連性に基づいて地域の性格を明らかにする方法は，地域構造図の分析方法と類似している．地域構造図は地域を構成する諸因子や諸要素との相互関係を示すものである（千葉，1972, 1973）．地域構造図を作成するためには，対象とする地域における地理的事象の中で特徴的なものに焦点をしぼり，それに関連した因子や要素を抽出し，それらの相互関係を明らかにする．このような考え方や作業プロセスが動態地誌の考え方と類似している．実際，地域構造図では抽出した因子と要素の関連性や関連順序に従って系統的に矢印で結ぶことにより，地域構造図の概念的なフレームワークが構築される．さらに，関連性の強さを矢印の太さで示したり，関連作用を歴史的系列や社会経済的系列，および自然的系列に区分して記述したりするなど，地域構造図をわかりやすくする工夫も可能である．

地域構造図の事例として，富山県立山町におけるフードツーリズムに着目した地域の因子と要素の関連性を図1.2に示した．立山町のフードツーリズムの発展とそれに基づく地域は，3つの稲栽培法の普及，「アルプス米」のブランド化，「てんたかく」品種の導入，一元出荷一元販売システムの定着，および米の加工品としての「おかゆっこ」の生産の5つの要素で性格づけられる．地域の内的要因（農家の経験，農家の認識，地力の低下，牛の飼育，富山市街との近接性，清らかな地下水，生産者への利益還元）が外的要因（ライフスタイル・食生活の多様化，新食糧法施行，米の卸売・小売登録制度開始）と関連して順次，地域を性格づける構成要素となり，最終的にはフードツーリズムの発展と地域の性格を特徴づけてきた．

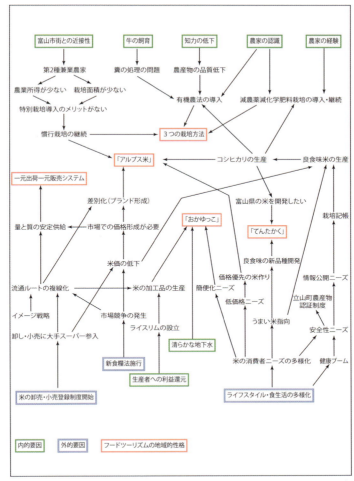

図 1.2 富山県立山町におけるフードツーリズム発展の地域構造図（現地調査により作成）

最近では，静態地誌や動態地誌とともに，比較地誌の見方・考え方が新しい地誌のフレームワークとして取り入れられている．比較地誌は複数の地域を静態地誌の自然や産業などの項目で整理し，項目ごとに比較して地域の共通性や異質性を把握することで地域の性格を明らかにできる．比較地誌の大きな利点は，それぞれの地域の性格が比較することで容易に把握できることである．しかし，どのような地域単位で比較するのか，あるいは何をどのように比較するのかを説明する必要がある．比較する地域単位は，国レベル（例えば，日本とイギリス）や地方レベル（例えば，関東地方と近畿地方）といった同じレベルの地域単位で比較することが多い．また，比較の方法も静態地誌の項目ごとに行うことが多いが，共通した特定のテーマ（例えば，都市構造や産業構造の変化など）に基づいて地域の構成要素がどのように関連するかを比較することもできる．

本書では，以下で検討する様々な地域区分を踏まえて，日本を8つ（北海道，東北，関東，中部，近畿，中国，四国，九州）に区分し，地域を様々な視点から考えるとともに，静態地誌的アプローチと動態地誌的アプローチを用いて，それぞれの地域の性格を明らかにする．さらに，比較地誌的アプローチを用いて日本全体を俯瞰して，日本の風土や生活文化などの地域差を検討する．

1.3 日本における多様な地域区分

1.3.1 自然環境に基づく地域区分

日本はユーラシア大陸の東岸と日本海を挟んで

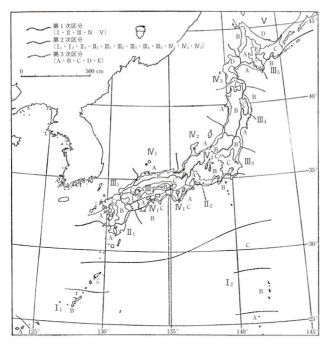

I₁：南西諸島など
I₂：小笠原諸島など
II₁：南九州と四国の太平洋岸
II₂：紀伊半島から房総半島までの沿岸地域の一部
III₁：九州と山口県の一部
III₂：瀬戸内海を囲む地域
III₃：主として中部地方と関東地方の太平洋側地域
III₄：東北地方太平洋岸
III₅：北海道太平洋岸
IV₁：中国地方の日本海側のほとんどの地域
IV₂：主として中部地方の日本海側
IV₃：東北地方の日本海側と北海道の半島部
V：北海道主部

図1.3 日本における気候区分（青野・尾留川，1980）

対峙し，ヨーロッパからみれば「極東」と呼ばれるように，大陸の東端に位置する．また，日本は主に日本海と太平洋に囲まれた島国で，その中央には3000m級の脊梁山脈が走る．島国としての大きな特徴は南北に長く，南は亜熱帯の北緯20°，北は亜寒帯の北緯45°まで広がることである．基本的には，日本は中緯度に位置し，偏西風による大気の流れと海に囲まれていることの影響を受けて，四季の変化が明瞭にみられ，海洋性気候の特徴をもつ．しかし，南北に長い国土と脊梁山脈の影響で，北日本と西南日本，および太平洋側と日本海側の気候の地域的差異が著しい．例えば，冬にシベリア高気圧の影響を強く受ける北日本は，緯度の割には寒冷で，積雪も多く，そのことが温暖な西南日本との地域的差異になる．

日本の気候に基づいた地域区分では（図1.3），第1次区分（マクロ）は5地域で構成されており，それらは主に緯度の違いによって亜熱帯から亜寒帯に区分される．第2次区分（マクロ-メソ）は13地域から構成され，緯度の違いに加えて太平洋側と日本海側の対照性が地域区分の基準になっている．第3次区分（メソ）は39地域から，第4次区分（メソ-ローカル）と第5次区分（ローカル）はそれぞれ186地域と323地域から構成される．メソスケールやローカルスケールになると，気候区分は複雑な地形を反映してより多様になる．全体的には，日本の気候区分は南北に広がる国土と南北に走る脊梁山脈の影響を強く受けるが，複雑な地形によって気候の地域的差異も大きなものとなっている（青野・尾留川，1980）．

次に，日本の地形区分をみると（図1.4），日本は独立した島弧の会合によって大きく4つの地域に区分されている．すなわち，1次の地域区分は北海道胴体部地方と東北地方，および中央地方と西南地方である．さらに，東北地方と中央地方，および西南地方は中央構造線やフォッサマグナ（糸魚川-静岡構造線）などの地帯構造区分によって2つないし3つの亜地域に区分されている．さらに，地盤活動や火山活動などの内因的な作用が実際の地形に及ぼした影響を考慮して，1次の地域やその亜地域がさらに区分され，それらは2次的な地域区分になる．具体的には，関東地方は1次区分で中央地方に，亜地域として東部亜地方と西部亜地方に区分される．また，東部亜地方は関東平野や関東山地など5つの2次的な地形区分で構成されている．さらに，内的作用だけで

A 北海道胴体部地方
　1 天塩山地
　2 夕張山地
　3 北見山地
　4 日高山地
　5 中央低地帯
　6 東部北海道火山区
　7 十勝平野
　8 根室低地
　9 石狩勇払低地
　10 日本海段丘性島列
B 東北地方
　B₁ 西帯
　　1 奥羽脊梁山脈
　　2 羽越山脈
　　3 中央窪地帯
　　4 日本海沿岸低地
　　5 鳥海火山帯
　　6 日本海非火山性島と半島列
　B₂ 東帯
　　1 北上山地
　　2 阿武隈山地
　　3 八溝山地
　　4 北上阿武隈低地帯
C 中央地方
　C₁ 東部亜地方
　　1 関東平野
　　2 関東山地
　　3 足尾山地
　　4 房総三浦半島
　　5 大地裂縦断低地帯
C₂ 西部亜地方
　1 飛騨山地
　2 木曾山地
　3 赤石山地
　4 三河美濃高原
　5 飛騨高地
　6 濃越山地
　7 北陸沿岸低地
　8 東海沿岸低地
C₃ 伊豆七島
D 西南地方
　D₁ 内帯
　　1 近畿断層山地低地群
　　2 瀬戸内陥没地帯
　　3 北九州断層山地低地群
　　4 中部九州火山地域
　　5 東部中国山地
　　6 冠山山地
　　7 中国高原
　　7₁ 宍道地塁
　　7₂ 隠岐諸島
　D₂ 外帯地方
　　1 紀伊山地
　　2 四国山地
　　3 九州山地
　　4 南九州火山地域
　D₃ 薩南諸島
　　1 外帯
　　2 中帯
　　3 内帯

図 1.4　日本における地形区分（青野・尾留川, 1980）

なく外的作用も斟酌すると, 日本の地形区分は第3次区分まで行うことができる（青野・尾留川, 1980）.

このような地形区分から, 日本における地形単位の特徴はそれぞれに細分化されており, 比較的広くまとまったものが少ないことがわかる. 特に, 人間の生活や経済活動の主要舞台である平野は, それぞれ広い山地に隔てられて分散的に分布しており, 小規模でポケット状に広がっているにすぎない. そのため, 個々の平野単位で独特な生活文化や産業が発達し, それが日本の地域の独自性と多様性を生み出してきた. 実際, 平野単位の地域は, 地形や土壌, および地質などの土地条件に基づいて地域が形成されるだけでなく, 気候や植生などの自然条件とも関連してひとまとまりの地域になる傾向にある. さらに, 交通や市場などの社会経済条件とも関連して, ひとまとまりの地域が形成される傾向にあり, それは他地域との関連を希薄にし, 地域を閉鎖的なものにしてきた.

1.3.2 歴史的背景に基づく地域区分

古代の日本では, 律令制度の成立にともなって, 中国で用いられていた「道」を取り入れた広域地方行政区分が行われた. この広域地方行政区分は五畿七道と呼ばれるもので, 都（平城京）周辺の五国を畿内に, それ以外の地域を東海道, 東山道, 北陸道, 山陰道, 山陽道, 南海道, 西海道の七道に区分した（図 1.5）. 五畿七道の区分は, 地形条件に基づいて区分されたが, 中央と周辺の関係も大きく反映された. 古代の日本では, 中央と地方を結ぶ通信と交通は駅伝制によって支

図 1.5　律令国家の行政区分（五畿七道）（山本ほか，2006 により作成）

えられた．その駅伝制の幹線街道（官道，駅路）が東海道や東山道などの七道である．幹線街道では 30 里（古代では 1 里は 533.5 m であるため，約 16 km）ごとに駅が設置され，駅馬が常備された．駅鈴を持った役人や公文書を伝達する駅使は駅で駅馬を乗り継いで，中央から地方に向かった．したがって，七道の地域は幹線街道に基づく中央と地方の結びつきによって区分されていた．例えば，現在の群馬県と栃木県が東山道に区分され，「上」野国と「下」野国と上下の名称がついているのも畿内からの交通路とその経路順に基づいていた．

明治期以降になると，9 つの地方区分（北海道，東北，関東，北陸，東海，近畿，中国，四国，九州）が広域地方行政区分として用いられるようになった．この地方区分は廃藩置県による道府県を単位としたが，五畿七道の歴史的背景や地域のまとまりを考慮したものとなっていた．現在の地方区分と異なるのは，関東地方に山梨県が，北陸地方に長野県が含まれたことであり，三重県は東海地方に属することも現在の地方区分と異なる．山梨県と長野県は五畿七道の区分では北関東との結びつきが強いため，関東地方と結びつくことが妥当であるが，長野県は信濃川の水系や流域との関連で北陸地方と結びついた形で地方区分された．他方，三重県は五畿七道では東海道に位置

づけられており，東海地方との結びつきを強くしていた．このように，日本の地方（地域）区分は歴史的背景を強く残しながら行われてきた．

1.3.3　社会経済活動に基づく地域区分

人間の経済活動や産業と関連した日本の地域区分の一つに，農業地域区分がある．従来における日本の農業地域区分では，様々な要素を考慮して，時代背景を反映して，総合的な地域区分が示されてきた．例えば，高度経済成長期以前の農業地域区分では，食料増産のための農地開発と適地適作を考慮して，自然条件（気候と地形，土壌，植生，地質など）と社会経済条件（栽培作物と飼養家畜，交通，市場など）を総合的に検討し，日本の農業地域が区分された．それは国土の南北差や脊梁山脈の東西差，および自然条件の地域差を強く反映したものになっていた．

高度経済成長期以降の農業地域区分では（図 1.6），農業の様々な技術革新によって，自然条件の影響が弱められている．それに対して，農家経営や農業生産とそれらに関わる市場や都市への近接性が農業地域区分を規定する重要な要素になっている（田林ほか，2021）．例えば，図 1.6 は，市町村を単位地区に農家経営や農業生産などに関する 38 指標に基づいて因子分析とクラスター分析で地域を分類して地図化したものである．これによれば，日本の農業地域は一般的畑作型，小規模畑作複合型，小規模稲作複合型，稲作中心型，大規模野菜中心型，大規模畑作畜産型の 6 つに区分される（駒木，2022）．この地域区分を大まかにみると，日本海側と太平洋側，および関東地方から北九州までのメガロポリスと東北・北陸地方のコントラストが目立ち，自然条件と都市や市場への近接性が農業地域区分を決定づける要因になっていることがわかる．

図 1.6　日本における農業地域区分（2015 年）（駒木，2022）

1.3.4　生活文化に基づく地域区分

日本における生活文化に関しては，南北に長い国土や多様で複雑な自然条件を反映するだけでなく，交通通信のインフラストラクチャーの未発達によって，基本的には第二次世界大戦前まで著しい地域差があった．第二次世界大戦後，交通や情報通信の技術革新がそれらの地域差を少なくし，伝統的で独特な各地の生活文化は衰退傾向にある．しかし，日本全体で等質化する生活文化においても，地域差は少なからず残存し，そのような地域差に基づいて地域区分が行われている．特に，地域の衣食住は，交通や情報通信の発展で容易に変化しているが，地域を特徴づける基本的な要素として残されているものも少なくない．

例えば，日本の雑煮には餅の形や汁の仕立て方，あるいは具材の種類に地域差がある（図1.7）．最も明確な地域差は角餅を使用する東日本と丸餅を使用する西日本で，その境界は福井県と石川県，滋賀県と岐阜県（関が原付近），奈良県と三重県になっている．雑煮は正月の「ハレ」の食事（祝い膳）であるが，本来は武士の宴席の最初の酒の肴として振る舞われた．そのような雑煮文化が江戸期の武家社会で儀礼化し，一般庶民にも伝わって定番化した．他方，畿内の米作地帯では農家が大晦日に供えた丸餅を正月に雑煮として食し，家内安全や豊作を祈願したといわれる．つまり，江戸期の武家社会に関連した文化と，伝統的な寿福円満の縁起に基づく文化との違いを反映している．このように，日本の生活文化における地域差の東西性やそれに基づく地域区分は，文化の伝播パターンや歴史的背景を反映する場合が多い．

雑煮における汁の仕立て方は（図1.7），味噌仕立てとすまし仕立てに大別でき，畿内と香川県や徳島県は味噌仕立てが，それら以外はすまし仕立てが卓越する（山陰地方の一部に小豆汁仕立てが例外的にみられる）．味噌仕立ては古風な味付けで，基本的には白味噌を使用するなど京の食文化の影響を受ける．すまし仕立ては醤油と塩で簡単に味付けをするもので，質実剛健である武家社会の影響を受けたものになる．ここでも，京文化の伝統と武家文化に基づく地域差がみられるが，西日本は東日本と同様にすまし仕立ての文化圏になる．これは，参勤交代などにより江戸の食文化が地方に伝播したもので，交通や情報通信によって地域の生活文化が変化したことを示唆している．

1.3.5　行政区分や管轄区分に基づく地域区分

日本国土をいくつかの地域に区分し，それぞれの地域を管理・統括し，より効果的で合理的な業務を実行する方法は，行政の地方事務所や企業の支店・営業所の設置と関連して一般的なものとなっている．例えば，国土交通省の地方運輸局の管轄地域は（図1.8），北海道運輸局（赤），東北運輸局（橙），関東運輸局（黄），北陸信越運輸局（水色），中部運輸局（黄緑），近畿運輸局（神戸運輸管理部を含む）（青），中国運輸局（桃），四国運輸局（紅），九州運輸局（茶）の9つに区分され，それらとは別に沖縄県は総合事務局として区分されている．この地域区分では，山梨県が関東地方に含まれ，三重県と福井県が中部地方に含まれている．また，北陸信越地域が中部地方とは

図1.7　日本における雑煮の地域差（農林水産省「全国のいろいろな雑煮」により駒木作成）

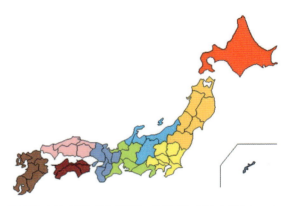

図1.8　国土交通省地方運輸局の地域区分（国土交通省ウェブサイトにより作成）

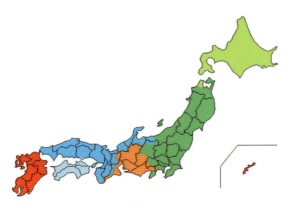

図1.9　JRグループ各社の管轄範囲（JRウェブサイトにより作成）

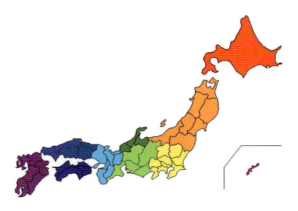

図1.10　電力会社の管轄範囲による地域区分（電力会社ウェブサイトにより作成）

別に区分されており，長野県は北陸3県と同じ地域区分に属す．このような地方運輸局の地域区分は，都道府県を基礎的な単位とし，地形や道路に基づく中心都市への近接性を考慮し，道路交通の維持管理のしやすさやまとまりなどを反映している．

　地域の交通のまとまりと関連して，JRグループ各社の管轄範囲による地域区分をみてみよう（図1.9）．JRグループの旅客鉄道は北海道旅客鉄道（黄緑），東日本旅客鉄道（緑），東海旅客鉄道（橙），西日本旅客鉄道（青），四国旅客鉄道（水色），九州旅客鉄道（赤）の6つの会社に分かれている．この地域区分では都道府県が基礎的な単位になっているわけではなく，都道府県の境界を無視した地域区分が随所にみられる．例えば，津軽半島は青函トンネルとの関連でJR北海道が管轄範囲にしている．また，中部地方は県境を無視して区分されている場合が多く，長野県ではJR東日本とJR東海，およびJR西日本に属する地域がある．静岡県もJR東日本とJR東海に分割区分されている．以上に述べた複雑な地域区分も鉄道の運行と関連しており，運行の拠点となる都市を中心にしたネットワークが地域区分の一つの基準になっている．また，新幹線の運行と路線管理もJRグループ各社の地域区分に少なからず影響を及ぼしている．

　次に電力会社の管轄範囲に基づく地域区分をみてみよう（図1.10）．日本における電気事業は，東京の東京電灯がドイツ製発電機（50 Hz）を1894（明治27）年に導入し，関西の大阪電灯と神戸電灯，および京都電灯がアメリカ製発電機（60 Hz）を導入したことにはじまる．電気事業が異なるシステムの発電機で開始されたことは，周波数の東西における地域差を生み出し，その境界が静岡県の富士川と新潟県の糸魚川を結ぶラインとなる．その後も周波数の統一は行われず，その地域差は電気事業の管轄範囲にも反映されている．現在，電気事業の管轄範囲は北海道電力（赤），東北電力（橙），東京電力（黄），北陸電力（緑），中部電力（黄緑），関西電力（水色），中国電力（青），四国電力（紺），九州電力（紫），沖縄電力（桃）の10に地域区分され，北海道電力と東北電力，および東京電力は50 Hzの周波数の区域になる．また，静岡県は周波数の関係で東京電力の区域と中部電力の区域とに分かれる．また，電源開発と電気の供給地との関係で，長野県は中部電力の区域に（一部には東京電力の区域が混在している），新潟県は東北電力の区域に含まれている．このような電気事業の地域区分は先に述べたJRグループの旅客会社の地域区分にも影響し，JR東海とJR西日本，およびJR東日本における静岡県・長野県・新潟県の複雑な地域区分は電気事業の地域区分とも関連している．

　最後に，文化に関連した事業の管轄範囲として日本放送協会（NHK）の各地の放送局を管轄する範囲から地域区分を検討する（図1.11）．NHKの放送局の管轄範囲は北海道地区（黄緑），東北地区（水色），関東・甲信越地区（青），東

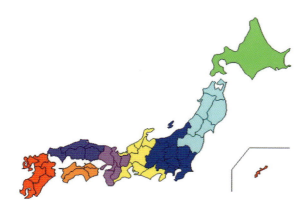

図 1.11 日本放送協会（NHK）の放送局による地域区分（NHKのウェブサイトにより作成）

海・北陸地区（黄），関西地区（桃），中国地区（紫），四国地区（橙），九州・沖縄地区（赤）の8つに区分されている．それぞれの地区では地区の事情に合ったニュースや企画，および天気予報などが番組に取り上げられるため，NHKの地域区分は重要である．この地域区分の大きな特徴は，地域における天気予報の情報を提供するため，気候・気象を中心とする自然条件の地域区分

を少なからず考慮していることである．また，地域の社会経済情報をいち早く伝えることも公共放送として重要な役割の一つであり，そのためには社会や経済，および文化の地域的なまとまりも意識されている．例えば，関東地区と甲信越地区が一つのまとまりとして地域区分されているのも，東京を中心とした通勤や物流，および余暇・観光などの人々の移動などを考慮したものとなっている．

1.4 日本における地域差と地域構造

日本における多様な地域区分を概観すると，自然条件や歴史的背景，および社会経済条件や生活文化などに地域差がみられた．それらの地域差は南北に細長い国土とそれにともなう気候変化を反映した南北性や，脊梁山脈の存在によって発生する太平洋側と日本海側の違いとして理解されてきた．また，古代から近世にかけての都との関係や，近世以降の江戸ないし東京との関係に基づいて，西日本と東日本の地域差や，中央と周辺との

図 1.12 日本における地域構造（山本ほか，2006）

1.4 日本における地域差と地域構造　13

地域差が目立つようになってきた．さらに，近代以降になると，日本を取り巻く社会経済環境の変化から，東京や京阪神，および名古屋の大都市圏の経済的な優位性や都市機能の集中が顕著となり，大都市圏を中心とした圏構造に基づく地域差が識別されるようになった．

日本における地域差の様相は多様であり，その多様性は自然環境や歴史性，および社会経済環境や生活文化に基づいて形成されたものであった．そのような地域差を考慮すると，現代における日本の地域構造は大都市圏を中心とした圏構造で特徴づけられる（図1.12）．東京大都市圏と京阪神大都市圏，および名古屋大都市圏を中心とし，それら大都市圏を結びつける交通ネットワークが日本の地域構造における中心軸となって機能している．この中心軸は太平洋ベルト地帯といわれるもので，東京・名古屋・京阪神の三大都市圏以外の都市圏も東海道新幹線や山陽新幹線のネットワークと関連して西にのびて発展している．さらに，東北新幹線や北陸新幹線によって，東京大都市圏からの中心軸は北や日本海側にのびており，新幹線の整備とネットワークの拡大にともなって，日本の地域構造における中心軸はさらに南や北や日本海側に伸長している．

日本の地域構造において中心軸を構成する大都市は，周辺地域に影響を及ぼして都市圏を形成しており，地域区分や地域構造は等質地域の要素（土地利用や経済活動などの等質性）よりも機能地域の要素（通勤圏や商圏などの地域と地域の結びつき）を強く反映するようになる．つまり，自然条件や社会経済条件，および歴史的背景や生活文化が重層して醸し出してきた地域差や地域性，あるいは地域構造とともに，大都市圏とその影響の強弱，あるいは都市への近接性などを反映した地域差や地域性が生み出されている． ［菊地俊夫］

•••••••••• さらに探究する ••••••••••

日本の地域区分は様々な観点から行われている．そのような地域区分を身近で探し，そのような地域区分がなぜ行われたのか考えてみよう．

文　献

青野寿郎・尾留川正平編（1980）：日本地誌Ⅰ　日本総論，636p，二宮書店．
駒木伸比古（2022）：日本農業の存続・発展戦略に基づく地域区分の試み―主に2015年農林業センサスの結果を用いて―．地理空間，**15**：206-226．
田林　明ほか（2021）：日本農業の存続・発展，395p，農林統計出版．
千葉徳爾（1972, 1973）：地域構造図について（1），（2），（3），（4）．地理，**17**（10）：64-69，**17**（11）：71-76，**17**（12）：60-64，**18**（1）：87-92．
山本正三ほか編（2006）：日本総論Ⅱ（人文・社会編）（日本の地誌2），576p，朝倉書店．

2 北海道　壮大なスケールの自然と大陸的風土

北海道は日本全体の約22％，九州の約2倍に相当する広大な面積をもつ．明治政府による北海道開拓使設置（1869（明治2）年）以降，外国から招聘した技術者らを通して欧米諸国の先進技術を導入し，原野を切り開いて開拓が進められた．こうした集落の出自が，いわば「大陸的」と形容されることの多い北海道独特の景観をつくりだしている．北海道の景観は，その個性ゆえに日本人のみならず多くの外国人にとっても魅力的であり，四季を通じて多くの観光客が訪れている．スケールが大きく大陸的な風土は北海道の大きな魅力の一つである．

十勝平野の畑作風景（1999年8月）

2.1 北海道の自然

2.1.1 地形と火山

北海道の中央部を南北に走る脊梁山脈を境にして，変成岩からなる2つの帯，日高変成帯と神居古潭変成帯が走っている．北海道の誕生に関しては諸説があるが，様々な地質学の研究から，今から約4000万年前の新生代第三紀の中頃に，北米プレートとユーラシアプレートにのる東西2つの島が衝突したといわれている（小野，1994）（図2.1）．大西洋を生み出した大きなプレートの運動が，同時期に地球の裏側の日本で北海道の誕生に作用していた．

両プレートに挟まれて徐々に間隔が狭まった浅海は，陸上からの土砂の流入もあって徐々に陸地化した．こうして形成された東西2つの島の間に位置する陸地には森林が形成され，それらが両プ

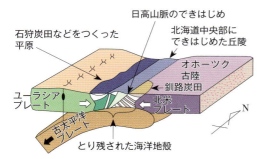

図2.1　北海道をつくった2つのプレートの衝突の模式図（小野，1994；松井ほか，1984）
約4000万年前頃の北海道周辺の古地理と断面．

レートのさらなる接近により押しつぶされ，複雑な褶曲構造が形成された（小野，1994）．この過程で高温・高圧の状態にさらされた有機物を多く含む地層が，後に石狩や夕張などの北海道の中央部に存在する大規模な炭田となった．

第四紀の更新世には何度も氷河期が繰り返されたが，寒冷期に海水面が低下した際には北海道はサハリンと陸続きになった．それは同時に北海道が何度もユーラシア大陸と陸続きになったことを意味する．津軽海峡は最深部で140mほどの水深があり，氷河期にも海峡として存在していたと考えられている．津軽海峡には北海道と本州以南の動植物相を分けるブラキストンラインが走る．このため，北海道は本州以南とは異なる動植物相を示し，ヒグマやエゾシカ，エゾシマリス，シマフクロウなどの固有種のほか，キツネやタヌキ，ニホンリスなどはこの線を境にそれぞれ固有の亜種となっている．

大規模なプレート運動は活発な火山活動も誘発した．気象庁の指定する活動度の最も高いAランクの活火山は全国に13存在するが，そのうちの4つ（十勝岳，樽前山，有珠山，北海道駒ヶ岳）が北海道に存在している（写真2.1）．次いで活動度の高いBランクの火山についても，全国36火山のうち6つが北海道に存在している．一方で，このように火山活動が活発であることは，北海道に良質の火山性温泉が数多く湧出して

2.1 北海道の自然　15

写真2.1　有珠山の側火山として1944年の噴火によって誕生した昭和新山（出典：壮瞥町）

2.1.2　気　候

　北海道は大部分が冷帯気候区に属しており，本州に比べて冷涼な気候である．しかし，広大な面積をもつ北海道は，詳しくみれば地域ごとに気候が異なっている．図2.2の雨温図をみると，函館，札幌，稚内はパターンが似ていることがわかる．本州に近く，北海道内では比較的温暖だといわれる函館と，北海道最北端の稚内が同様のパターンを示しているのは，海洋性の気候という点が共通するからである．このことは，旭川や北見，陸別の雨温図では，内陸部の気候特性から冬季の気温が低いことからもわかる．

　雨温図では各地の気候の差異が明瞭には読み取りにくい点もあるため，表2.1に各地の気象データを詳細に示した．この表によれば，函館と札幌については，夏季の気温は本州とあまり変わらない程度まで上昇すること，また冬季は気温の低下はみられるものの，他の道内各地に比べると比較的温暖であることがわかる．ただし，札幌の方が函館よりもはるかに多くの降雪があることがわかる．また，「最寒の地」とのイメージをもたれやすい稚内であるが，夏季の気温はあまり上がらない一方で，冬季の気温は道内各地に比べてか

　いることに密接に関連している．道東の阿寒湖温泉や道北の層雲峡温泉，道央の登別温泉や定山渓温泉，ニセコ温泉郷，そして道南の湯の川温泉などには大型のホテルが軒を連ね，一大温泉観光地を形成している．これらの温泉観光地には，日本国内のみならず，香港や台湾を含む中国，韓国，東南アジアなどの近隣諸国から観光客が訪れている．また，これら以外にも湖岸や川岸に自然に湧出する自然のままの温泉も数多くあり，野趣あふれる大自然のめぐみは観光客を惹きつけてやまない．

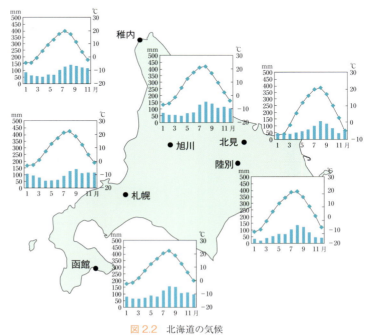

図2.2　北海道の気候
気象庁のデータをもとに作成．1991～2020年における平年値．

表 2.1 北海道における気象の特徴（平年値：1991～2020年）

	年平均気温 (℃)	最暖月最高気温 (℃)	最寒月最低気温 (℃)	年降水量 (mm)	日照時間 (時間)	雪日数 (日)	積雪量合計 (cm)	最深積雪 (cm)
函館	9.4	22.1	−2.4	1,188	1,745	118.7	306	45
札幌	9.2	22.3	−3.2	1,146	1,718	134.5	479	97
旭川	7.2	21.2	−7.0	1,104	1,567	151.5	557	89
稚内	7.0	19.5	−4.3	1,109	1,447	147.9	477	72
北見	6.4	20.2	−7.4	775	1,724	N.D.	414	83
陸別	4.8	19.1	−11.1	832	1,792	N.D.	386	75

N.D.はデータなしを表す．気象庁のデータをもとに作成．

なり温暖であることがわかる．これは，付近を流れる暖流の対馬海流の影響によるものである．

さらに，北海道の気候として特徴があるのは北見と陸別（十勝地方内陸部）である．オホーツク海側に属する北見は，北見山地と石狩山地によって北海道の南西部から隔てられており，特徴的な気候となる．夏季はフェーン現象が発生することが多く，最高気温が30℃を超える日が続くことも珍しくないほか，道内各地が雨や雪に見舞われる日も，オホーツク海沿岸地方だけが晴天に恵まれるといった天気も珍しくない．また，北見周辺は冬季はかなり気温が低下するため，北海道内で最も気温の年較差が大きい地域である．またこの地域の気候のもう一つの特徴として，オホーツク海沿岸を流れる寒流の千島海流の影響のため，年降水量が少ないことが挙げられる．一方，脊梁山脈である日高山脈の東側に位置することから，道内各地に比べて冬季の積雪が比較的少ない陸別の気候は，著しく低い冬季の気温に特徴がある．1月や2月に寒気団が数日にわたって北海道上空にとどまる場合，内陸部に位置する陸別周辺は最低気温が−30℃を下回ることも珍しくない．

2.1.3 北海道の自然環境と地域性

これまで述べてきたように，北海道の自然環境は複雑な地質，山地と平地が明瞭にコントラストをなす地形，本州以南に比べて冷涼な気候などに特徴がある．1万4000を超す河川があり，湖沼は30以上もあり，豊富な水量や水質のよさの面で高い評価を受ける河川も多い．また，北海道には国立公園が6，国定公園が5，道立自然公園が12あり，これらの合計面積は約8600 km^{2}にのぼり，北海道全体の約10.3％に相当する．さらに，釧路湿原をはじめとする多くの湿原が保護されているほか，世界自然遺産に指定された知床には原始の面影ある生態系が残されている．こうした豊かな自然環境は野生生物の宝庫となっている．

このように，北海道の自然環境は本州以南にはないスケールの大きさが特徴である．カヌーやラフティング，トレッキングや本格的な縦走登山，さらには様々なウィンタースポーツなど，自然そのものを楽しむ観光も人気が高い．四季を通して多様な顔をみせる自然は，北海道の地域性の最も重要な要素である．

2.2 北海道の歴史

2.2.1 アイヌ集落と和人入植

明治期以降の本格的な開拓以前は，北海道ではアイヌ文化が育まれていた．本州以南の日本では縄文文化が弥生文化に取って代わられることが一般的であったこととは対照的に，北海道では縄文文化が色濃く残ったといわれている．北海道では縄文人の系統が強く残り，その後，続縄文人，擦文人，近世アイヌにいたる系譜が存在すると考えられている（山口，1996；遠藤，2011）．

長い歴史をもつアイヌ文化について，紙面の限られた本書でまとめることはそもそも困難であるため，詳細についてはアイヌ文化を扱った文献を適宜参照されたい．そのような中で，本書においては，アイヌ集落が集中していた場所と，和人による北海道開拓の場所があまり競合しなかった点に注目したい．既存の多くの文献が指摘するように，アイヌの生活はサケ（鮭）を中心とした海産大型動物に食料の多くを依存していたため，アイヌの集落は主に道央から道東・道北の河川や海の近くに集中していた（遠藤，2011）．

一方，和人は渡島半島の南部から徐々に居住す

るようになった．最初は北東北（青森，秋田，岩手など）からの漁業従事者であり，江戸期にはすでに和人の集落が発達していた．江戸期に松前藩が成立した頃には，和人が住む場所は日本海側は熊石を北限とし，太平洋側は汐首岬までであったが（遠藤，2011），江戸期を通じて和人地の範囲は徐々に拡大していった．江戸中期頃には北前船（弁財船）による日本海交易が活発になり，和人の漁業集落は拡大していった．漁業従事者によるこうした入植は主に個人によるものであり，沿岸の各地で漁業用の出稼小屋を拠点に漁業に従事していた．江戸後期にかけて，その範囲は日本海側では積丹半島を越えて余市，さらに北上して留萌や増毛などにいたり，太平洋側は日高地方沿岸地域，根室やオホーツク沿岸地域にまで広がっていった．しかし，漁業従事者のほとんどは魚の回遊に合わせて移動することが多かったため，定住性は低かった（遠藤，2011）．

2.2.2 鉄道の延伸と開拓移民の急増

明治期に入ると，明治政府の大号令の下，組織的に集団的な入植がはじまった．明治政府は北海道開拓の拠点を札幌に決め，その上陸拠点として小樽港を重点的に整備した．小樽（手宮）と札幌の間には1880（明治13）年に官営幌内鉄道の一部が開通し，明治後期にかけて主要な都市に向けて鉄道がいち早く整備された．1903（明治36）年には函館〜札幌間が開通，そして1908（明治41）年の青函連絡船の就航により，本州と北海道の中心都市までが鉄道で結ばれたことは，北海道開拓の進展を後押しした．その後，1921（大正10）年には根室方面，1928（昭和3）年には稚内方面や室蘭方面の鉄道が開通したことで，本州と北海道を結ぶ人やモノの往来が急速に拡大した．

2.3 北海道の社会経済

2.3.1 大陸的なスケールの農業

北海道の特徴的な産業としてまず挙げられるものは，全国の約1/4の耕地面積をいかした大規模な土地利用型の稲作，畑作，酪農などである．2021年の農業産出額は1兆3108億円であり，全国の約14.8％に相当する．

北海道は広大な面積をもつため，気象や立地条件の違いがそれぞれの地域ごとの農業の特徴となって現れている．各地域の農業経営部門別の農業産出額をみると，札幌大都市圏および石狩平野を含む道央地域が4166億円（2021年）を占め（全道の31.8％），野菜（25.2％）を中心に，米（24.7％），その他畜産（17.4％），酪農（12.1％），畑作（9.1％）と続いている．その他，道央地域の特徴的な農業としては，太平洋沿岸の日高地方で行われている軽種馬飼養が挙げられる．函館周辺の道南地域の農業産出額は981.7億円（2021年）であり（全道の7.5％），野菜（32.4％）を中心に酪農（16.6％），米（12.2％），畑作（11.8％），その他畜産（11.6％）が続いている．この地域は施設園芸や畑作，果樹などの集約的な農業の割合が高い特徴がある．帯広や北見周辺の道東北地域では農業産出額は5388億円（2021年）にのぼり（全道の41.1％），北海道随一の農業地帯となっている．特に，麦類，豆類，てん菜，ばれいしょ，畜産が盛んである．酪農（39.3％），畑作（21.4％），野菜（15.8％），肉用牛（11.5％）が続き，この地域は早くから機械化が進展した北海道を代表する畑作および酪農地帯となっている．その他，根釧台地および道北のサロベツ原野周辺は大規模な酪農地帯であり，農業産出額の2570億円（2021年）（全道の19.6％）のうち約90％は酪農によるものである（図2.3）．このように，北海道，特に道東や道北ではEU並みの大規模で機械化された畑作や酪農が展開されており，カロリーベースでみた北海道の食糧自給率は223％（2021年）に達している．

北海道の農家1戸当たりの耕地面積は30.8 ha（2021年）にのぼり，これは他の都府県（2.2 ha）の約14倍に相当する規模である．その一方で，1990年には9万5437戸あった農家は，2019年には3万5100戸へと約1/3にまで減少しており，これに呼応して農家人口も同期間に減少した．農家の65歳以上率は2019年には42.8％にまで上昇しており，農業労働力の高齢化は否めないが，しかし，本州以南の他の都府県に比べると比較的若い農業従事者の割合が相対的に高い特徴がある

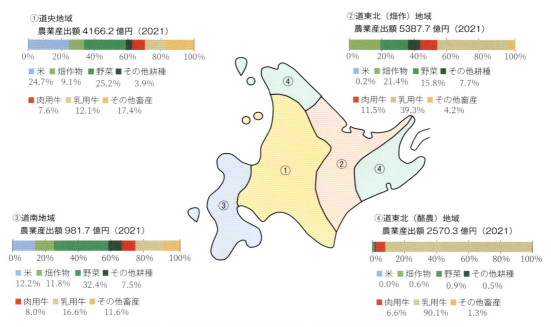

図 2.3　北海道における農業の地域別特色（北海道農政部，2020 により作成）

表 2.2　北海道における農業戸数および農業就業人口の推移（1990〜2019年）

区分	1990	2000	2010	2019
農家戸数（戸）	95,437	62,611	44,050	35,100
農家人口（人）	376,565	261,160	172,779	128,000
農業就業人口（人）	208,965	152,387	111,324	87,900
65歳以上率（％）	20.8	31.2	34.4	42.8

農家戸数，農家人口，農業就業人口はすべて販売農家．
世界農林業センサス，農業構造動態調査，北海道農政部の資料により作成．

（表 2.2）．

　全耕地面積に占める水田の割合は 20％，普通畑は 35％，牧草地は 45％である．石狩平野をはじめとする平野部では水稲作が広く行われ，米の農業産出額は全国 2 位の規模である．北海道では米の品種改良も盛んに行われ，耐寒性品種の開発というだけではなく，近年では食味そのものも注目を集めている．本州の有名な米産地の米に比べて北海道米は割安感もあることから，業務用米として近年では外食産業からの注目も集めている．その他，小麦をはじめとする麦類，ばれいしょ，大豆，小豆，いんげん，そば，てん菜，タマネギなどの生産は全国一であるほか，生乳生産も全国一（53.8％）を誇る．その他畜産部門も全国上位を占めている（表 2.3，表 2.4）．

　このように，北海道が全国一となる農産物は，

表 2.3　北海道における農業産出額の構成（2018年）（単位：億円，％）

区分	北海道	構成比	全国	構成比	北海道/全国	順位
農業産出額	12,593	100.0	91,283	100.0	13.8	1
耕種	5,246	41.7	58,079	63.6	9.0	1
米	1,122	8.9	17,513	19.2	6.4	2
麦類	232	1.8	414	0.5	56.0	1
雑穀	29	0.2	94	0.1	30.9	1
豆類	304	2.4	637	0.7	47.7	1
いも類	648	5.1	1,976	2.2	32.8	1
野菜	2,271	18.0	23,212	25.4	9.8	1
果実	54	0.4	8,406	9.2	0.6	36
花卉	131	1.0	3,327	3.6	3.9	8
工芸農作物	414	3.3	1,786	2.0	23.2	1
畜産	7,347	58.3	32,589	35.7	22.5	1
乳用牛	5,026	39.9	9,339	10.2	53.8	1
肉用牛	1,016	8.1	7,416	8.1	13.7	2
豚	439	3.5	6,104	6.7	7.2	4
鳥	357	2.8	8,999	9.9	4.0	7
軽種馬	481	3.8	482	0.5	99.8	1

農家戸数，農家人口，農業就業人口はすべて販売農家．
農林水産省「農業経営統計調査」，北海道農政部の資料により作成．

重量物でかつ日持ちする野菜の生産が多い特徴がある．しかし，北海道は冷涼な気候のため，いくつかの生鮮野菜は本州以南の産地の端境期に合わせた出荷が可能であることから，近年では航空機の輸送を活用した大市場向けの高冷地野菜の生産も盛んになりつつある．

表2.4 北海道における耕地面積などの構成（1990〜2019年）

区分	1990	2000	2010	2019
耕地面積（千ha）	1,201	1,185	1,156	1,144
田	240	235	225	222
普通畑	418	414	414	417
牧草地	540	532	514	502
担い手への利用集積率（％）	48.5	58.6	87.5	N.D.

担い手とは認定農業者および市町村基本構想の水準到達者．
N.D. はデータなし．
農林水産省「耕地面積調査」，北海道農政部の資料により作成．

2.3.2 豊かな漁業資源

北海道は水産業も盛んである．江戸末期にはすでに日本海側にはニシン漁のための漁業集落が形成されて大いに賑わったほか，大正期から昭和中期にかけては北洋母船式サケ・マス漁業も盛んに行われた．北海道は面積が広く，また海岸線も4433 km（全国の12.5％）と長く，暖流と寒流が合流する漁場が近いほか，周辺に広がる大陸棚などの好漁場に恵まれている．2022年における全魚介類合計の生産量は約87万トン（全国の29％）である．魚種別にみた生産量は，サケ類，マダラ，スケトウダラ，ニシン，コンブ，ホッケ，ホタテ貝などが多く，いずれも北海道のシェアが高い（表2.5）．

2.3.3 弱い製造業基盤

農業と漁業が北海道を代表する産業である一方で，北海道の工業に関しては，全国の他の地域に比較すると後進的である．明治後期には装置型の工業を中心に大手財閥系の企業が室蘭や苫小牧などの北海道の太平洋沿岸を中心に多く進出したほか，かつて石炭が国の重要なエネルギー源であった頃は，石炭の積み出し基地としての性格を有したため，北海道の鉱工業は活況を呈していた．しかし，エネルギー転換が進み，また原料のほとんどを海外からの輸入に依存するようになるにつれ，工業に関しては本州以南の地域に大きく離される結果となった．2019年の工業製品全出荷額をみると，北海道は約6.3兆円であり，これは全国（331.4兆円）の約1.9％を占めるにすぎない．最大の業種は食料品製造業（38.5％）であり，石油・石炭製品（16.7％），鉄鋼業（6.6％），木材・パルプ（6.2％）が続く．これらのことから，北海道の製造業は，一部の地域を除いて軽工業を中心とした小規模なものが中心といえる．

2.3.4 ニシン漁から果樹生産への転換—余市町の事例—

北海道の日本海側の各地は，明治期を中心にニシン漁で栄えた港町が多い．北は稚内から礼文，留萌，石狩，余市，寿都，瀬棚，熊石，江差，松前，奥尻などの港が代表的である．特に「江差の5月は江戸にもない」とうたわれるほど，道南の江差は北前船による檜材（ヒバ）やニシンの交易によって商業および文化の町として繁栄を極めた．また，北海道の積丹半島の付け根にあたる余市町周辺も，道南と並んで江戸末期の安政年間からすでに町並みが形成されていた．余市町周辺はニシンが大量に獲れることから「千石場所」と呼ばれ，その名を全国に馳せていた．また一方で，余市町周辺はリンゴの生産地としても知られてきた．一見では無関係のように思われるニシン漁とリンゴ栽培であるが，両産業の間には不思議な縁ともいうべき関係が見出せる．

1918（大正7）年発行の地形図（図2.4）には，余市川河口近くのモイレ岬からシリバ岬にかけての海岸一帯が，道路を挟んで長方形の建物で埋められている様子が明瞭に表れている．これらの建物は，漁から加工・製品化までの一連の作業を行うための諸施設が整然と配置されたニシン漁場（番屋）である（写真2.2）．一つの漁場は数

表2.5 北海道における魚種別の全国シェア（2022年）

	全国（t）	北海道（t）	北海道シェア（％）
サケ類※	87,906	86,227	98.1
マダラ	57,715	45,710	79.2
スケトウダラ	160,428	139,356	86.9
ホッケ	35,283	33,692	95.5
サンマ	18,384	8,121	44.2
カレイ類	35,541	20,875	58.7
ニシン	20,665	20,577	99.6
イカ	59,342	9,505	16.0
タコ	22,285	14,077	63.2
カニ類	19,734	5,046	25.6
ウニ	6,518	3,656	56.1
ホタテ貝	340,040	339,609	99.9
コンブ	40,911	39,189	95.8
全魚介類合計	2,950,992	870,286	29.5

※サケ類にはベニザケ，シロザケ，ギンザケ，マスノスケ（キングサーモン）を含み，カラフトマスとサクラマスは含まない．
北海道農政事務所ウェブサイト「北海道農林水産統計年報（令和4年版）」により作成．

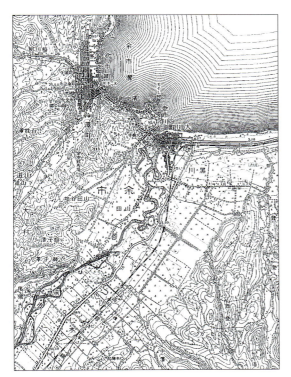 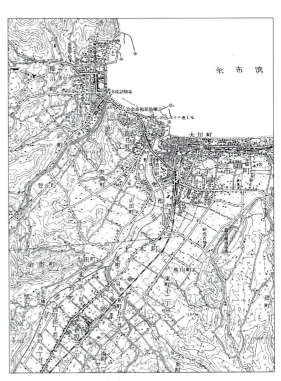

図 2.4　1918（大正 7）年の余市（左）と現在の余市（右）
5 万分の 1 地形図「小樽西部」（左：大正 5 年測図，右：平成 14 年修正），「仁木」（左：大正 6 年測図，右：平成 3 年修正）を縮小．

写真 2.2　北海道余市町におけるニシン番屋（2004 年 9 月）

千坪の広さがあり，親方家族と漁夫が寝起きをする主屋を中心に，貴重品の倉庫である文書庫，製品を保管する石蔵，ヤナ場と呼ばれるニシンの乾燥棚，カズノコや白子の乾燥場，米味噌倉，網倉などの施設からなっていた．水揚げされたニシンの約 85％は魚肥用に加工された．

ニシン釜で煮て，天日で乾燥したニシン魚肥は「俵」単位で取り引きされた．重さは 24 貫目（90 kg）で，米 1 俵とニシン 1 俵が等価で取り引きされるほど高価だった．ニシン魚肥は高くて一般農民は自由には使えなかった．専らミカン，茶，綿，藍染めなどにニシンが有効とされたため，ニシン魚肥は北前船によって関西方面を中心に取り引きされた．逆に北前船が関西方面から米を北海道に運び，日本海を通じた活発な交易がみられた．余市に鉄道が敷設された 1903（明治 36）年まで，余市は大阪や京都を結ぶ重要な貿易港でもあった．

ところで，ニシンと並んで余市を代表する産業として果樹栽培が挙げられる．余市町の果樹栽培の歴史は古く，北海道開拓の初期に相当する 1875（明治 8）年に，黒田清隆北海道開拓長官がリンゴの苗木をアメリカ合衆国から持ち帰ったことに端を発している．それらの苗木は 1879 年に日本で初めて結実した．もとより余市は，沖合を流れる暖流の対馬海流の影響から比較的温暖な気候に恵まれた果樹栽培に適した気候となっている．この地に移民として入植した会津藩士を中心に，本州以南からの団体入植者の手によってリン

2.3　北海道の社会経済　　21

ゴ栽培が拡大していった．加えて，堅実なニシン漁場親方たちの豊富な資金力を背景に，不漁期に備え，また漁期以外の仕事の確保という観点から，余市川の扇状地に広がる丘陵地においてリンゴ栽培をはじめる漁場経営者もいた．漁期以外の遊休漁夫，本州からの小作人なども担い手としてリンゴ栽培が拡大した．このように，余市を代表する産業であった漁業によって蓄積された資本の一部が，果樹栽培へも流れていた点も注目される．

こうしたリンゴ栽培発展の契機の一つとして，ニシン漁の不漁というインパクトと，そうした急激な変化に柔軟に対応したニシン漁場親方の先見の明が挙げられる．余市のニシン漁とリンゴ栽培にとって転機となるのは，1903（明治36）年であった．この年は函館と小樽・札幌を結ぶ函館本線が開通した年であり，これは魚肥やリンゴの販路拡大にとって大きなインパクトであった．東京方面へ出荷されたリンゴの一部は，海を越えて海外にも輸出された．また，同時にこの年は北海道のニシン漁獲高が85.7万トンを示し，絶頂期であった．最盛期にはニシンは北海道だけで約90万トン（年）も捕れ，大正末期頃にかけて豊漁が続いた．余市町周辺では明治後期よりも大正期の方がニシンの漁獲高は多く，最盛期には毎年3万〜5万トンにものぼった．図2.5によれば，1920年頃からは大正期を通してニシンの漁獲高が漸減傾向にあり，こうした動向にいち早く気づいた親方の中には，不漁時に備えた仕事の確保，またニシン漁期以外の時期の仕事の確保という観点から，季節労働者らに農業をさせる者が現れた．多くの親方がニシンの不漁に疑念をもたず，効果的な対策をとらなかった一方で，いち早く先を見越してリンゴ栽培への多角化に着手した親方の先見の明が光る．リンゴ園が比較的広がっていた余市川左岸の山田地区とニシン漁場と番屋の集中地区は小高い丘を一つ挟んで隣接していた立地条件も見逃せない．同じ頃，札幌の郊外の平岸地区で栽培されたリンゴが名声を博しており，小樽・札幌と函館を結ぶ鉄道がいち早く開通し，多くの情報に接することができたことが，ニシン漁場親方によるリンゴ栽培導入の判断に影響を与えたと推察される．

一部の親方の予想通り，昭和期に入るとニシンの漁獲高は激減した．特に1930（昭和5）年と1935（昭和10）年には漁獲皆無となり，建網業者を中心に決定的な打撃となった．かつては全盛を誇った人々の倒産が相次ぎ，世界恐慌や魚価の暴落の影響もあって余市のニシン漁は深刻な状況に陥った．1943（昭和18）年までニシンの漁獲高は毎年4000トン以下が続いたが，1944（昭和19）年から1947（昭和22）年にかけて7000か

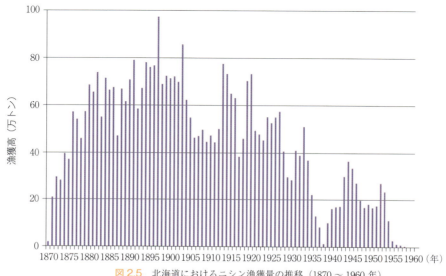

図2.5　北海道におけるニシン漁獲量の推移（1870〜1960年）
北海道水産試験場のデータより作成．

ら1万トンという当時としては高い漁獲高があった．一時は持ち直したものの，翌1948（昭和23）年にはニシンは決定的な凶漁となり，それ以来，2000トンを超えた年はない．ついに，1954（昭和29）年を最後に，余市でニシンは捕獲されなくなった．漁業関係者の多くが失業したり，捕獲する魚種をカレイなどに変更したりすることを余儀なくされた．

このように，こうした決定的な不漁を前に早くから農業経営をはじめていた親方たちにとっては，リンゴは救世主であった．リンゴを中心とする果樹園の分布は徐々に拡大した．品種の更新や薬剤の効果的な散布，物流の効率化が図られ，リンゴ栽培農家は合理的な経営者の手によって再編成されていった（余市教育研究所，1968）．

1993（平成5）年発行の地形図（図2.4）には，余市川の右岸を中心に，JR函館本線の両側沿線から東部の山麓部にかけて果樹園が展開している様子がよく表れている．現在の北海道のリンゴ栽培は，収穫量や産地のまとまりという点では，東北各県や長野県などの他の先進的な産地に比べるとかなり水準が落ちる．余市町ならびに隣接する仁木町を含めた北後志地方は，現在では道内のリンゴ生産の50％，同ブドウの80％以上を産出し，さらには洋なし，プルーン，サクランボなども栽培する集中的な果樹特化地帯となっている．

2.3.5 厳しい自然環境の克服と大規模畑作への特化—十勝平野の事例—

今日の十勝平野は，大規模な畑作地帯が広がることで知られる．火山が多く分布する日高山脈の東側に広がることから，十勝平野の表層地質の大部分は火山性ロームで覆われ，土壌は黒ボク土壌が主である．主要河川である十勝川が北西部から南東部にかけて平野を縦走している．北から流れる音更川，そして南側から流れる札内川が，すり鉢状になった十勝平野の中央部で合流する．この場所が現在の帯広市周辺にあたる．最初の開拓は1883（明治16）年に静岡県から26人が現在の帯広市に入植したことにはじまる（平井，2001）．

十勝平野の開拓は明治中期以降に拡大した．国策の拓殖計画による広面積の土地払下げをはじめ，1905（明治38）年の根室本線（帯広〜釧路間），1907（明治40）年の同線（旭川〜帯広間）の開通により，帯広は札幌・旭川方面と釧路・根室方面を結ぶ幹線交通路の要衝となった．その後も帯広を中心に音更川や札内川の河谷沿いの低地に沿って南北に鉄道が敷設され（現在はいずれも廃止），開拓は平野の内陸部へと進展していった．その後も，十勝平野は関東大震災（1923年）の被災者による入植，そして第二次世界大戦後の戦後開拓においても北海道内の重要な入植地として機能した．

十勝平野では，「豆の十勝」（豆過作農業）と呼ばれるほど，耕地の60％以上に豆を植え，豆類を基幹とした残りに根菜類や飼料作物を植える農業が第二次世界大戦前から展開してきた．もともと火山灰に覆われ，水はけがよく，傾斜もある洪積台地上では稲作が適さなかったことも理由の一つであるが，第一次世界大戦中に，世界的に豆類の相場が急騰し，空前の好景気に沸いたことも，豆類の栽培が盛んになった一因である．

こうして順調にみえた十勝平野の畑作であるが，1954年と1956年に相次いだ大冷害は農家経営の疲弊を招き，大きな転機を迎えた．有畜化や根菜類の導入，機械導入が進み，農業の様式は大きく変化することとなった．こうした急速な作付変化に対応できない農家の離農が進み，農家戸数は大幅に減少した．

表2.6によれば，1戸当たりの経営面積が急速に拡大し，トラクターなどの農業機械の普及，および農家数の減少に反比例して1戸当たりの経営耕地面積は拡大していることが読み取れる．また，乳牛飼養農家率をみると，1975年頃までは約半数の農家が酪農部門をもっていたが，その後に畑作と酪農の専門分化が進み，それぞれの経営内容に特化した形で規模拡大が進んだことがわかる．

1970年代後半以降は，農家減少に歯止めがかかり，農地売買ではなく，賃貸借による規模拡大が増加した．作物別10a当たり作業時間をみると，1960年時点で最も多労的作物であった根菜類についてトラクターと専用作業機の普及により

表2.6 十勝における農家経営構造の変化

年次		1960	1965	1970	1975	1980	1985	1990	1995	2005	2010	2015	2020
総農家数（戸）		23,254	19,761	16,239	12,790	11,705	10,923	9,954	8,681	6,743	6,301	5,544	4,948
耕地面積（ha）		176,200	182,037	190,827	191,622	201,264	211,738	216,955	215,760	N.D.	235,582	254,100	255,000
平均面積（ha）		8	9	12	15	17	19	22	25	N.D.	38	46	52
階層別農家構成比	～5.0 ha	26.5	18.7	14.7	14.5	13.0	11.4	10.5	9.8	8.0	7.1	4.9	8.1
	5.0 ha～	43.4	39.7	25.7	16.7	13.4	11.3	9.4	7.4	4.6	3.0	2.9	2.6
	10.0 ha～	23.5	30.1	30.7	20.7	16.2	13.2	10.3	8.2	12.4	10.0	8.8	7.1
	15.0 ha～	5.7	9.2	19.3	21.2	19.5	16.9	13.9	10.6				
	20.0 ha～	1.0	2.3	9.6	26.9	27.6	30.7	31.9	29.6	22.9	20.7	17.9	15.7
	30.0 ha～					10.3	16.5	24.1	34.3	52.1	58.8	62.3	66.5
トラクター台数（台）	総数	303	3,080	7,796	13,273	16,695	21,250	23,751	25,911	27,387	25,228	26,472	N.D.
	農家100戸当たり台数	1	16	48	104	143	195	239	298	406	400	477	N.D.
乳牛飼養農家率（%）		40	45	55	48	38	34	33	29	27	26	25	24
1戸当たり飼養頭数（頭）		3	6	12	23	38	50	57	77	103	145	161	195
作物別10a当たり労働時間	てん菜	81	62	50	37	29	24	20	18	N.D.	N.D.	N.D.	N.D.
	ばれいしょ	52	36	25	18	14	11	11	9	N.D.	N.D.	N.D.	N.D.
	いんげん	27	24	21	20	15	13	14	13	N.D.	N.D.	N.D.	N.D.
	小麦	45	36	27	5	3	3	3	3	N.D.	N.D.	N.D.	N.D.

N.D.はデータなしを表す．農林業センサスにより作成．

省力化が進んだこと，小麦もコンバインと大型乾燥施設の利用体系確立により省力的作物となったことが，畑作部門の規模拡大に大きく寄与していることがわかる．作物別の作付面積の推移を示した図2.6によると，1975年には栽培品目は小麦（11.9%），ばれいしょ（20.6%），てん菜（22.1%），大豆・小豆・いんげんを合計した豆類（45.4%）の順であったが，こうした機械化と省力化の結果，2020年には小麦（36.4%）と豆類（23.8%）の作付比率が逆転していることがみてとれる．もはや，「豆の十勝」の面影はなく，機械化に支えられ，EU諸国並の水準に匹敵する大規模な畑作地帯となっている．

2.4 トピック1—北海道の都市と農村—

2.4.1 北海道の人口

2020（令和2）年の北海道の人口は約522万である．国勢調査に基づく全道の人口のピークは1995年（平成7）年の約569万であり，その後25年の間に約47万の人口減少となった．

図2.7は，1920（大正9）～2020（令和2）年の北海道の人口を示している．この図によれば，北海道の人口は戦前から戦後，そして高度経済成長期にかけて順調に増加を続けてきたものの，

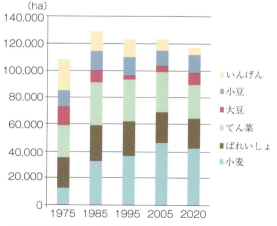

図2.6 十勝地方における作物別栽培面積（1975～2005年）
農林業センサスにより作成．

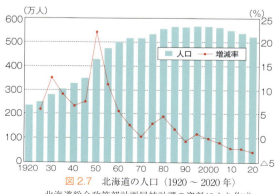

図2.7 北海道の人口（1920～2020年）
北海道総合政策部計画局統計課の資料により作成．

1990（平成2）年以降は人口増加率がマイナスに転じ，1995（平成7）年に一旦は人口増加したものの，それ以降は人口の減少傾向が顕著である．2010（平成22）〜2015（平成27）年の全国の人口増減率は−0.8％なのに対し同期間の北海道の人口増減率は−2.3％，2015（平成27）〜2020（令和2）年の全国の人口増減率は−0.7％なのに対し同期間の北海道の人口増減率は−2.9％であり，全国平均に比べて人口減少のペースが速いことが指摘できる．こうした人口減少の主な要因は，高齢化の進行による人口の自然減少と，北海道外への転出超過による人口の社会減少の両方が影響している．

2.4.2　北海道の行政システム

北海道には2024年1月の時点で34の市がある．最大の市は札幌市（2020年の人口は約197万）であり，旭川市（同33万），函館市（同25万），苫小牧市（同17万），帯広市（同17万）と続く．一方，かつて北海道の産業の屋台骨であった石炭をはじめとする資源開発によって栄えた都市において，炭鉱や鉱山の廃止にともない急激に人口が減少した結果，三笠市（2020年の人口は8040），夕張市（同7334），歌志内市（同2989）のように，市でありながら人口が1万を大きく割り込む市が存在することも北海道の特徴である．

全国の国土面積の約22％，九州の約1.9倍に相当する広さをもつ北海道は，中心性の高いいくつかの都市（一部は町）の周りに複数の町村からなる広大な農村が広がる構図に特徴がある．広い北海道には14総合振興局・振興局が存在しており，国と北海道の出先機関である官公庁や高校が集積している．道南の渡島総合振興局の函館市，檜山振興局の江差町，後志総合振興局の小樽市や倶知安町，胆振総合振興局の室蘭市や苫小牧市，日高振興局の浦河町，道央の石狩振興局の札幌市，空知総合振興局の岩見沢市，上川総合振興局の旭川市，留萌振興局の留萌市，宗谷総合振興局の稚内市，十勝総合振興局の帯広市，釧路総合振興局の釧路市，根室振興局の根室市，そしてオホーツク総合振興局の網走市，北見市，紋別市などが代表的な中心都市（一部は町）である．

2.5　トピック2—北海道の食文化と観光—

2.5.1　大地のめぐみの地域性

2.3.1項でも挙げた通り，北海道はスケールの大きな農業と漁業に特徴があり，気候の違いから道南，道央，道東，道北の4つに大きく分かれる．

函館や江差を中心とする道南地域の食文化で代表的なものは，豊かな海産物を使った郷土料理である．イカと昆布を醤油で煮込んだ松前漬けや，江戸後期から明治期にかけて北前船による日本海交易で重要な商品の一つであった身欠きニシンを使ったニシン漬け，そして噴火湾周辺で採れるホタテやウニを加工した水産加工品などはそれらの代表例である．また，鮭は北海道を代表する魚の一つであり，焼鮭，三平汁，イクラ，スジコなど，鮭に関連する食材は道南地域を代表する食材となっている．鮭はアイヌの人々にとっても貴重な食材として重宝されてきたほか，北前船によって長きにわたって本州方面に運ばれた．鮭は北海道の歴史をつなぐ重要な食材といえるだろう．

札幌と石狩平野を中心とする道央地域は，開拓以来のたゆまない努力によって日本有数の水田地帯が広がり，さらには多種類の野菜生産や酪農も盛んであり，畜産も組み合わさった豊かな農村地帯となっている．開拓当初には札幌に北海道開拓使が置かれ，気候がよく似たアメリカ合衆国北東部（主にマサチューセッツ州）から導入され，札幌で最初に収穫された作物がある．リンゴやタマネギなどがその代表例といわれている．外から持ち込まれたもので，札幌から広まった料理もある．タレに漬け込んだ羊肉を焼いて食べるジンギスカン料理や，味噌ラーメンも札幌から広まったという説が有力である．その他にも，道央地域を代表する郷土料理は，生の鮭を使った煮込み鍋を味噌で味付けする石狩汁が筆頭に挙げられる．また，鮭の半身（または大きめの切り身）を豪快に焼き，味噌とみりんで味付けして食べるちゃんちゃん焼きも人気がある．

日本でも最大規模の畑作地帯や酪農地帯が広がる道東地域では，大地の豊かなめぐみをいかした

食文化が芽生えた．洗練された都会の料理とはいえないものの，豚肉を使った豚丼やソーセージ，鶏肉の唐揚げ（ザンギ）などは，十勝地方をはじめとする道東地域の代表的な料理である．十勝地方で盛んな養豚業は，同じく十勝地方で生産されるてん菜（砂糖だいこん，ビート）の絞りかすが餌の一部として与えられており，環境にやさしい循環型の農業の先駆けともいえる．他にも，道東地域では洋菓子・和菓子の生産も盛んである．日本有数の生産規模を誇る小豆，てん菜，バター，小麦粉など，お菓子づくりに欠かせない材料はすべて十勝平野で生産されている．北海道を代表する菓子製造業者に六花亭と柳月があるが，両社とも帯広が発祥地である．

最後に，北海道の最北端の宗谷地域では，ブツ切りのカニをふんだんに用いたてっぽう汁や，かつて栄えたニシン漁にルーツをもつニシン料理が代表的な郷土料理である．また道北地域では，鮭の代わりにタラを使った三平汁もみられる．

2.5.2 北海道の食の魅力と観光

北海道への観光客にとって，最も期待する体験の一つとして「美味しい食べ物を味わう」食の観光が挙げられる．前項にあるように，道南，道央，道東，道北それぞれの地域は魅力的な食にあふれている．函館の朝市，小樽の寿司屋通り，札幌の中央市場や二条市場，ラーメン横丁，釧路の和商市場などは，北海道観光に欠かせない観光スポットとして毎年多くの観光客が訪れている．

また，道南の湯の川温泉，道央の登別温泉，洞爺湖温泉，定山渓温泉，道北の層雲峡温泉，道東の阿寒湖温泉，ウトロ温泉ほか，温泉観光地も数多く存在する．こうした温泉地には大型の温泉旅館が軒を連ね，北海道の食材をふんだんに取り入れた豪華な食事を楽しむことも北海道の大きな魅力の一つである．

その一方で，レンタカーを活用して少人数で楽しむ観光形態の台頭により，こうしたマスツーリズム型の温泉観光地も岐路に立っている．「食材一流，施設と料理は二流，サービスは三流」などと言われることの多い北海道観光である．北海道各地の伝統的な郷土料理を見つめ直し，北海道の歴史と文化が感じられるよう，創意を凝らした食の観光がブームになることを願いたい．　［堤　純］

•••••••••••• さらに探究する ••••••••••••

広大な大地と多様な自然，そして豊かな食材に恵まれる北海道であるが，国内外からの観光客を今後も持続的に呼び込むためにはどのような対策が必要だろうか．

文　献

遠藤匡俊（2011）：2. 歴史的背景．北海道（日本の地誌 3，山下克彦・平川一臣編），pp.19-22．朝倉書店．

小野有五（1994）：氷河時代のドラマ—北海道の創世記—．北海道・自然のなりたち（石城謙吉・福田正己編），pp.1-15．北海道大学図書刊行会．

平井松午（2001）：郊外化と流通戦争が進む田園都市　帯広市．北海道地図で読む百年（平岡昭利編），pp.119-126．古今書院．

山口　敏（1996）：先史日本列島人に関する二三の骨学的考察．*Journal of the Anthropological Society of Nippon*, **104**: 343-354．

余市教育研究所編（1968）：余市農業発達史，382p．余市町郷土史研究委員会．

北海道農政部（2020）：https://www.pref.hokkaido.lg.jp/fs/2/4/4/8/7/2/0/_/hokkaidonogyounogaiyou0206.pdf（最終閲覧日 2024 年 12 月 25 日）

3 東北地方　豊かな自然とそれに育まれた地方文化

　東北地方は，日本の本州の北東に位置する．その陸地は，南北に長くのびる．中央には，まるで魚の背骨のように細長く山脈が走っている．その陸地の北と南とで，また，山脈の東と西とで，多様な自然がみられる．その多様な自然をもとに，多様な文化が育まれた．東北地方と聞いて，私が思い出すのは，農山村のシンプルな文化だ．例えば，右の写真は，山裾の宿場町である．建物は昔風に改造されているけれども，そのような風景は，都市に住んでいる人の心を惹きつける．

福島県の大内宿（2007年）

◯ 3.1　東北地方の自然

3.1.1　山

　図 3.1 は東北地方の地形である．東北地方の陸地は，南北に細長くのびている．この地図でみると，北の十和田湖から，南の猪苗代湖まで，標高の高い部分が，線のように続いている．それが奥羽山脈である．日本で最も長い山脈である．東北地方の中央をまるで魚の背骨のように走っているので，脊梁山脈と呼ばれる．

　奥羽山脈の主な山は，十和田湖の近くにある八甲田山，北上盆地にある岩手山，仙台平野の西にある蔵王山，猪苗代湖の近くにある磐梯山や安達太良山などである．

　石川啄木が「ふるさとの山に向ひて言ふことなし ふるさとの山はありがたきかな」と読んだのは岩木山である．実際に北上盆地に行って山を見ると，雄大であり，なるほどありがたい感じがする（例：Google Street View 39.8779983 141.1157968）．

　東北地方の山には火山が多い．上述の例に挙げた山も，すべて火山である．東北地方の東側の沖合には，太平洋プレートと呼ばれる地球の皮のような部分がある．その海中の地面が動くことによって地震が発生する．陸地も動いて火山が噴火する．いくつもの噴火があって，山脈がつくられた．陸地の面積が広がった．

　山脈がつくられるのは，何万年，何億年という地球の時間である．人の一生という短い時間スケールでは，ほとんど見ることができない．また地球という広い空間スケールでみると，東北地方の山脈は，環太平洋造山帯に含まれる．太平洋の反対側にあるアンデス山脈と同じ類型である．そういうことを考えるためには，少しの想像力が必要である．

　地震は頻繁に発生する．大きな地震は，大きな津波を引き起こすことがある．日本の高校や中学の教科書で，防災の話題がこれほど長く書かれるようになったのは，2011年の東北地方の大津波の後からである．国土地理院がつくる日本の公式地図にも，災害の伝承碑が掲載されるようになった．人の一生は短く，人の心は忘れやすい．

　図 3.1 でみると，中央からやや北の方に，北上盆地がある．その東に，肺のような形をして広がっている標高の高い土地が，北上高地である．北上高地をさらに東に進むと，太平洋につきあたる．その海岸線はジグザグの形をしている．そこが三陸海岸である．

　ジグザグの海岸線は，地理の用語でリアス海岸という．北上高地の山々が海中に沈んでできた海岸線なので，そのような形をしている．日本の津波の最高記録は，このリアス海岸で記録された．2011年3月に岩手県大船渡市で記録された高さ 40.1 m の大津波である．

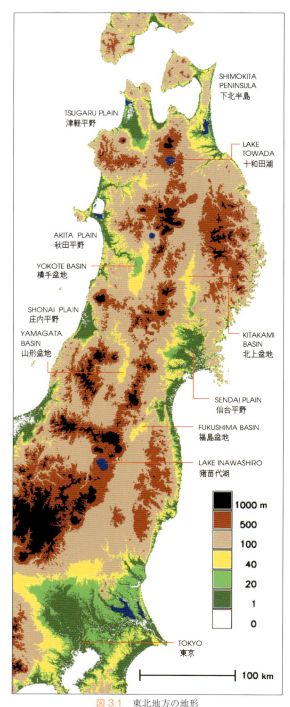

図 3.1 東北地方の地形
地理情報システム（GRASS GIS）を使って作成．資料は NASA の SRTM（スペースシャトル・レーダー・トポグラフィー・ミッション）．

3.1.2 川

山脈に降った雨は，川となって，土砂を運び，平野をつくる．主な平野は，図 3.1 でみると，北から，津軽平野，秋田平野，横手盆地，北上盆地，仙台平野，庄内平野，山形盆地，福島盆地などである．平野の土地は，主に水田に利用されている．

津軽平野には，岩木川が流れ，日本海へ注ぐ．城下町の弘前市がある．この平野は，日本一のリンゴの産地でもある．秋田平野と横手盆地には，雄物川が流れ，日本海へ注ぐ．その河口は，県庁所在地の秋田市にある．昔，年貢米（御物）を運んだから，御物川と呼ばれるようになった．昔，このような大きな川は，人と物を運ぶ動線だった．それは今の高速道路のようなものだった．

北上盆地では，北上川が，北から南へ流れて，仙台平野にいたる．昔は仙台湾へ注いでいたが，洪水を防ぐために，放水路が工事されて，今ではリアス海岸の湾から，太平洋に注ぐようになった．

仙台平野は東北地方で最大の平野である．水田の風景が広がる．東北地方で最大の都市である仙台市がある．仙台平野の南から太平洋に注ぐ川が阿武隈川である．阿武隈川は，福島県の中央部，すなわち中通地方を北へ流れて，福島盆地を貫いて，仙台平野にいたる．

山形盆地と庄内平野は最上川の流域である．その上流と下流で文化が違うことは，地域の会話の話題によく取り上げられる．例えば，海側の言葉は関西に近い感じであり，山側の言葉には東北らしさがある．山形県民のソウルフードである芋煮も，上流と下流で食材が異なる．

3.1.3 気候

東北地方の日本海側と山脈は，世界有数の豪雪地帯である．青森県，岩手県，秋田県，山形県は，全域が豪雪地帯に指定されている．積雪が多い理由は，大陸から吹いてくる冬の季節風が，日本海を渡るときに湿った空気となって，それが山脈にぶつかって，雪雲ができるためである．

高度経済成長期以前には，豪雪地帯の冬の生活はたいそう不便だった．冬は農業ができないので，大勢の人たちが出稼ぎに出た．今では日本の産業構造が変わり，農業で働く人は少なくなった．新幹線や高速道路などの交通も整備された．現在の雪国は，雪の風景を見ながら，ゆっくりと

流れる時間を楽しむことができる地理空間である．

3.2 東北地方の歴史文化

3.2.1 文化の底にあるもの

現在の日本では，人口が太平洋ベルトの大都市に集中する．しかし，稲作の文化が日本に入ってくる前は，今の東北地方に相当する範囲で，人口が多かった．その集落の跡地は「北海道・北東北を中心とした縄文遺跡群」として世界遺産に指定されている．中でも青森県の三内丸山遺跡が有名である．

稲作以前というはるかな昔に，どうして東北地方の人口が多かったのだろうか．当時の人たちは，採集や狩猟で生活をしていた．海岸では貝や魚が豊富であるが，内陸はそうでもない．内陸では，クリやドングリなどの木の実や，イノシシ，シカ，ノウサギ，川魚などの野生動物を食べていた．木の実がたくさんなって，それを餌にする野生動物もたくさんいたのが，東北地方の落葉樹の森だった．当時の人たちは，自由に野山を駆け回っていた．

東北地方の落葉樹を象徴するのがブナである．秋田県と青森県にまたがるブナの原生林もまた，世界自然遺産に指定されている．自然保護活動のため，ブナの名前が知られるようになったが，ナラの木も，東北地方でよく見かける落葉樹である．例えば，それらはミズナラやコナラである．

そのような落葉樹は，東北地方の涼しい気候の下でよく成長する．ブナが生えるような涼しい気候を利用した文化は，ブナ帯文化と呼ばれる（市川ほか，1984）．例えば，落葉果樹であるリンゴやサクランボの栽培，今では健康食品とされるアワなどの雑穀の栽培，かつて盛んだった馬の飼育などがブナ帯文化を象徴するものである．

このように書くと，涼しい気候であればどこでもブナが生えているようなイメージを与えてしまうが，意外にブナはさほど北までは生えていない．北海道の南部がブナが自生する北限である．

落葉樹の中でもコナラは，東京都内の緑地にも生えている．しかし，人が手を入れなくなると，やがてサカキやカシなどの常緑樹に変わっていく．そのような常緑樹のことを照葉樹と呼ぶ．光を反射して，葉がぴかぴか光る木である．ブナ帯文化に対して，照葉樹が生える地域の文化のことを，照葉樹林文化と呼ぶ．

3.2.2 歴史と文化

表 3.1 は，東北地方の歴史をシンプルにまとめたものである．大陸から稲作が入ってきて，弥生期がはじまった．稲作に向いている温暖な地方で人口が増加し，各地に勢力が生まれた．それらが国内各地の戦争によって統一されて，国がつくられた．7 世紀の国の中心は，今の近畿地方である．そこから東へ向かう内陸の街道は，東山道と呼ばれた．今の東北地方は，その街道の一番奥にあるので，「みちのおく」と呼ばれた．

12 世紀（平安期）には，今の東北地方の一帯を奥州藤原氏が治めていた．岩手県の南部にある

表 3.1　東北地方の歴史

世紀・時代	事項
1870 年代，明治期	廃藩置県．青森県，岩手県，宮城県，秋田県，山形県，福島県成立．
1869 年，明治期	戊辰戦争（内戦）．会津，庄内，仙台などの諸藩が新政府軍と戦う．青森を拠点に新政府軍は進撃，函館の旧幕府軍を落とす．
18～19 世紀，江戸期	天明の大飢饉，天保の大飢饉．
17～19 世紀中頃，江戸期	各地に特産が生まれる．弘前のヒバ，南部（盛岡）の馬や鉄器，仙台の米，久保田（秋田）の杉，山形の紅花，会津の漆器など．
12 世紀	奥州藤原氏の繁栄．今の岩手県平泉が中心地．
8 世紀	陸奥国と出羽国．陸奥は今の福島県，宮城県，岩手県，青森県あたり．出羽は今の山形県，秋田県あたり．陸奥と出羽を合わせて奥羽，または奥州という．
7 世紀	道奥（みちのおく），後に陸奥（みちのく）．今の東北地方の南部．
150,000 BC～300 BC ?	縄文期．ブナ帯文化の起源．

Wikipedia（Tōhoku region とそのリンク）をもとに筆者が事項を選ぶ．

平泉町がその本拠地だった．平泉町の中尊寺もまた，世界文化遺産に指定されている．中尊寺の金色堂には，奥州藤原氏のミイラが祀られている．

奥州藤原氏は，源頼朝によって滅ぼされた．源頼朝は，奥州藤原氏との戦の後，鎌倉に幕府を開き，武士による政治をはじめた．歴史のスター人物である源義経は，兄の源頼朝と対立して，やはり平泉で討ち死にした．海を隔てた北海道には，源義経が逃げてきたという伝説が各地にある．

17世紀からはじまる江戸期は，250年以上もの間戦のない時代だった．各地に様々な特産が生まれた．特産というのは，自給のためでなく，売るためにつくられるものである．今でも続いている例では，弘前のヒバ，南部（盛岡）の鉄器，仙台の米，久保田（秋田）の杉，山形の紅花，会津の漆器などがある．

江戸期に広く売られるようになった特産に「曲げわっぱ」がある．スギなどの木でつくられた弁当箱である．私は秋田県の曲げわっぱで弁当を食べている．食べながら昔の木樵のことを想像する．「その木樵は，奥山に入って山仕事をする．彼の大きな曲げわっぱには，数日分の米がぎゅっと詰まっている．渓流のそばで，彼はそれを食べている．」

江戸期の東北地方は，平和になって人口も増えてきたが，たびたび飢饉に見舞われた．飢饉とは，夏に気温が低くなり，米が育たず，食べ物がなくなって，腹が減って人が死ぬことである．今の私たちにとって，その光景を想像することは難しい．

夏に気温が低くなって，米が育たなくなることを冷害という．最近では1993年にひどい冷害があった．私はその冷害を学生の頃に経験した．そのときは，外国から緊急に米が輸入されたこともあり，食べ物がなくなることはなかった．

3.2.3 県の成立

明治期のはじめに，陸奥国と出羽国は7つの国に分割され，すぐに解体された．地方を治めていた藩も解体された．それに代わって，30を超える県がつくられた．それらの県も，まもなく6つの県に統合された．今から150年ほど前，激動の明治期だった．

その結果としてできたのが，今の青森県，岩手県，宮城県，秋田県，山形県，福島県である（図3.2）．人口が少なかったこともあり，広い面積の県が多い．例えば，岩手県は日本2位，福島県は3位，秋田県は6位の面積である．青森県は，地図上で独特の形をみせている．そのため，青森県は北海道と沖縄県と並んで，地名当てクイズでは，最も正解率が高い県の一つである．

今のように東北地方と呼ばれるようになったのは，ほとんど第二次世界大戦後のことである．その名前の普及は，中学校や高等学校での地理教育

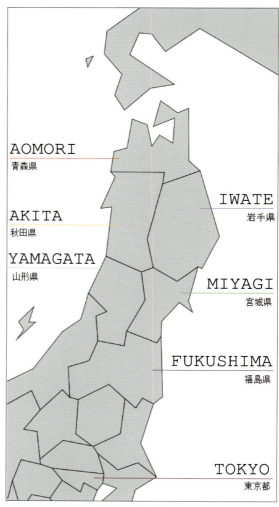

図 3.2　東北地方6県
地理情報システム（GRASS GIS）を使って作成．資料は国土交通省の国土数値情報．

によるところが大きい．明治期には，まだ奥羽地方と呼ばれていた．当時の東北地方は，東日本を指したり，奥羽地方と北海道を指したり，あるいは今の東北地方の6県を指したりした．地名は不確実なものである．なお日本に難読地名が多い理由の一つは，昔，地名は貴族や地主などの特権階級のものだったためである．

3.3 東北地方の社会経済

3.3.1 東京から離れるにつれて低くなる人口密度

図3.3は，東北地方を中心に描いた人口密度の地図である．東京都市圏には，黄色に塗られた「人口密度がかなり高い地域」が集中する．その外側の関東地方には，薄いグレーに塗られた「人口密度が高い地域」が広がる．

さらにその外側の東北地方には，濃いグレーに塗られた「人口密度が低い地域」が広がる．最も外側の北海道では，黒色の「人口密度がかなり低い地域」が目立つ．

人口が集中するのが都市であり，都市の分布が，この地図に見栄えを与えている．つまり，東北地方においても，青森市，盛岡市，秋田市，仙台市，福島市などの県庁所在地は，人口密度が高い地域である．しかし全体的にみると，人口密度が低い地域が卓越する．

どうして東北地方では，人口密度が低いのだろうか．一つは，前節に書いた歴史と関係する．稲作を基礎とする文化は，温暖な地方で発展した．国家がつくられると，その中心は近畿地方となった．今の東北地方はそこから最も離れた「みちのおく」だったことが，人口の低密度の原因でもある．

もう一つの理由は，20世紀後半に太平洋ベルト地帯で工業が発展したことである．それは，石油などの資源の輸入に頼る重化学工業であり，大きな港と広い工業地のある太平洋ベルト地帯に集中した．日本はアメリカ合衆国に次ぐ経済国になった．

高度経済成長期の頃，東京へ行けばよい仕事があるからと，大勢の人が東北地方から東京へ移住

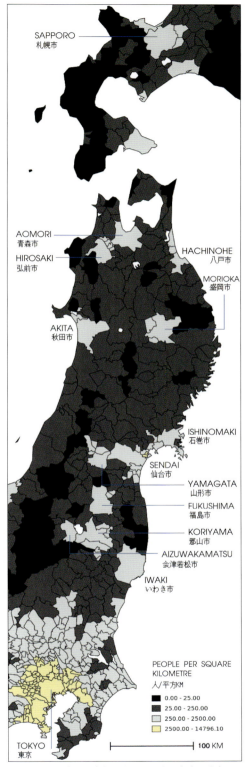

図3.3 東北地方を中心にみた人口密度の分布
地理情報システム（GRASS GIS）と描画用ソフトウェア（Xfig）で作成．資料は国土交通省の国土数値情報と総務省統計局の国勢調査（2015年）．

した．その象徴として，中学校を卒業したばかりの若者たちが，集団就職のために，夜汽車に乗る映像がテレビに流される．東北地方は人口の給水塔だった．

3.3.2　経済の変化と人口の変化

日本の経済の構造は変化した．工業の主力は，中国や東南アジアなどの外国に移動した．国内では，サービス産業（第三次産業）の割合が高くなった．例えば，小売，流通，通信，飲食，宿泊，金融，公務，研究，教育，医療，福祉などである．今の私たちは，物をほとんどつくらないで生活する．それは，いわゆる都市的な生活である．

もう一つの変化は人口減少である．今の日本は，まるで社会全体が老年期を迎えたかのようである（老年期とは，地形輪廻説によると，侵食が進んで，地面の凸凹が穏やかになった状態）．生活や仕事で人手不足を感じるときが多くなる．

それらの背景を踏まえて，東北地方の都市の人口をみてみる（表3.2）．全体的に人口は減少している．しかし，仙台市，福島市，郡山市では人口が増えている．仙台市は，東北地方で最大の都市であり，政令指定都市でもある．福島市と郡山市は，仙台市と東京とをつなぐ線の上にある．東北新幹線と東北自動車道がつくる動線である．

その動線は，奥羽山脈と並行して北にのび，東北地方の交通の背骨となっている．その背骨から離れた都市では，人口の減少が著しい．例えば，弘前市，秋田市，酒田市，会津若松市などである．また，経済を第二次産業（鉱工業）や第一次産業（農林水産業）に依存する都市も，人口の減少が著しい．例えば，漁業と水産加工が盛んな石巻市や，重化学工業のいわき市などがそうである．

3.3.3　考察その1—農牧業の変化—

山本ら（1987）の農村空間の研究によると，昔の東北地方には，「出稼ぎ農村空間」が広がっていた．特に冬に雪に覆われる地域で，出稼ぎに出る人が多かった．主な出稼ぎ先は，工業化の進んだ太平洋沿岸だった．

21世紀に入ると，日本では工業に代わってサービス産業が盛んになった．田林（2013）の研究によると，21世紀には「農村空間の商品化」が進み，第一次産業もサービス産業のようになった．東北地方の例では，サクランボやリンゴなどの観光農園や，ひとめぼれなどのブランド米の生産増加である．

国道沿いに道の駅がつくられ，実に様々な特産が売られている．まるで地域の顔が見えるようだ．訪れる旅行者は，珍しい物を発見したり，その謎につきあたったりする．例えば，南部地方（岩手県北部から青森県東部）の道の駅では，晩秋に色とりどりのキクの花が売られていた．食用ギクだった．

農家への聞き取り調査も東北地方で行った．農家の皆さんは，「遠くからよく来たね」という感じで，快く応じてくれた．そのような気持ちで人に接することができる．それが東北地方の社会の根底にあるように思う．東北人の気持ちが本当の農村空間の商品化に結びついている．

サクランボやリンゴは，山形県や青森県の特産である．有名な品種に，サクランボの佐藤錦やリンゴのフジなどがある．これらは，品種を発見した人の名前や，品種が育成された地名である．これらは，元をたどれば，西洋人が改良した品種である．サクランボの別名は西洋実桜である．リンゴも，昔ながらの和リンゴは，小さくてすっぱい．

表3.2　東北地方の都市の人口（1995年→2015年）

主な都市	人口の変化		
青森市	314,917	→	287,648
八戸市	249,358	→	231,257
弘前市	190,751	→	177,411
盛岡市	300,723	→	297,631
仙台市	971,297	→	1,082,159
石巻市	178,923	→	147,214
秋田市	331,597	→	315,814
山形市	254,488	→	253,832
鶴岡市	137,095	→	129,652
酒田市	122,536	→	106,244
福島市	285,754	→	294,247
郡山市	326,833	→	335,444
会津若松市	137,065	→	124,062
いわき市	360,598	→	350,237

総務省統計局の国勢調査により作成．
1995年は2015年の行政区の範囲で集計．

サクランボもリンゴも，今から150年前に明治政府が輸入し，各地に苗を配布した．そして気候条件のよい土地が産地になった．育成地の一つであるドイツのように，涼しいことがよい条件だった．これらは遠い時間と空間を越えて文化が結びついている例である．

3.3.4　考察その2—シリコンロード—

仙台市と盛岡市との間はそれなりの距離がある．そこを自動車で移動すると，東北地方の広さを実感する．途中に自動車工場と半導体工場がある．自動車工場はトヨタである．トヨタは，日本最大の企業であり，世界で工場を経営する多国籍企業である．今でもアメリカ合衆国の企業番付誌・フォーチュンで上位に位置する（昔は他の日本企業も上位にあった）．そのような企業が周辺地域の経済を支えている．

半導体はコンピュータに使われる部品である．その原料となるケイ素のことを，英語でsiliconという．半導体の工場は，ここだけでなく，東北自動車道の沿線に点在する．そのため東北自動車道は，シリコンロードと呼ばれる．高等学校や中学校の地図帳には，その分布が掲載されている．

半導体の工場は，原料と製品の重量が軽いこともあり，自動車で出荷しやすい高速道路の近くに立地する．現代は車社会だから，工場で働く人たちが自動車で気持ちよく通勤できることも大切である．地価が高くないことも，工場の建設と維持に大切である．

私が大学生だった1990年代と比べて，街や道路の風景は，さほど変化していない．劇的に変化したのは情報技術である．私たちは卒業論文で，パソコンではなくて，ワードプロセッサーを使っていた．今はコンピュータの人工知能がとてもよい文章をつくる時代だ．そのような社会の見えない変化をつくったのが，半導体産業である．

● 3.4　トピック1—会津盆地の地誌を野外で説明するためのメモ—

3.4.1　地誌の野外実習

私が学んだ地誌学教室では，地誌を書くためには，盆地がよいとされた．理由は，空間的なまと

表3.3　ある大学の野外実習の日程

日程	事項
10月23日（月）	13:00 JR会津若松駅集合 徒歩巡検：大町通り，七日町通り，福島県立博物館など 夕食後ゼミ（会津若松泊）
10月24日（火）	グループ調査 夕食後ゼミ（会津若松泊）
10月25日（水）	バス巡検：漆器団地→会津坂下→喜多方→裏磐梯→苗代湖→頭首工→磐梯熱海 夕食後ゼミ（磐梯熱海泊）
10月26日（木）	郡山へ移動（磐越西線），市内巡検，開成山（解散，12時頃の予定）

筑波大学自然学類 地誌学野外実験A（2006年）のオリエンテーション資料から抜粋（手塚章教授と実施）．

まりが想像しやすいからである．例えば，中央に市街地があって，その外側に農地があって，さらに外側に山地がある．盆地には，そのようなダーツの的のような地理空間が広がっている．

そうするとダーツの矢は，一つ一つの調査テーマにたとえられる．例えば，市街地の商店街とか，農地のリンゴ栽培とか，山地の放牧地などである．私も大学院生の頃は，福島盆地や松本盆地などで，花卉生産や果樹栽培などの調査をして，報告書を書いた．複数の報告書がまとまって，一つの地誌のような冊子が作成された．

教員になってからは，いくつかの面白そうな地域を選んで，地誌学の野外実習を企画した．東北地方に関して，表3.3は，会津盆地で実施した野外実習の概要である．

この表をもとに，会津盆地を説明するためのメモをつくってみる．昔のメモはもう捨ててしまったため，新しく書き起こした．

3.4.2　説明メモ—概要1—

会津盆地は，図3.1では，猪苗代湖の西に広がる薄い茶色の部分である．盆地底の標高は170〜200 mである．盆地の西側で，只見川が阿賀川に合流して，新潟県へ流れる．福島県内では阿賀川と呼ばれ，新潟県では阿賀野川と呼ばれる．このように県をまたいで名前が変わる川には，信濃川や紀の川もある．

盆地底は，主に水田に利用されている．農業的な土地利用が広がる．ここは，おいしい会津米の産地である．主な栽培品種はコシヒカリである．

会津米がおいしい理由は，周囲の山に雪が沢山積もって，その豊富な雪解け水が，水田に流れ込むからだといわれる．もちろん，農家がどのように米を栽培するかが，最も大切である．

3.4.3　説明メモ—概要2—

会津盆地で最大の都市は，会津若松市である．会津藩の城下町だった．明治期の戊辰戦争で，会津藩は旧幕府側についたので，会津の城下町は明治政府軍との激しい戦場になった．

現在の会津若松市の主な産業は，観光のほか，最先端の半導体や医療機器などの生産である．観光では，若松城（別名鶴ヶ城）がシンボルになっている．日本酒も有名である．先端産業では，富士通，オリンパス，テキサスインスツルメンツなどの工場が立地する．公立の会津大学は，コンピュータの教育に力を入れている（最近，富士通は撤退し，代わって産官学連携のICT事業の雇用が伸びている）．

東京から会津若松市へ行くために，普通は，高速道路を使ったり，新幹線と磐越西線を使う．観光であれば，東京の浅草駅から鉄道で会津若松市へ行くのもよい．こちらは，東部鉄道，野岩鉄道，会津鉄道を使う．江戸期の会津西街道を偲ばせるルートである．

3.4.4　説明メモ—会津漆器1—

会津は漆器の産地である．会津塗と呼ばれる．安土桃山期にはじまり，江戸期には会津藩の特産として全国に販売された．漆器は自然をいかした産業である．漆器の原料は木である．漆器生産では会津の山に生えていたケヤキやウルシなどの落葉樹が利用された．

漆器の産地は雪国に多い．漆を塗るときに埃がつかないことや，湿度が高いところでゆっくり乾かすと，よい色がでるためである．私は北関東の出身であり，そこは焼物の産地であるが，確かに，冬の乾いた風や春先に土を巻き上げる強風を見ると，漆器には向いていない気がする．

3.4.5　説明メモ—会津漆器2—

表3.3の野外実習では，2日目は学生たちが自主的に調査を行う日だった．その日，私は市立図書館の郷土コーナーへ行って，バス巡検で話すためのネタを探した．そこで地元の小説家・福米沢悟が書いた『過疎地の人々』を見つけた（福米沢，1990）．その短編集に収められた「蒔絵師」の話が面白かった．フィクションであるが，地場産業の様子がよくわかった．

蒔絵師とは，漆器に蒔絵を描く職人である．蒔絵とは，漆器に描かれた花や葉などの絵柄である（図3.4）．以下はその小説の概要である．

　……その蒔絵師は，暗い土蔵の中で，黙々と量産品を作っている．埃が付くと漆器は商品にならないから，土蔵にこもって仕事をしている．現代の販売方法や流通方法に翻弄される末端の職人だ．

　彼が老齢に達したある日，町内会の役員の家で，仕出し料理の振舞をうける．その料理を入れていたのが，古い会津漆器だった．その漆器には江戸時代の農作業の風景が描かれていた．職人の父が生前に，「見たことはないけれども，何処かにあるはずだ．一度見てみたい」と言っていた伝説の絵だった．それを偶然に見た日から，職人の人生が変わる……

このように「人生には一度か二度しか，大きなチャンスはめぐって来ない」ということが，作品

図3.4　蒔絵のようなパターン（出典：United States Geological Survey（アメリカ地質調査所，地図製作用のパターンもある））

のテーマである．これを読んでから数年後，私は北海道で再就職をした．

3.4.6　説明メモ―道路沿いの風景1―

屋根に「水」の文字がある民家が見える．最初は屋号かと思ったが，同じ文字がいくつも見える．検索してみると，火を防ぐまじないのようなものだった．昔は家の中で火を使っていたし，日本の家は燃えやすい材料でつくられていたから，火事にはとても注意した．

その大きくて分厚い屋根は，今はトタンが張られているが，昔は茅葺屋根だったと思われる．古い街道沿いの大内宿は，今は茅葺屋根の観光地であるが，1970年代の写真をみると，そのようなトタン屋根だった．

茅葺屋根は，見た目は伝統的な農家らしくてよいが，維持するのに金がかかる．だからトタン屋根に替えられた．雪国だから，瓦ではなくて，積雪に強いトタンに替えられた．

高度経済成長期よりも前に会津の屋根葺き職人（茅葺屋根を修理する職人）は，冬に関東地方へ出稼ぎに行った．冬の関東地方は晴天が続くから，仕事がはかどった．北関東の郷土料理である「シモツカレ」は，会津西街道を中心に分布する．だからシモツカレは，会津の屋根葺き職人が広めたのではないだろうかと朝倉（1977）は推論している．

3.4.7　説明メモ―道路沿いの風景2―

会津地方のすべての市町村は，豪雪地帯または特別豪雪地帯に指定されている．雪が多いところが豪雪地帯であり，雪が非常に多いところが特別豪雪地帯である．

雪をいかした産業がスキー観光である．山の中の道を進むと，スキー場を通り過ぎることがある．先に紹介した『過疎地の人々』の中に，会津地方でスキー場が開業したときの住民の会話がある．それは以下のようである．

「区長さん，いよいよ雪が降るのをまつばかりですね」

「はい今年は早く一杯降ればいいとおもっていますよ」

「去年までなるべく遅く降って，しかも少ないように祈っていたのにですな」

3.4.8　説明メモ―道路沿いの風景3―

道路沿いに墓地があるのが目につく．聞いた話によると，昔の豪雪地帯では，冬に葬式が出たときに，山の中では墓穴を掘るのが大変だから，道路の近くに墓地をつくったという．

会津の奥地にある只見では，昔，嫁入り道具を入れる長持ちが棺桶になった．結婚して，働いて，子供を育てて，年老いて，死ぬ．そうすると，その長持ちの棺桶に手足を折って入れられ，道路沿いの墓地に葬られた．

それを聞いて以来，私は部屋の片隅に不気味な棺桶が置いてあることを想像する．そしてすべての人に平等に流れている時間のことを考える．

・・・・・・・・・・ さらに探究する1 ・・・・・・・・・・
ある地域を取り上げて，野外実習の計画を立ててみよう．そして，その地域を説明するためのメモを書いてみよう．
・・・・・・・・・・・・・・・・・・・・・・・・・・・・・

●3.5　トピック2―東北地方の温泉の写真について私が書くこと―

3.5.1　目　的

私は今，東京の大学で観光を教えている．ここで私が話したり，書いたりすることの目標は，地域の面白さを，なるべく多くの人に伝えることだ．それがどのように達成できるのかは，私にもまだわからない．

今，コンピュータの人工知能がとてもよい文章を書く．例えば，分厚い地誌書をスキャンして，画像データから文字データへ変換する．それを人工知能に読ませて，「○○地方の地誌を書きなさい」と命令するのだ．

それに匹敵するようなよい文章を，「自然知能」の私は書けるのだろうか．一つの悪あがきは，元データをなるべくオリジナルにすることだ．どのようなコンピュータにもデータのインプットは必要だ．そして私には，コンピュータには知られて

いない過去がある．

本節では，東北地方の地誌を執筆しているときに，私の頭の中に浮かんできた泡のようなものを文章にしてみる．それをもとにして，いつかよりよい地誌が書けるかもしれない．人工知能との共同作業になるかもしれないけれど．

3.5.2　使用する素材―古いスライド写真―

写真 3.1 は，本書の初版（菊地，2011）に掲載した乳頭温泉郷の写真である．初版はモノクローム印刷であり，しかも，この写真はあまり鮮やかではないから，見づらかった．今回は，カラー印刷だということで，もう一度掲載してみる．長い説明も書いてみる．

この写真は，スライド写真をスキャナーを使ってデジタル化したものである．スライド写真とは，ポジフィルム（色が反転しないフィルム）で撮影した写真を，紙やプラスチックでつくられた枠に入れたものである．写真の外側に見える黒い線がその枠である．デジタル化しても，あまり鮮やかではないかもしれない．しかしそれでよい．

今のデジタルカメラの写真は，鮮やかに写り過ぎると思う．例えば，観光ガイドブックには，たくさんの鮮やかな写真が並んでいる．しかし実際に観光地に行ってみたら，ガイドブックの方がはるかによくて，がっかりすることにならないだろうか．それとは対照的に，欧米の旅行者が見るロンリープラネット（英語の観光ガイドブック）は文章が多い．文章よりもビジュアルに訴えることが，日本の消費者の心をつかむのかもしれない．日本のスーパーマーケットにも，見た目のよい野菜ばかり並んでいる．

3.5.3　先生の言葉

写真 3.1 を撮影した当時，普通の写真はネガフィルム（色が反転するフィルム）が使われていた．それに対して，ポジフィルムは，スライド写真になるので，教室での投影に向いていた．当時，私がポジフィルムを使っていたのは，ただただ先生の真似だった．

私が学生だった頃，いちばん楽しいと思った講義は地理や地誌だった．中でも先生方が講義の最後に見せてくれた風景のスライド写真が印象に残っている．

先生は生前に，よくこう言っていた――考えることは自由だ――本節の文章も，それにならってみる．

3.5.4　撮影した当時のこと

乳頭温泉郷の写真を撮影したとき，私は大学院生だった．アルバイトをしていた塾講師の友人たちとその温泉を訪れた．まだバブル経済の余韻が残っていた頃だった．

その温泉は秘湯ブームの先駆けだった．日本の温泉地は，たいがいコンクリート造りの近代的なホテルである．そこに団体旅行で訪れて，広い部屋で宴会をして，次の日に土産を買って，都会に戻る．そのような忙しいツアーに消費者が飽きてきた頃だった．

当時，インターネットや携帯電話は普及していなかったので，固定電話で宿の予約をした．人工衛星のナビゲーションもないので，助手席に座っ

写真 3.1　乳頭温泉郷
本書の初版（菊地，2011）に使ったスライド写真の再掲．以下のウェブサイトで公開．
HTTP://2242.MOOO.COM/POSI/95TOHOKU/1910.JPG

た人が，地図を真剣に見ながら道案内をした．一緒に旅行をする人と会話が多くなる時代だった．

3.5.5　渓流沿いの温泉

私たちは田沢湖畔を散策して，それから山の方へ向かった．ガードレールのない未舗装の道をゆっくり進んで行くと，温泉宿が見えてきた．

写真に写っているのは，名前の由来にもなった乳白色の温泉と，茅葺屋根の離れである．撮影したのはもう30年も前だが，すでに古い写真のような風景だった．

しかし写真をよく見ると，渓流にはコンクリートの砂防ダムが写っている．撮影しているときは，古い建物や白い温泉ばかりに目がいって，気がつかなかった．確かに，川が整備されている日本の風景である．

アメリカ合衆国やカナダから来た人を案内したときによく聞いたのが，「日本の川は，コンクリートで覆われていて，自然でない．残念だ」ということだ．しかし日本は，洪水や崖崩れなどの災害が多いから仕方がない．私たちはこの土地で生きているのだ（なお洪水の多い南アジアから来た留学生は，堤防や崖崩れを防ぐ土木技術に強い関心を示していた）．

3.5.6　持続性とは

私たちは明治期に建てられたという建物に宿泊した．電線は通っておらず，電気は発電機で起こされていた．部屋の照明は裸電球だった．

夜は飲み会だ．古い建物のせいか，酔いが回ったせいか，床が少し傾いていた．ある友人が「ビール瓶を横にすると，ころがる」と言って，皆で笑った．気楽な若者たちの旅行だった．

このような古い温泉宿は，これまでの長い経営の中で，何度も地震を経験しただろう．火事もあったかもしれない．他の温泉がホテルに改装されていく中で，ここの宿泊客はかなり減っただろう．いく度もの危機を乗り越えて，経営が続いている．

現代の社会では，持続的な開発が目標とされている．どのようなものが長く続く（sustain）のだろうか．

一つの答えは，「これまで長く続いてきたものは，これからも長く続くであろう」ということだ．数学の予測理論（ベルリンの壁の崩壊を予測したという）の前提でもあるし，日常の経験から，誰でも思いつきそうなことでもある．あまりにもシンプルなので，つい見逃してしまうことでもある．

3.5.7　日本の温泉文化

朝に外湯（屋外の温泉）に入った．温泉までの通路を歩いて行くと，霧の向こうに緑の森が見えた．後になって知ったことだが，それがブナの森だった．

地理の情報をもう少し加えると，乳頭温泉郷には温泉宿が7軒あり，宿泊したのはそのうちの黒湯だった．緯度は北緯39°48′，標高は850 mである．奥羽山脈の麓にある．

屋外の温泉は混浴だった．温泉から上がるときに，脱衣場には若い女性がいたので，おもわず目を伏せた．そういう温泉もある．

温泉は日本だけにあるものではない．アメリカ合衆国とカナダでも温泉を見た．ロッキー山脈の麓にある温泉である．ロッキー山脈は奥羽山脈と同じ環太平洋造山帯に含まれるから，温泉があっても不思議ではない．しかし温泉文化が違うから，日本ではあまり知られていない．

それらの外国では，温水プールのように温泉を利用している．水着を着ての混浴である．温泉が大好きだった私の先生は，「せっかくの良いお湯を，水で薄めるのはもったいない」と言っていた．

私が地誌を書くとき，草葉の蔭から先生がこう話しかけてくる気がする．「せっかくの良い素材を，駄文で薄めるのはもったいない．」

3.5.8　自　炊　棟

乳頭温泉には自炊棟もあった．自炊をしながら一人で長く宿泊しているというおじさんもいた．

現在の温泉地は，夏休みや冬休みが観光のピークであろう（なお黒湯は雪が多いこともあり，冬に営業を休む）．

まだ大勢の人が米を栽培していた頃，温泉の観光のピークは初夏だった．田植えが終わってから，疲れた体を休めるために，山の温泉へ行っ

た．自炊をしながら長く滞在した．

　現在は温室で稲の苗を育てるから，田植えは早い．ゴールデンウィークに田植えをする地方も多い．昔の田植えはそれよりも1か月は遅かった．今，田植えは機械で行われるが，昔は男も女も子供も水田に入って，手で苗を植えた．あるいは種籾(もみ)をまいた．蛭に喰われたりした．

　ところで，私の父は孝(たかし)という名前である．親孝行という意味だ．父は1944（昭和19）年6月15日に北関東の農家で生まれた．その頃は田植えの最中であり，子供を生んだ母親は農作業を休むことができた．だから孝という名前になった．このようにシンプルでわかりやすい話は，いつまでも心に残っている．

[仁平尊明]

・・・・・・・・・・・さらに探究する2・・・・・・・・・・・

　ある地域を取り上げて，その地域の面白さを人に伝えるための文章を書いてみよう．できれば，自前の地図や写真を入れて，コンプリートなもの（必要なものが自前でそろっているもの）を書いてみよう．

文　献

朝倉隆太郎（1977）：郷土料理シモツカレの地理的分布．宇都宮大学教育学部紀要，**27**：77-87.

市川健夫ほか編（1984）：日本のブナ帯文化，307p，朝倉書店．

菊地俊夫編（2011）：日本（世界地誌シリーズ1），176p，朝倉書店．

田林　明編（2013）：商品化する日本の農村空間，397p，農林統計出版．

福米沢悟（1990）：過疎地の人々，316p，近代文藝社．

山本正三ほか共編（1987）：日本の農村空間―変貌する日本農村の地域構造―，423p，古今書院．

United States Geological Survey：https://pubs.usgs.gov/map/bctr-pattern-lib/（最終閲覧日 2025年1月30日）

4 関東地方 変化を続ける巨大都市圏

首都東京を中心とした関東地方には日本の総人口のおおよそ1/3が集中しており，関東地方は政治，経済，文化の中心地として情報や流行を世界に向けて発信している．関東地方発展の基盤には，日本最大の平野である関東平野の存在だけでなく，江戸期から続く利根川をはじめとした河川の治水事業や，東京湾の埋立てなどによって自然環境を改変してきた人々の営みがある．ここでは，人々が関東地方の自然をどのように改変し，また利用してきたかを確かめながら，関東地方の地誌をみていこう．

渋谷から新宿副都心と北関東の山地を臨む（2021年12月）

4.1 関東地方の位置と範囲

関東地方は本州のほぼ中央部に位置し，東京都，神奈川県，千葉県，埼玉県，茨城県，栃木県，群馬県の1都6県からなる．また，本州のはるか南に位置している，東京都に属する伊豆諸島と小笠原諸島も関東地方として扱われる．なお，関東地方の1都6県に中部地方の山梨県を加えた地域は首都圏と呼ばれ，これは東京都心部への過度の人口や産業の集中を防ぐことを目的に1956年に制定された首都圏整備法の適用範囲とされている．本章では，東京都，神奈川県，千葉県，埼玉県，茨城県，栃木県，群馬県の1都6県からなる関東地方の地誌を検討する．

4.1.1 関東地方の地形
a. 現在の関東地方の形成

関東地方の外縁部は西部と北部を山地に囲まれている．関東地方の西部に位置する関東山地は，群馬県から神奈川県にいたる南北約160 kmの山地であり，関東地方側の最高標高は三宝山の2483 mである．その南に位置する神奈川県の中部から西部にかけて連なる丹沢山地の最高標高は，蛭ヶ岳の1673 mである（杉谷，2009）．関東地方の北部には，南東側から足尾山地，帝釈山地，越後山脈，三国山脈が連なる．これらの山地や山脈には那須岳や男体山，白根山，赤城山，浅間山などの火山が分布しており，火山フロントと呼ばれる（岩田，2009）．

利根川水系は，関東平野の中で最大の流域面積を誇る．ここでは稲崎ら（2014）を引用しながら，利根川を中心とした関東地方の河川とその治水事業の影響について概観する．利根川の流域面積のうち，最上流部Aと足尾山地Bに降る雨は，現在の東京湾である江戸湾に注いでいた（図4.1）．江戸期直前から続いた利根川の流れを太平洋へ瀬替えする利根川東遷事業などの河川改修は，熊谷と関宿の中間付近からはじまり，おおよ

図4.1 本州中央部の地形と主要河川の分布（稲崎ほか，2014）

そ400年間で水系の移設を含めた総合的な流水制御事業が展開された．こうした利根川東遷事業をはじめとする治水によって新田開発が進み，現在では3500万の人口を擁する関東平野が形成された．房総半島の隆起帯は西南端で90°方向を北西へ変えて三浦半島から丹沢山系へ続く一方，霞ヶ浦-印旛沼-東京湾へ続く沈降帯が存在している．関東地方の地形はプレートの動きや火山活動，河川による堆積と侵食などの自然の作用と，近世以降の幾重にも及ぶ河川改修や東京湾の埋立てなどの人間活動によって現在の姿となった．

b. 小笠原諸島西之島の拡大

東京のはるか南に位置する小笠原諸島では海底火山の活動によって現在でも新たな陸地が誕生している．小笠原諸島に属する西之島は東京から約930 km南に位置する無人島である．西之島における火山活動は活発であり，1973年の噴火では西之島の南方の海底火山が噴火し，新たに西之島新島が誕生した．2013年には西之島の南東沖の海底火山が噴火して新たな陸地が形成され，この陸地は2013年末には西之島とつながり一体化した（図4.2）．その後も小規模な噴火を繰り返しており，現在もその地形は日々変化している．

4.1.2 関東地方の気候

島嶼部を除く関東地方の気候は，高温多湿の夏季と低温乾燥の冬季が特徴である．ただし，群馬県北部の草津や水上などの山岳地帯では，降雪により冬季の降水量が多くなる．一方，南房総などの関東地方の南部では暖流である黒潮の影響によって温暖である．このように，関東地方の気候は内陸部と南部沿岸で大きく異なる．また，東京を中心とした都心周辺では，地表がアスファルトやコンクリートなどの人工物に覆われたことによって気温が周囲よりも高くなるヒートアイランド現象といった都市特有の気候もみられる．東京から約1000 km南に位置する小笠原諸島の気候は本州と全く異なる．2月の月平均気温は17.7℃であり，ケッペンの熱帯気候の定義である18℃に近い気温である（杉谷，2009）．

4.1.3 関東地方の災害

関東地方の大部分は北アメリカプレート上に位

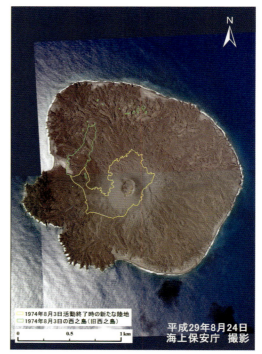

図4.2 海底火山の噴火により拡大した西之島（2017年8月24日，海上保安庁海洋情報部撮影）

置しており，その下にはフィリピン海プレートと太平洋プレートが沈み込んでいる．これらの3つのプレートのうち，東から沈み込んでくる太平洋プレートが最下部にあり，その上にフィリピン海プレートがある．プレートの境界に位置している東京（江戸）は度重なる地震被害を受けており，1855年の安政江戸地震と1923年の関東地震では壊滅的な被害を受けた（松田，2008）．1923（大正12）年9月1日にはM 7.9の神奈川県西部を震源とする大正関東地震が発生した．この地震は東京での大火災をはじめ津波や液状化，土砂災害などの被害を横浜や小田原で引き起こし，関東大震災と呼ばれている．また，2011年3月11日には東北地方の太平洋沖を震源とするM 9.0の巨大地震が発生した．東北地方の沿岸は津波により大きな被害を受け，関東地方の茨城県や千葉県の太平洋沿岸でも津波による被害が発生した．さらに，首都東京では超高層ビルの長周期地震動による長時間の揺れや東京湾岸の埋立地における液状化などの都市特有の被害が顕在化した．

また，関東地方では歴史上様々な水害に見舞われており，第二次世界大戦以降も多くの浸水被

害を出している．1947年のカスリーン台風では，群馬県や栃木県の渡良瀬川流域で大きな人的被害を出した．渡良瀬遊水地付近で決壊した利根川の水は江戸時代以前の流路を下って東京の低地を襲い，川の水が市街地を襲う外水氾濫となった．一方，1958年の狩野川台風では，東京低地だけではなく武蔵野台地を開析している小河川の谷底低地でも被害が発生した．こうした武蔵野台地内の谷底低地における浸水は，農地が住宅地に変化した地域で被害が発生した（松田，2008）．急速な都市化に対する河川改修などの治水事業が不十分であったことで，市街地の排水が困難となり内水氾濫となったのである．さらに近年では，台風被害に加えていわゆる「ゲリラ豪雨」のような局地的な降雨も増加している．

4.2 関東地方の歴史文化

4.2.1 関東地方の歴史

関東地方は長く文化の中心地であった近畿地方から遠く離れており，稲作や文化の発達は遅れていた．しかし，古代の関東地方には，埼玉県の埼玉古墳群や群馬県の保渡田古墳群などの大型古墳が残っており，近畿地方とのつながりが示されている．中世に鎌倉幕府が設置されると，関東地方は政治の中心地となり，近世以降の江戸幕府の開府によって江戸を中心とした関東地方は政治的，文化的な中心地となった．明治期以降は開港した横浜から外国文化も流入し，東京は日本の首都として政治，経済，文化，情報の中心地となっている．

4.2.2 東京からの文化発信

大手の新聞社，放送局，通信社，出版社などのマスコミや広告代理店の本社の多くは東京に置かれており，東京のマスコミによって日本の最新のトレンドや流行が全国に発信されている．また，原宿や表参道には様々な企業が情報発信の場として店舗を構えている．2023年にはアメリカ合衆国の大手楽器メーカーであるフェンダー社が世界初の旗艦店「FENDER FLAGSHIP TOKYO」をオープンさせ，楽器だけでなくアパレルの販売やカフェを併設してブランドイメージを原宿から

写真4.1 FENDER FLAGSHIP TOKYO（2023年6月）

世界に発信している（写真4.1）．一方，裏原宿や新大久保などの若者文化の発信地からは，SNSなどのインターネットを介して様々なコンテンツが発信されており，東京の最新の流行はオンラインによって瞬時に共有されるようになった．

4.3 関東地方の社会経済

4.3.1 関東地方の人口

日本の総人口は2008年をピークに減少がはじまり，今後も人口減少が加速していくことが予想されている．人口減少は地域によって違いがあり，地域によっては増加傾向にある自治体も存在する．日本の総人口のおおよそ1/3が集中している関東地方においても，地域ごとに様々な人口増減の傾向がみられる．図4.3は関東地方における2015〜2020年の人口増減率を市区町村ごとに示したものである．ここで，地図に国道16号を重ねてみると，国道16号が関東地方における人口の増加・減少傾向の大まかな境界線となっていることがわかる．国道16号とは，神奈川県横須賀市から東京都，埼玉県を通過し，千葉県富津市までを環状に結んでいる一般国道である．国道16号が通過する主要な都市は，横須賀，横浜，相模原，八王子，川越，さいたま，柏，千葉，木更津などである．こうした都市を結ぶ国道16号やその周辺では，ロードサイド店が連なる景観を見ることができる．国道16号周辺の自治体では，子育て世帯に人気のある千葉県の流山市や印西市で高い人口増加率が示されている．また，国道16号の「外側」をみると，高崎市，宇都宮市，水戸市といった北関東各県の主要な都市の周辺で

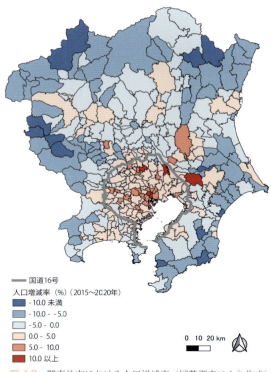

図 4.3 関東地方における人口増減率（国勢調査により作成）

4.3.2 関東地方の産業
a. 関東地方の産業構成とショッピングモール

図 4.4（a）は，関東地方 1 都 6 県における 2021 年の事業所別の従業者数を示したものである．これによれば，「卸売業，小売業」の従業者数が最も多く，次いで「医療，福祉」「製造業」「サービス業（他に分類されないもの）」と続く．一方，図 4.4（a）から東京都のみの統計を示したものが図 4.4（b）である．「卸売業，小売業」が最も多いのは関東地方全体の傾向と同様であるが，従業者数の上位が「サービス業（他に分類されないもの）」「情報通信業」「医療，福祉」「宿泊業，飲食サービス業」「学術研究，専門・技術サービス業」となっている．以上のように，東京における従業者数は第三次産業が上位を占めており，「製造業」の割合は関東地方全体と比較すると低くなっている．

こうした関東地方における小売業は，大規模小売店舗法の運用が緩和された 1990 年代以降ショッピングモールにおいて盛んに展開されるようになった．2008 年にオープンした埼玉県越谷市の越谷レイクタウンは，延床面積約 39 万 4000 m^2（イオン株式会社資料より）となる巨大なショッピングモールとなっている（写真 4.2）．大規模な敷地が必要となるショッピングモールは工場跡地に建設される例も多く，群馬県前橋市のけやきウォーク（2007 年オープン）や埼玉県さ

人口増加の傾向がみられるほか，茨城県のつくば市周辺や神奈川県の湘南エリアも人口増加の傾向がみられる．さらに，サーフィンで人気の千葉県一宮町や神奈川県の平塚市や大磯町は 2015～2020 年の期間で減少傾向から増加傾向に転じており，ライフスタイルの多様化を反映した人口変化をみせている．

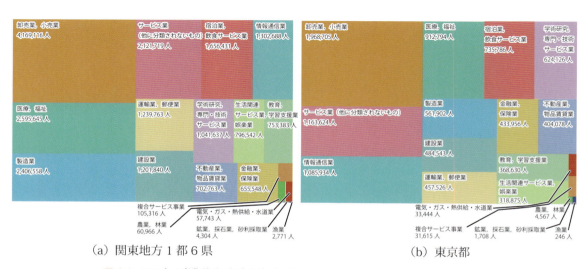

(a) 関東地方 1 都 6 県　　　　　　　　　　(b) 東京都

図 4.4　2021 年の事業所別の従業者数（経済センサス-基礎調査および RESAS により作成）

写真4.2 埼玉県越谷市の巨大ショッピングモール（2024年7月）

いたま市のステラタウン（2004年オープン）は自動車関連工場の跡地に建設された．その一方で，地方都市における大規模ショッピングモールの展開は，従来の中心市街地における商店街を衰退させたという批判もある．

b. 東京における都市農業の特徴と観光農園

東京における農地は相続などを背景として減少傾向にあり，都市農業の維持には様々な取り組みが行われている．東京近郊に位置する小平市では，1950年代以降，農家数や農地面積が都市化の進展とともに大幅に減少してきたが，一部の地域においては，農業が維持される傾向もみられ，多摩地域を代表する都市農業地域として周知されている．ここでは飯塚ら（2019）をもとに近年の都市農業における観光農園の経営をみていく．現在の小平市における農業基盤は，江戸期の用水路開発と新田開発によって整備され，街道と直交する短冊形の土地割が施された．その後，明治期，大正期を通じても，大消費地である東京への食糧供給を担う近郊農村としての性格は大きく変化することはなかった．しかし，関東大震災復興による郊外化の影響や，1927年に西武鉄道が開通したことにより都心との近接性が大幅に向上すると，通勤者向けの住宅も建設されるようになり，次第に都市化の様相がみられるようになった．さらに，高度経済成長期以降は，東京への人口集中による住宅不足から農地の多くは宅地へと転換され，都市化が急速に展開した．

図4.5は西武国分寺線と拝島線の小川駅近くに立地する花卉の摘み取りを中心とした観光農園である．この農家は青梅街道沿いに短冊形の圃場を有する新田開拓農家であったが，1960年代には土地基盤整備や相続を契機に大規模な農地の宅地転換も行われ，相続を契機にして約半分の農地を売却した．住宅地の拡大や相続による農地の減少と，家族農業労働力の低下などを契機として，1989年に花卉の摘み取り園の経営が開始された．それは，来園者が花卉を摘み取ることにより収穫作業の省力化が図られるため，農業労働力が減少した農家にとって花卉の摘み取り園の経営が適し

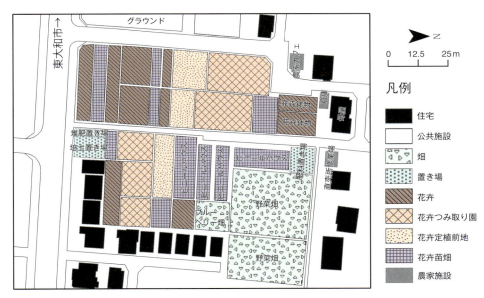

図4.5 東京都小平市における観光農園の土地利用（飯塚ほか，2019）

ていたからである．加えて，花卉の単位面積当たりの収益性が高いことや，直売所の併設により市場出荷よりも手間を省ける利点があった．さらに，この農家は都市住民とのコミュニケーションの場の創出を目的として農家カフェを開設している．収入をみると，農家は花卉の摘み取り園と直売で収入を得ているが，農家収入全体に占める農業収入の割合は40%程度である．農家収入の約60%はアパート経営や駐車場の賃貸などによる不動産所得であり，このことは都市農業の維持・発展に不動産経営が少なからず関わっていることを示唆している．

4.4 トピック1—東京都心や臨海部の近年の再開発—

4.4.1 東京の再開発と臨海部

東京をはじめ関東地方の都市部では，1990年代以降の産業構造の変化や脱工業化にともない，工場跡地や鉄道用地などの余剰の土地で再開発が行われるようになった．こうした再開発は東京臨海部においてもみられ，従来の工業地域や埠頭地域などの産業を支えた空間に新たなオフィスや住宅地，観光空間が創出されるようになった．ここでは太田（2022）をもとに，第二次世界大戦以前に埋め立てられた古い埠頭である竹芝埠頭，日の出埠頭，芝浦埠頭周辺における土地利用変化をみることで，東京臨海部の近年の変化を検討する（図4.6）．

4.4.2 東京臨海部の埋立ての歴史と再開発の背景

江戸末期の開港以来，帝都東京の港湾機能は横浜港が担っており，明治期の東京には大型の船が接岸できる埠頭がなかった．こうした状況から，1880年に当時の東京府知事の松田道之の時代に東京における大規模な埋立てをともなう築港が計画されたものの，予算や横浜港との政治的な関係などで計画は前進しなかった．一方，明治期のはじめには隅田川から流入する土砂が堆積し，船舶の運航に支障をきたすようになっていた．そこで，東京湾澪浚渫工事（1883～1896年）がはじまり，この工事による浚渫土砂は隅田川河口の佃

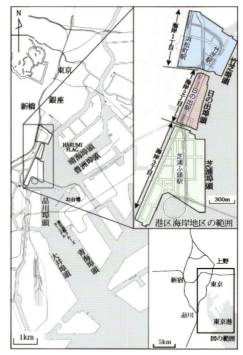

図4.6 東京臨海部の位置（太田，2022）

島の隣接地埋立てに用いられ，現在の中央区月島が誕生し，その後も東京では浚渫土砂を利用することによって埋立てが進んだ（遠藤，2004）．埠頭としての埋立地の利用がはじまったきっかけは，1923年に発生した関東大震災であった．震災によって陸上の輸送手段や隅田川沿いの港は使用不能になり，東京において唯一海上から物資を輸送できる場として埋立て間もない海岸地区（旧日ノ出町，現在の港区海岸2丁目）が利用された．その後，これらの埋立地は大型船が接岸できるように改良され，1925年に東京港最初の埠頭として日の出埠頭が完成した．その後も進んだ埋立事業を経て，東京港は1941年に正式に国際港として開港した．しかし，第二次世界大戦の終戦後，連合国によって接収され，この接収は1958年まで続いた．

高度成長期の昭和30年代当時，東京港において本船が直接係留可能な埠頭は一部に限られていた．そのため，当時は艀を利用する船積みが主流となり，「船混み問題」が常態化していた（東京都港湾局，1994）．これを受け，1961年には東京港を本格的な外貿定期船港湾として発展させる

ための東京港改訂港湾計画が策定された．その後，大型本船の接岸荷役が主流となり，1967年には初の海上コンテナ船が東京港品川埠頭に入港し，1971年に大井埠頭の供用が開始されて欧州定期コンテナ航路が開設されると，東京港における港湾物流システムの本格的なコンテナ化がはじまった．

1960年代よりはじまった港湾物流システムの世界的な変化によって，旧来の陳腐化した埠頭地域を再開発してオフィスや住宅や商業や文化，およびレジャーなどの機能を創出するための土地利用の転換計画がアメリカ合衆国の港湾都市で進められるようになり，1980年代以降には日本の多くの港湾都市に波及した．東京臨海部においても，1960年代以降の港湾物流システムのコンテナ化によって大井埠頭や品川埠頭などの新しいコンテナ埠頭は都心から離れた空間的に余裕のある場所に建設された．その結果，港湾と都市の空間的な分離が引き起こされ，都心に近い旧来の埠頭周辺地域は様々な再開発プロジェクトの対象となった．1981年に東京都によって東京港第4次改訂港湾計画が策定され，この計画には都民の親しめる水際線形成のため，一部埠頭の再開発が盛り込まれた．

一方，第二次世界大戦後に埋め立てられた現在のお台場や青海といった13号地では，1980年代の鈴木俊一都知事の時代に「東京テレポート構想」が策定され，一帯を高度な情報通信機能を備えた都市へと変貌させる構想が示された．しかし，バブル崩壊や政治的・社会的要因によって構想は実現せず，1995年には開催が予定されていた世界都市博覧会の中止が青島幸男都知事によって決定された．その後の臨海副都心は民間による開発が進み，東京を代表する観光スポットとなったのである．

4.4.3 ウォーターフロントブームと文化

1985年の貨物専用鉄道の芝浦・日の出線の廃止を受け，竹芝埠頭，日の出埠頭，芝浦埠頭周辺における鉄道輸送時代が終焉を迎えた．1995年にはこの貨物線の路線とほぼ重なる位置に臨海副都心方面へのアクセス路線として新交通ゆりかもめが開通したほか，レインボーブリッジを含む首都高速11号台場線の開通などのインフラ整備も進んだ．竹芝埠頭周辺においては，1991年にオフィスビルやホテルが相次いで竣工した．その後，1998年に国鉄関連施設の跡地に劇団四季の常設劇場がオープンし，この地域を訪れる人の流れも変化していった．日の出埠頭周辺においては，貨物鉄道の廃止による操車場廃止などの鉄道輸送に関連した施設の減少がみられた一方で，水上バス発着場が整備された．

以上のような港湾政策による再開発が計画される中で，1980年代には「ウォーターフロント」という用語が盛んに用いられるようになった．東京臨海部ではコンテナ化の進展やバブル景気による都心の地価高騰によって，余剰となった賃料の安い倉庫をリノベーションしたギャラリー，イベントホール，スタジオなどが入居し，そこに若者が集まるようになった．芝浦埠頭周辺では，倉庫の建物を利用したディスコやクラブ，音楽スタジオが点在するようになった．1991年にオープンしたバブル期を代表するディスコである「ジュリアナ東京」は，港区芝浦の倉庫を改装したものである．同様の変化は天王洲などの他の古い倉庫街においてもみられた．

4.4.4 2000年以降の状況とTOKYO 2020

国勢調査によると竹芝埠頭周辺の海岸1丁目における居住者人口は，2000年の796から2005年には2056と約2.6倍に増加した．同様に日の出埠頭周辺の海岸2丁目の人口も2000年の227から2005年には602と約2.7倍の人口増加であった．こうした海岸地区における急激な人口増加は，2000年代にマンションが相次いで建設されたことを反映している．竹芝埠頭周辺の海岸1丁目においては，高層オフィスビルやタワーマンションが建設され，日の出埠頭周辺の海岸2丁目においても海岸1丁目と同様にオフィスやマンションが増加した．

2000年以降の東京臨海部の状況の中，2013年の9月に開かれたIOC総会において，東京は2020年の夏季オリンピック・パラリンピック（TOKYO 2020）の開催都市に決定した．こ

のTOKYO 2020では競技会場や選手村の多くが「東京ベイゾーン」として位置づけられた東京臨海部に整備されることとなった．2014年の東京港第8次改訂港湾計画では，港湾機能と都市機能が有機的に結合した魅力ある都市型総合港湾が目指されており，前年のTOKYO 2020の開催決定を受けてオリンピック・パラリンピック大会終了後は「スポーツ都市東京」の実現に寄与する地区として将来に引き継いでいくことが盛り込まれた．中央区晴海に整備された選手村では，大会終了後に「HARUMI FLAG」として大規模な分譲マンションを核とする街づくりが行われている．

TOKYO 2020に向けた会場整備と並行しながら，様々な再開発プロジェクトが東京臨海部で計画された．例えば，竹芝埠頭に隣接する地区では，大手IT企業が入居するオフィス，飲食店などの商業施設，展示場を備えた複合施設と集合住宅で構成される「東京ポートシティ竹芝」が2020年に完成した（図4.7）．さらに，国鉄関連施設の跡地を利用した劇団四季の専用劇場は，2020年に新たに建設された劇場と商業施設，オフィスとホテルからなる複合施設「WATERS takeshiba」に再開発された．また，水上バスの船着場も設けられ，お台場や浅草といった東京を代表する観光スポットと船で結ばれている（写真4.3）．竹芝地区における2010年代の再開発事業は，2012年の「竹芝地区まちづくりガイドライン」に基づいて設立された「竹芝地区まちづくり

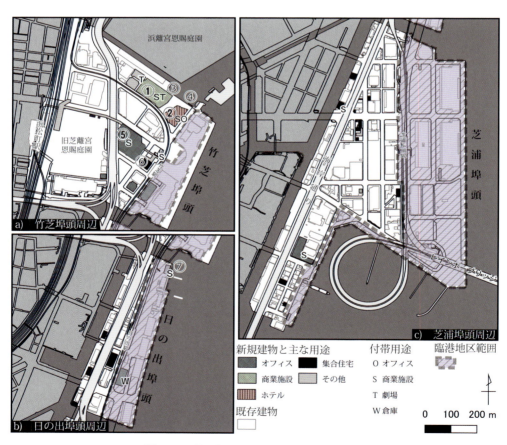

WATERS takeshiba［①シアター棟，②タワー棟，③竹芝干潟，④水上バス船着場］
東京ポートシティ竹芝［⑤オフィスタワー，⑥レジデンスタワー］⑦ Hi-NODE
（ゼンリン住宅地図，地理院地図により作成）

図4.7　港区海岸地区における2012～2022年の土地利用変化（太田，2022）

46　　4　関東地方—変化を続ける巨大都市圏—

写真 4.3　水上バス発着場と WATERS takeshiba（2022 年 4 月）

写真 4.5　東京臨海部の TOKYO 2020 の聖火台（2021 年 8 月）

写真 4.4　芝浦運河沿いの倉庫とマンションが並ぶ景観（2022 年 4 月）

協議会」との連携で行われた．港湾機能に関連する再開発事業としては，日の出埠頭の整備が挙げられる．2019 年 8 月には，日の出埠頭に水上バス発着場とレストラン，イベントスペースを併設した複合ターミナル施設である Hi-NODE（ハイノード）が建設された．

一方，芝浦埠頭周辺においては現在も大規模な倉庫が残存しており，大型トラックが行きかう埠頭に隣接する倉庫街の姿を残している．2010 年代における芝浦埠頭周辺のマンションの特徴は，豊洲や晴海のタワーマンションのような大規模なものとは異なり，もともとの倉庫街の中に入り込むように点在していることである（写真 4.4）．近年建設された芝浦埠頭周辺のマンションは，東京都心やお台場に近いという立地をいかして部屋単位で民泊として貸し出されているものもあり，利用形態が流動的である点もこの地域のマンションの特徴である．マンションの増加を反映し，芝浦埠頭周辺の海岸 3 丁目の人口は 2010 年の 2763 から 2020 年の 4221 と 10 年間で約 1.5 倍に増加

しており，新たに保育園も建設されている．

以上に述べてきたように，東京臨海部は近代以降の埋立てによって土地を造成し，陸域を拡大しながら陸と海の結節点として首都東京の物流を支えてきた．そして時代の変化とともにコンテナ化という海側の変化に呼応するように陸側の土地利用も変化していった．2021 年夏に開催された TOKYO 2020 では，東京臨海部は競技会場の「東京ベイゾーン」として様々な競技が行われた．「東京ベイゾーン」には競泳などの競技会場となった東京アクアティクスセンター，体操の競技会場となった有明体操競技場などの大規模な屋内競技施設が建設されたほか，選手村やメディアセンター，聖火台も設置され，TOKYO 2020 の舞台として東京臨海部は大きな役割を果たした（写真 4.5）．東京臨海部は変化を受容しながら，港湾として東京の物流を支え続けているのである．

・・・・・・・・・・さらに探究する 1・・・・・・・・・・

社会の変化が都市の景観を変えた例は，身近なところに存在する．少し前の地図や写真を探して今の景観と比べてみよう．

4.5　トピック 2 —南房総沿岸の観光—

4.5.1　南房総地域の温暖な気候と農業

房総半島の全域は千葉県に該当し，そのほとんどが東京都心から 75 km 以内の東京大都市圏に位置している．南房総地域の内陸部に位置する標高 200 m 以上の山地は年平均気温が最も低く，14℃に満たない地域もあるが，これに対して南房

総地域の南部沿岸では年平均気温が相対的に高く，南房総地域のほとんどの地点で15℃以上である．特に，館山市および南房総市の沿岸地域は最も年平均気温が高い地域であり，年平均気温は16℃以上である．これは，暖流である黒潮の影響によるものであり，この平均気温は九州南部に位置する鹿児島県と同程度の気温である．

温暖な房総半島南部沿岸では，江戸期よりビワの栽培が盛んであり，大正期には東京に向けてビワを出荷する体制が整備された．特に，旧富浦町（2006年より南房総市）の周辺地域は隣接する旧富山町（2006年より南房総市）とともにビワ栽培の樹園地が増加傾向にある．この要因としては，ハウス栽培の導入によるビワ栽培の収益性が高まり，ビワ栽培の農家が増加したことである．ただし，全体としては南房総地域における樹園地の割合は低く，旧富浦町などの一部の沿岸地域の農業集落においてのみ樹園地の割合が高い．さらに，1988年に沿岸の道路が「房総フラワーライン」として整備されて以来，沿岸の道路における花卉栽培が推進されている．

4.5.2 南房総地域における観光発展

房総半島における観光は，1920年代に現在の館山市中心部に該当する北条海岸において海水浴場が開設されたことにはじまる．南房総地域は第二次世界大戦以前の1930年代から海岸観光地として確立されており，東京からの夏季の臨時列車や大学生によるキャンプストアの存在が示されている（尾崎，1985）．しかし，南房総地域は伊豆半島と比較すると温泉資源に乏しく，民宿を主体とした小規模な観光事業者によって成り立つ観光地域であった（山村，1995）．房総半島は東海道や東北道などの日本の主要な街道に面していないため，鉄道や道路網の整備が他の地域に比べて遅れていた．こうした状況にあった房総半島では，1990年代以降に高速道路網の整備が急速に進んだ．高速道路は千葉市から木更津市へ延伸されるとともに，1997年には東京湾を横断して対岸の神奈川県川崎市と結ぶ東京湾アクアラインが開通し，東京や神奈川方面から千葉県へのアクセスが格段に向上した．しかし，東京湾アクアラインの

図4.8 南房総（安房地域）への来訪手段（千葉県統計年鑑により作成）

千葉県側の終着点である木更津市と南房総地域が高速道路で結ばれるのは2000年代になってからであった．

このような房総半島における高速道路網の整備は，観光客の来訪手段の変化にも反映されている．図4.8は房総半島の南端に位置する安房地域における来訪手段の変化を示したものである．これによれば，1980年代以降鉄道による来訪者数が減少傾向にある一方で，自家用車による来訪者数が増加し続けている．自家用車での来訪者数は，1980年には約500万人であったが，2003年には約900万人に増加した．また，1997年の東京湾アクアラインの開通以降はバスによる来訪者数が増加し，1997年には約250万人であったが翌年の1998年には約380万人に増加した．1980年代以降は宿泊観光客数が減少し続けているのに対して，日帰り観光客数は増加傾向が続いている．特に，1990年代以降の日帰り観光客数の増加は著しく，東京湾アクアラインやその他の高速道路網の整備の影響が示されている．

4.5.3 南房総における民宿地域の成立

南房総の海は温暖な気候で東京湾に面した波が穏やかな海であり，第二次世界大戦以前から海水浴客が訪れる夏季の避暑地として交通インフラストラクチャーの発展とともに展開した．1878年には，東京と北条村（現在の館山市中心部）が汽船で結ばれた．南房総地域における観光は，1918年の北条鉄道（現在のJR内房線）の開業によって大きく発展した．このような夏季の避暑地

の滞在先としては，温暖な南房総地域の沿岸の農家が好まれ，これらの農家が民宿地域形成のもととなった．南房総地域の民宿地域は，岩井，富浦，館山北条などの鉄道駅近くの海岸が好まれた．民宿地域の中でも，最大の民宿数を数えるのが現在の南房総市に位置する岩井地区である（写真4.6）．

現在の岩井地区が位置する旧富山町は，2006年に周辺の富浦町，白浜町，千倉町，丸山町，和田町，三芳村と合併し，南房総市に編入された．岩井地区は東京湾に面した西側を除く北側，東側，南側の3方向を山に囲まれた平野である．さらに，市街地は岩井川を境として岩井川の北に位置する久枝地区と南に位置する高崎地区に分かれる．岩井川の北に位置する久枝地区は岩井海岸に面しており，海岸段丘の背後は主に水田が卓越する農業集落である．

岩井において初めて観光に関する活動が行われたのは，明治末期における東京の学生による水泳教練であった．その後，1918年の内房線の開通を契機として，軍や文学界の有力者による夏の避暑地として栄え，これらの宿泊先が後の民宿地域形成の直接の起源となった．内房に位置する岩井地域は，東京湾に面しているため波が穏やかであり，数軒の農家が臨海学校の小学生を受け入れるようになった．このように，第二次世界大戦以前の岩井は，「子供の海」として東京の小学生に親しまれるようになった．

南房総地域における民宿は，第二次世界大戦による社会情勢の変化を受けて一度終焉する．岩井地区に観光客が戻ったのは終戦後間もない1948年のことである（富山町，1993）．この年，東京からの臨海学校が再開され，岩井の海に再び活気が戻ってきた．その後，臨海学校の受入れ件数は順調に増加し，最盛期の1964年には約700校を数えた．また，岩井における民宿集落の成立として，高度経済成長期の企業活動の動向は重要である．岩井民宿組合によれば，1950年代より企業の保養施設として岩井地区の農家が利用されるようになった．この時期になると，率先して観光客を受け入れていた民宿にならって，他の農家も夏季民宿を開業するようになった．

4.5.4 南房総における民宿地域の転換

こうして，第二次世界大戦以降に再開された民宿は徐々に数を増やしながら，次第に民宿地域が形成された．1970年における岩井地区の農家の約1/3は農業を主要な生業とする第1種兼業農家であったが，1975年には第1種兼業農家は約1割に減少したのに対して，民宿などと兼業する第2種兼業農家は約8割に増加した．1970年代以降には，農地にテニスコートや体育館などの運動施設，駐車場が整備されるようになり，学生の合宿客を受け入れた．その一方で，1980年代以降は岩井地区における海水浴客は減少傾向が続いていた．こうした海水浴客の減少に対して，大規模民宿は岩井地区の宿泊定員数を増加させ，音楽団体向けの音楽スタジオ数を増加させた．その一方で，テニスコートや体育館などの運動施設を有する民宿の数は維持費の観点から減少した．

以上のような施設改変を経て，1990年代中期にかけて海水浴客以外の観光客数を40万人台から80万人台に回復させた．海水浴客以外の観光客数増加の背景には，岩井地区の各民宿が学生のサークルや部活動の合宿場として音楽スタジオを積極的に設置したことで，季節型の民宿から通年型の民宿への転換を図ってきたことが挙げられる．現在でも宿泊客数は夏季が最多であるが，民宿が保有する音楽施設を利用する学生のサークルや部活動の合宿利用を取り込むことで冬季や春季にも一定の宿泊客を確保できるようになった．これにより，海水浴シーズンである夏季以外の1～5月にも合宿客を受け入れることが可能になり，

写真4.6　岩井における民宿の看板が立ち並ぶ景観（2014年7月）

年間を通して観光客を受け入れることできる．

4.5.5 南房総における民宿地域の現状

岩井地区における 2014 年の規模別にみた民宿分布は，久枝地区の海岸通りから1本東側に内陸の通り沿いに集中的に分布している（図 4.9）．収容人数 100 人以上の大規模民宿は，音楽スタジオや体育館などの運動施設を独自に所持していることが特徴である．特に，音楽スタジオについては，2部屋以上の音楽スタジオがあれば複数の団体利用が可能となる（写真 4.7）．大型駐車場には大型の観光バスの駐車も可能であり，大人数の臨海学校や修学旅行などの学校行事や，オーケストラや吹奏楽団などの人数の多い楽団が直接民宿に到着することができる．こうした大規模民宿では炊事や清掃などの業務は民宿を経営する家族のほか，地域内の主婦パートによって支えられている．さらに，最繁忙期である 7～9 月には，地域内の高校生や帰省中の大学生が食事の配膳や清掃などの補助業務に当たる．また，合宿客や臨海学校を受け入れることによって，毎年決まった時期に一定の客数を確保することが可能となり，このような固定客の存在によって通年型の安定した民宿経営が可能となった（写真 4.8）．また，大規模民宿では稲作を中心とした自給作物のほかにも，民宿の客数が比較的少ない冬季にはサツマイモ，キャベツ，ビワなどの出荷作物も栽培している．

収容人数 50 人以上 100 人未満の中規模民宿については，24 の民宿が該当し，久枝地区と高崎地区に立地している．中規模民宿は家族経営が中心であるが，岩井地区の主婦パートが通年で雇用されているほか，繁忙期の夏季には高校生のアルバイトが雇用される．中規模民宿では，家族連れ，音楽合宿，スポーツ合宿が主な客層となっており，観光客は 7～8 月に集中している．

以上のように，岩井地区の民宿は海水浴客の減少や高齢化にともなう担い手不足という課題に対して，民宿の施設改修による固定客の確保と地域内の主婦パートや学生アルバイトの雇用によって対処してきた．これらは，従前の職業が農家であり，施設の改変に必要な土地が十分確保できたことと，農業や民宿業以外の産業がなく，余剰労働力としての主婦パートが雇用できるという岩井地区特有の存立基盤が関連している．さらに，近年では学生の団体客を対象とした「ビワ狩り」などの農業体験や，地域に伝わる昔からの漁法である「地曳網」体験など，農業や酪農や漁業の体験教室を開設することで，従来観光客が集中してい

写真 4.7　館内に音楽ホールを備えた大型民宿（2014 年 9 月）

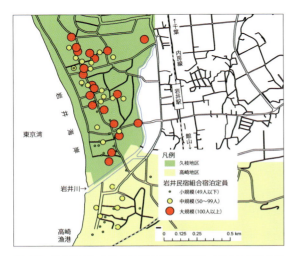

図 4.9　岩井地区における民宿の規模別分布（岩井民宿組合資料により作成）

写真 4.8　民宿のテントが並ぶ岩井海岸の臨海学校（2014 年 7 月）

た夏季以外の春季や秋季の集客を図っている．また，岩井地区の農家で生産されたビワを使ったワインづくりが行われ，有料道路と一般道の両方から利用できる「ハイウェイオアシス・道の駅富楽里とみやま」で販売されている．以上のように，岩井地区における民宿地域の維持システムには，大学生や高校生の音楽合宿客をターゲットとした施設改修や農業や漁業をはじめとした地元の産業をいかしたイベントが関わっている．一方，漁業集落である高崎地区では，民宿地域の後背地が農業を基盤とする久枝地区に比べて相対的に狭く，大規模な民宿施設を設置できなかった．そのため，夏季の家族連れの観光客や釣りを目的とした観光客をターゲットとした民宿地域が形成される傾向にある．

[太田 慧]

••••••••••• さらに探究する２ •••••••••••

旅行先では観光施設，農地，海などを観察しながら，観光地を支える自然と社会的な基盤を考えてみよう．

文 献

飯塚 遼ほか（2019）：都市住民との交流を基盤とする都市農業の存続・成長戦略─東京都小平市の事例─．地学雑誌，**128**（２）：171-187．

稲崎富士ほか（2014）：400年を越えて続いた日本史上最大最長の土木事業─関東平野における河川改修事業を規制したテクトニックな制約─．地学雑誌，**123**（４）：401-433．

岩田修二（2009）：地形．首都圏Ⅱ（日本の地誌６，斎藤功ほか編），pp.44-55，朝倉書店．

遠藤 毅（2004）：東京都臨海域における埋立地造成の歴史．地学雑誌，**113**：785-801．

太田 慧（2022）：東京臨海部の再開発と土地利用．都市問題，**113**（６）：68-77．

尾崎甫四郎（1985）：房総地誌の研究─60年の軌跡─．335p，古今書院．

杉谷 隆（2009）：自然環境．首都圏Ⅰ（日本の地誌５，菅野峰明ほか編），pp.51-76，朝倉書店．

東京都港湾局（1994）：東京港史．

富山町（1993）：富山町史 通史編．

松田磐余（2008）：江戸・東京の地形学散歩 災害史と防災の視点から．318p，之潮．

山村順次（1995）：新観光地理学．284p，大明堂．

5 中部地方　東と西を結ぶ回廊

　関東地方と近畿地方の中間に位置する中部地方は，各地域でみられる多種多様な自然環境により形づくられた生活や文化が営まれている．それゆえに地域としての一体性に乏しく，例えば出身地として中部地方にアイデンティティをもつことはあまりないだろう．中部地方という地域区分は近代に入ってつくられた比較的新しいものであるが，東日本と西日本の文化が接するとともに融合する地域でもあり，また東西交通の要衝として政策的にも重要な地位を占めている．本章では，自然と人文の両者の観点を踏まえつつ，東西日本を結ぶ回廊，そして境界としての性格をもつ中部地方を身近な話題も取り上げながら考えていくことにしよう．

富士山と東海道新幹線（出典：富士市ウェブサイト）

5.1　中部地方の自然

5.1.1　東西日本の境界と険しい山地

　ユーラシア大陸の東側に位置する日本列島は，いくつかの島弧から構成されている．特に主要4島は，地質学的には北海道からのびる東北日本弧と九州からのびる西南日本弧で構成されている．この2つの島弧の境界部分にある巨大な凹地帯はフォッサマグナ（大地溝帯）と呼ばれ（図5.1），中部地方は地形的，地質的な面からも東日本と西日本との中間的な位置を占めている．この西縁部にはほぼ南北に本州を縦断する糸魚川-静岡構造線と呼ばれる大断層が存在し，その西側には飛騨山脈，木曽山脈，赤石山脈といった3000m級の山々を有する日本アルプスが横たわっている．一方，その東側は新発田-小出構造線などの断層がみられるが，諸説あり不明瞭である．また，諏訪湖の南東から三河湾，伊勢湾を経て紀伊半島へと中央構造線がのびている．内陸部のほとんどは山地地形であり，富士山や八ヶ岳，御嶽山，妙高山など多くの火山が分布し，起伏に富んでいる．長野盆地や松本盆地，諏訪盆地，佐久盆地，甲府盆地をはじめとする盆地も多く，それぞれ内陸部の主要な都市や産業が形成されている．

　このように地殻変動（隆起）や侵食作用により形づくられた険しい山が多いため河川には急流が多く，台風や多雨の際には盆地や平地でたびたび氾濫し，洪水が発生してきた．こうした被害を防ぐための工夫が，堤防のある区間に開口部を設けた不連続堤防である（写真5.1）．日本海側，中央高地，太平洋側のいずれの地域でもみられ，豊橋平野では「霞堤」「鎧堤」と呼ばれており，甲府盆地では治水システムである「信玄堤」の一部としてみることができる．一方，平野部は山地に比べると狭小であり，木曽三川（木曽川・長良川・揖斐川）による濃尾平野と信濃川による信濃平野を除いては広い平野はみられない．また，

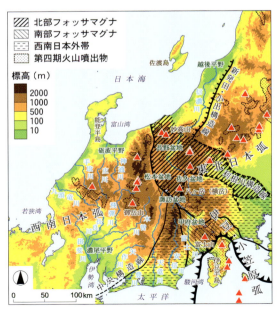

図5.1　中部地方における地形とプレート状況（高橋・安藤，2016などにより作成）

写真 5.1 豊川に設置された霞堤（国土交通省中部地方整備局提供）

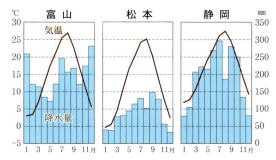

図 5.3 中部地方の都市における気候の比較
1991～2020 年における平年値．気象庁の資料により作成．

日本海と太平洋それぞれから突き出た能登半島と伊豆半島は，おのおの富山湾，駿河湾という水深の深い海域を有しているという特徴がある．

5.1.2 冬季に違いがみられる気候

中部地方は本州を太平洋と日本海を縦断して設定されているため多様な気候を有するが，大きく分けて南北方向に南から太平洋側，中央高地，日本海側の 3 つの地域からなる（図 5.2）．太平洋側では，夏季は梅雨前線や台風の影響を受けて比較的多雨であるが，冬季は晴天の日が続き日照時間も長い．一方，日本海側では，夏は山地から吹き下ろすフェーン現象によって蒸し暑い日が続く．冬季は日照時間が短い曇天が続き，世界でも有数の豪雪地域となっている．中央高地では，夏季，冬季ともそれぞれ比較的降水量が少なく，盆地が多いため気温の日較差が大きい．

こうした各地域における気候の違いは，冬季において明瞭に把握できる（図 5.3）．シベリア気団による北西季節風が日本海を通過する過程で水蒸気を多く含み，日本アルプスをはじめとする山脈にぶつかることで，日本海側に多くの積雪をもたらす．一方で，降雪により水蒸気量が低下しているため，太平洋側では降水が少なく，晴天をもたらすのである．

こうした気候の特徴は，生活文化にも影響を与えている．例えば日本海側の伝統的な家屋では，冬季の積雪に備えて玄関を高くしたり，二階から出入りできるようにしたりするなどの工夫をみることができる．また積雪の多さはスキーやスノーボードなどの観光資源としても利用されており，立山連峰や白馬をはじめとして各地に多くのスキー場が点在している．

5.2 中部地方の歴史文化

5.2.1 3つの「道」から一つの「地方」へ

歴史・文化的観点からみれば，現在の中部地方と呼ばれる領域は，長い歴史の中で東国と西国の間における回廊的な役割を果たしてきた．そして，東海道，北陸道，東山道の3つの地域からなるエリアとして認識されていた（図 5.4）．これらの地域は，それぞれ街道を通じた東西方向の往来が盛んであった．また，南北方向は造山活動が

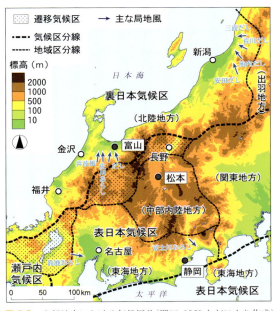

図 5.2 中部地方における気候区分（関口，1969 などにより作成）

5.2 中部地方の歴史文化　53

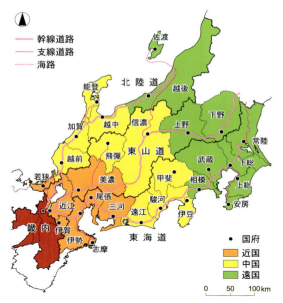

図5.4 中部地方とその周辺における国と街道（安藤ほか，1963などにより作成）

盛んであるため険しい山地に阻まれていたものの，糸魚川−静岡構造線や中央構造線に沿う谷筋などが街道となり，太平洋側と日本海側の両方から塩や魚介類などの産品が交易されてきた．例えば中山道の宿場町である塩尻は三州街道や五千石街道との合流地点であるとともに，塩の道の終着地点であったことがその名前からうかがえる．また，中央構造線に沿う街道は海を越えて伊勢まで続いており，東三河地域と伊勢志摩地域との文化的強さをもたらしている．

しかし，中部地方という概念・総称は比較的新しいものである．その原点は，1902（明治35）年に吉田東伍により編纂された『大日本地名辞典』に「北国・東国」巻としてまとめられたことに端を発する．その区分を継承した1904年発行の国定教科書において「中部地方」として登場したことにより，学校教育を通じ一般に普及していった．

5.2.2 歴史の舞台としての中部地方

古代より，中部地方でも人々による営みが行われていた．貝塚に注目すると，伊勢湾や渥美湾，浜名湖付近において集中的にみられる．一方，山岳盆地では山間に湧く湖沼を中心として集落が形成され，水田耕作などが行われていた．

弥生中期以降になると，中部地方の西部は早くから大和朝廷の支配下となった．東国進出の拠点となり，伊勢神宮の移設や熱田神宮の建立がそれを物語っている．一方，北陸地方は日本海を通じて大陸文化の影響を強く受けており，7世紀頃は大和と並ぶ先進地域となっていた．しかしその後は，徐々に畿内の支配下となっていった．

中世以降になると，中部地方は日本史において脚光を浴びるようになる．鎌倉期の源頼朝の伊豆配流と挙兵，源平の戦いにはじまり，応仁の乱の後は武将たちの活動が目立つようになる．新しい武士勢力が台頭する舞台となっただけでなく，封建社会を確立していくための地盤ともなった．この時期に中部地方と関東地方とのつながりも強まり，特に駿河以東はその傾向が強くなっている．

江戸期になると幕府支配の下，中部には親藩や譜代大名が置かれた．天領（直轄地）も多く，関東，関西と並ぶ重要な地域であった．この時期，東海道の箱根，新居，中山道の碓氷，福島など，幕藩体制によって関所が復活したために地域の閉鎖性が強まり，結果として藩単位による地域性が色濃く表れるようになった．

明治初期の廃藩置県により，金沢に代わって名古屋が中部地方最大の都市として発展することになる．1889年の東海道本線，1911年の中央線，1913年の北陸線，それぞれ鉄道の全通によって，中部各地の産業はいっそう発展することとなった．一方で，東西の大都市が短時間で結ばれたことは，この地域を東西文化圏の中間地帯として位置づける一因ともなった．また，明治用水の完成や名古屋港の築港などをはじめとして，各種インフラも整備されていった．製造業が盛んであり軍需工場を抱えていた中部地方の各都市の多くは，戦時中の空襲により灰燼に帰した．しかし名古屋市をはじめとして第二次世界大戦後の復興の過程で都市整備がなされていった．

第二次世界大戦後における国土開発において重要なトピックは，1966年に施行された中部圏開発整備法である．中部地方が32の地域に分けられ，それぞれ都市整備区域，保全区域，都市開発区域のいずれかに指定されており，大都市圏だけ

でなく，山間部など多様な地域が対象となっていることに特徴がある．東海地方と北陸地方との経済的関係性の強化や，首都圏と近畿圏の間に位置する地域としての地位を高めていくことが目的とされており，道路や港湾，空港の整備などが進められてきた．特に最近の改正計画では，リニア中央新幹線の全線開業によるスーパーメガリージョンの形成を見据え，首都圏・近畿圏と連携すること，ものづくりを基軸にグローバルな社会経済の拠点となることなどが目標として挙げられている．

5.2.3　各地でみられる多様な文化

中部の歴史は街道の歴史でもあり，街道を通じて展開された政治・産業・文化，人間の諸活動は，中部の歴史を多彩なものにしていた．そのため，他の地方と比べて早くから都市が発達しており，その基盤は現在でもみることができる．特に戦国期や江戸期には大名により多くの城下町が建設・整備され，港町や宿場町も形成されていった．主なものでみれば，静岡，名古屋，金沢，富山，福井，岐阜，長野，津などがあり，これらは現在の県庁所在地となっている．

また，諏訪大社をはじめ，中部には歴史的由緒をもち，国家の庇護や統制を受けながらも人々の尊崇を受けた神社が多い．御嶽神社や戸隠神社のように，山岳信仰を代表とする神社も多くみられる．さらに，史跡や有形・無形の文化財が多いことも特徴である（図5.5）．高山祭や長浜曳山祭，花祭，国府宮裸祭，郡上踊，御柱祭など，歴史と風土の中で生まれた伝統行事や祭礼が今に伝えられている（写真5.2）．

5.2.4　活躍する偉人

中部地方は古来より偉人を多く輩出してきた．歴史的には，織田信長，豊臣秀吉，徳川家康の戦国三英傑をはじめとして，近世の日本を打ち立てた人物が挙げられる．

また，近代から現在にかけても，優れた産業人・企業家が多くみられる．繊維や製紙，鉄道，電力，ガス，金融などの分野で民間人が活躍し，港湾や新田開発などインフラ整備を進めたことで，地域の発展につながっていった．例を挙げれ

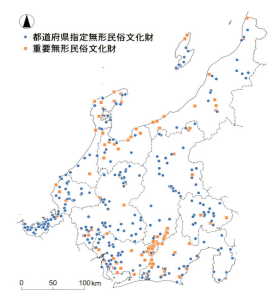

図5.5　中部地方にみられる無形民俗文化財（国土数値情報などにより作成）

写真5.2　東栄町河内における花祭（出典：東栄町ウェブサイト）

ば，静岡県の豊田佐吉による自動織機の発明，御木本幸吉による真珠養殖，山葉寅楠による楽器生産などが挙げられる．この背景には教育の盛んな地域性が挙げられ，例えば江戸期には中部地方で約70の藩校がみられた．寺子屋も多くみられ，最も普及したのは信濃であるといわれている．幕末期には全国一を数えたとされており，教育県としての現在につながっている．

5.3　中部地方の社会経済

5.3.1　気候をいかした農業

中部地方の農業は，九州，関東に次ぐ産出額（1.5兆円，15.6％）を誇る．さらに地形や気候に応じて，大きく3つの地域に分けられる（図

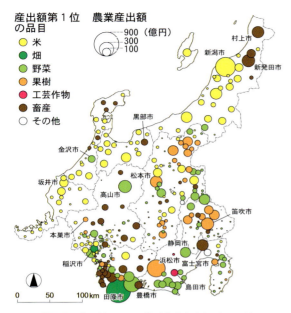

図 5.6 市町村別にみた推計農業産出額（2022 年）
市町村別農業産出額（推計）により作成.

5.6）．第一は，太平洋側の園芸作物を中心とする農業である．冬季の温暖な気温と日照時間の多さをいかして，キク，キャベツ，ミカン，茶などの生産が行われている．近郊農業地帯として名古屋都市圏へ出荷されているだけでなく，輸送条件のよさから首都圏へも多く運ばれている．東三河から遠州にかけての地域は，日本でも有数の農業生産額を誇っている．中でも渥美半島はかつては水に乏しく，サツマイモなどが細々と栽培されていた地域であったが，1968 年の豊川用水の完成により，日本有数の一大農業地帯として大きく発展した．現在では，キャベツなどの野菜の露地栽培や電照ギクなどのハウス栽培が盛んとなっている．特に首都圏で流通・消費されるキクのほとんどは，渥美半島で栽培されているものである．

第二は，日本海側における稲作単一の農業である．積雪は冬季における農業の困難さをもたらす一方で，春の雪解けにともなう豊富な水資源となり，日本でも有数の稲作地域が形成されている．近年では，魚沼産コシヒカリに代表されるような米のブランド化も行われている．また，かつては冬季の出稼ぎや家内工業などの農外就業が盛んであり，その一つが「富山の薬売り」として現在でも伝統的産業として続けられている．

第三は，内陸部の盆地でみられる野菜および果樹の栽培である．冷涼な気候や他地域との出荷時期の違い，そして交通条件のよさをいかして，長野県では首都圏をはじめとする大消費地向けのレタスやキャベツの栽培が盛んである．かつては養蚕が盛んであり桑畑が多くみられたが，近年では果樹に転換され，リンゴやモモ，ブドウなどが栽培されている．また，観光農園やワイナリーなどの観光農業も盛んであり，大都市圏から多くの観光客を呼び込んでいる．

5.3.2 ものづくりの歴史に支えられた製造業

中部における産業の近代化の背景には，近世に興った家内工業を基盤とする地場産業と，明治期以降の殖産興業政策による近代工業がある．これらが相互に関連し技術革新を行いながら効率的な生産構造が形成され，現在の多様な生産構造につながっている（図 5.7）．

名古屋を中心とする日本最大の規模を誇る中京工業地帯は，1920 年に名古屋南部の埋立地へ航空機など各種の兵器産業を中心とする重工業を誘致したことにはじまる．第二次世界大戦中は日本の軍用機のほとんどが名古屋で生産されており，戦後の都市計画や自動車工場伸展の基礎となり，現在の航空機産業などにつながっている．1950 年前後には四日市に石油化学コンビナートが建設され知多に大型製鉄所が竣工するなど，東海地域の重工業基地化が進展した．

一方で，かつての主産業であった繊維工業や紡績業などは，現在の自動車産業や精密機械産業につながっている．例えばトヨタやスズキは，いずれも元は紡績関係の企業である．これらの企業はサプライヤーの集積をもたらし，ものづくりが盛んな東海地域の要因となっている．バブル崩壊後も成長は続き，リーマンショックなどで落ち込みはみせたものの，現在でも大きな雇用を生み出し中部地方の経済を支えている．

一方，北陸地方では，非鉄金属や肥料などの製造業が盛んである．この背景には，水力発電による豊富な電力や，冬季の余剰労働力を地域内で活用するための産業振興が行われてきたことが挙げられる．また，漆器や織物業，鋳物業などの伝統

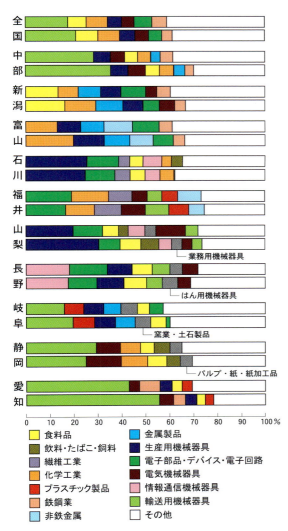

図5.7 都道府県別にみた分類別製造業出荷額（2007年，2019年）
上段が2007年，下段が2019年を示す．工業統計により作成．

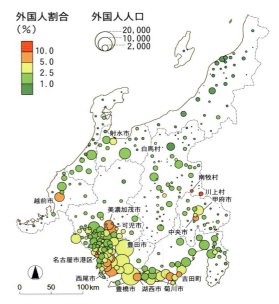

図5.8 市町村別にみた外国人人口とその割合（2020年）
国勢調査により作成．

る地域となっている（図5.8）．特に1990年代以降，日系ブラジル人の大量来日によって外国人人口が増加した．2008年のリーマンショックにより帰国する日系人が増加したが，近年では中国やベトナムなどからの技能実習生が増加している．

こうした状況を踏まえ，多文化共生をキーワードとして，情報の多言語化や日本語学習支援，外国人児童生徒教育，医療・就労支援などが行われている．例えば豊橋市では外国人児童を対象として，教育相談員やコーディネーター，巡回相談員を充実させたり，来日して間もない外国籍生徒や外国人学校からの編入生を対象とした日本語初期支援コースを中学校に設置するなどしている．

5.4 トピック1—日本有数の観光ポテンシャルをもつ中部地方—

5.4.1 地域の多様性に基づく豊富な観光資源

2000年代以降，観光が日本における21世紀のリーディング産業と位置づけられ，観光産業活性化へ向けた取り組みが本格的に進められている．その際には，観光客を惹きつけ現地での活動拠点となる観光資源の存在が重要である．こうした点から中部地方に目を向けると，多種多様で豊富な観光資源を有していることに気づく．山間部

工芸も多くみられる．

中央高地では，綺麗で豊富な水と空気をいかした精密機械産業などがみられる．この背景には，第二次世界大戦中の工場疎開や高速道路の整備などによる首都圏への近接性向上が挙げられる．その他，飯田の水引などの伝統工芸や，気温の日較差の大きさをいかした寒天や切干大根などの食品加工業も特筆される．

5.3.3 外国人労働者と多文化共生

自動車関連製造業や農業など働き先が豊富であり首都圏に比べて家賃など生活費が安いことから，中部地方は北関東と並び外国人が多く居住す

では山岳景観や温泉，沿岸部ではリアス海岸景観や海水浴場などがみられる．東西文化の回廊を背景に，街道沿いを中心に城下町や宿場町が立地する．また，伝統文化に裏打ちされた祭礼や技術，工芸品なども各地に存在する．さらに近年では，テーマパークやアウトレットモールなどもみられ，国内だけでなく海外も含めて多くの観光客を惹きつけている．そこで本節では，自然と人文，2つの点から中部地方の観光資源について紹介していくことにする．なお，神社・仏閣の事例として紹介する伊勢神宮は，三重県に位置する．本書では三重県は近畿地方で扱っているが，行政組織や政策区域では中部地方に属するケースもある．伊勢は前述のように歴史的に中部地方とのつながりが強いため，本節で取り上げることにした．

5.4.2 テーマ別にみた観光資源の紹介

a. 豊かな自然に基づく観光資源

温泉　温泉は江戸期以降に日本の観光空間を形成するものであり，病気の治療や健康の回復を図る湯治場であった．交通網の整備やメディアの発達にともない，その多くが保養地や観光地となっていった．複数の島弧が交差し2つの海洋プレートの沈み込みの影響を受ける中部地方は日本でも有数の火山地帯であり，多くの温泉が分布する（図5.9）．観光地として有名な温泉地も多く，観光経済新聞社による「にっぽんの温泉100選」2023年度結果では，下呂や和倉，熱海をはじめ，中部地方における29の温泉地がランクインしている．

下呂温泉（岐阜県）は平安期に記録がみられ，有馬温泉や草津温泉とともに江戸期には天下の三名泉とされるなど，古くから温泉地として栄えてきた．飛騨川（益田川）を挟んで温泉集落が形成されるとともに，旅館や高級ホテル，ビジネスホテルなど宿泊施設が多数立地しており，年間宿泊客数は100万人を超える（写真5.3）．観光客らが気軽に入浴（現在は足湯）できるように飛騨川の河川敷に設けられた噴泉池（温泉）をはじめ，外湯や足湯もみられる．また，多くの旅館やホテルが加入する下呂温泉旅館協同組合が発行する「湯めぐり手形」を利用することで複数の手形加盟旅館の温泉に入浴が可能にしているなど，観光客の回遊を図る取り組みが行われている．

スキー　第二次世界大戦前よりスキーはレクリエーションの一つとして展開していたが，戦後の所得増大やレジャー大衆化にともない，本格的なスキー場開発が進んだ．特に険しい山が多く豪雪地帯を有する中部地方には，志賀高原や越後湯沢，白馬をはじめとした大規模なスキー場が多く立地している．新幹線や高速道路などにより大都市圏からの近接性も高く，全国各地からスキー客が訪れている．

白馬エリアは，北アルプス連峰の東部に位置する長野県白馬村と小谷村にかけて広がる（図5.10）．東京からは北陸新幹線または上信越自動車道を利用して3時間程度で到達可能であり，近

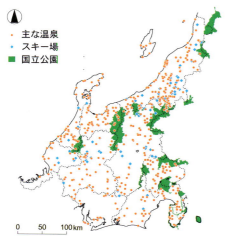

図5.9　主な温泉・スキー場の分布および国定公園の指定状況（国土数値情報などにより作成）

写真5.3　飛騨川（益田川）を挟んで宿泊施設が立地する下呂温泉中心部（下呂温泉観光協会提供）

図5.10 白馬エリアにおける主なスキー場の分布

写真5.4 伊勢神宮・内宮の鳥居（2018年8月）

接性が高い．冬季の積雪に恵まれ，スキー場集積地域である．日本近代登山の父，ウォルター・ウェストンが明治期に訪れて著書で紹介したことをきっかけに登山者が増加した．1950年代頃からは，地元資本だけでなく外部資本によるスキー場開発が積極的になされるようになり，民宿やペンション，スキー関連の商業施設が立地し，観光業の専業化および大規模化がみられるようになった．1990年代以降はスキー観光客が減少したが，通年型のマウンテンリゾートや滞在型観光を強化する方針が示されている．また2000年代後半より，冬季における外国からのスキー観光客が増加し，インバウンドツーリズムが発展した．特にオーストラリアからの観光客は1週間近く宿泊しており，滞在型観光がみられる．さらに近年では，外国人経営の宿泊・飲食施設が増加し，スキーリゾートの更新が進められている．

b．歴史に基づく観光資源

神社・仏閣　神社・仏閣は宗教施設であるが，観光客が建造物の趣に惹かれて訪れる観光資源でもある．仏像や神具などが収蔵されたり庭園が付随している場合もあり，総合的な観光資源として位置づけられる．こうした神社・仏閣を巡る旅は，古来よりみられる観光の一形態である．

伊勢神宮（神宮）は律令国家体制の頃より最高の特別格の宮として位置づけられているとともに，現在にいたるまで観光の一大拠点である．特に江戸期に起こった「お蔭参り」により，全国から観光客が集まる広域観光地となった．民俗行事である御木曳などに地元住民以外も参加できる制度が導入されたり，伝統的な町並みを再現したおかげ横丁がオープンするなど観光地としての発展が進み，コロナ禍前の年間参拝者数は800万人を超えていた（写真5.4）．また，伊勢志摩サミットの開催後はインバウンドツーリズム客の関心も高まっており，2018年の外国人参拝者は初めて10万人を超えた．

伝統的町並み　都市観光においては，都市の近代的な機能だけでなく伝統的・歴史的な町並みも重要な観光資源である．線的・面的な広がりを有するため，非日常性や現地の生活感を感じたり，歩きながら観光空間を過ごすことが可能である．歴史的町並みに関する制度としては，周囲の環境と一体をなして歴史的風致を形成している価値の高い伝統的建造物群やその環境を保存する重要伝統的建造物群保存地区（以下，重伝建地区）がある．2024年現在，全国129地区が選定されているが，うち37地区（28.7％）が中部地方にある．

このうち高山は，飛騨の小京都と呼ばれる飛騨地方の中心都市である（図5.11）．金森長近の築城を契機に城下町が形成され，町人地の広さに特徴がある．その観光資源の一つが，上三之町を

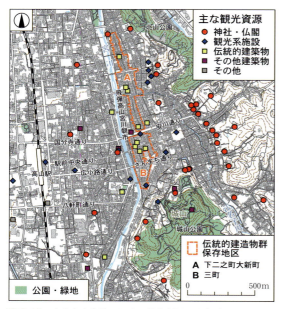

図 5.11　高山市市街地における観光資源の分布（地理院地図などにより作成）

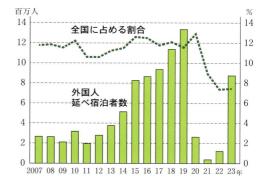

図 5.12　中部地方における訪日外国人宿泊者数および全国に占める割合（宿泊旅行統計調査により作成）

はじめとする伝統的な町並みである．1970 年代に観光客が目立ち始めたことをきっかけに住民主導の町並み保存・活用に向けた動きがはじまり，1979 年に三町が，2004 年には下二之町大新町がそれぞれ重伝建地区に選定された．低くゆるやかな勾配の屋根，大きく張り出した軒，2 階の板連子と 1 階の出格子などを有する木造切妻造りの家屋，その前を流れる雪流しや防火用水として利用される用水溝などが景観要素となっている．三町では店舗として利用されている建物が多い一方，下二之町大新町は店舗が少なく住民生活に密着した生活感のある町並みが残っている．また，それ以外の地区でも条例による景観保存に関する緩やかな規制が加えられている．伝建地区内に組織された町並保存会では，防火訓練や町並み保存に関する話合いなどが自主的に行われている．インバウンドツーリズム客も多く訪れており，近年では国際観光都市を宣言し，多言語化を進めるなどインバウンド対策が進められている．

5.4.3　インバウンドへの期待と今後の課題

観光産業においては，インバウンドに関する視点は必須である．中部地方は首都圏と近畿圏を結ぶゴールデンルート上に位置し，個別の観光資源の認知度は高いが，地域としての知名度の低さが課題であった．それを打破すべく推進されているのが「昇龍道プロジェクト」である．中部地方の形をみると，能登半島が龍の頭の形に似ており，全体として龍が昇っていくように見えることから名づけられた．中部地方の伝統や自然，ふるさと，歴史をテーマとした 1 週間程度で周遊できるモデルコースが複数設定され，観光資源やグルメなどが紹介されている．

中部地方における 2007 年以降の訪日外国人宿泊者延べ人数の推移をみると（図 5.12），昇龍道プロジェクトが開始した 2012 年以降，増加を続けてきた．COVID-19 の蔓延により 2020〜2022 年にかけて大きく落ち込んだが，2023 年には 2010 年代中旬の推移まで回復している．ただし，全国に占める割合は，コロナ禍以前は概ね 10% 代で推移していたものの，現在は 8% 程度であり，回復が遅れている．日本の自然・文化の宝庫である特徴をいかしながら，持続可能なインバウンドツーリズムに関する取り組みの発信が今後も求められる．

・・・・・・・・・さらに探究する 1 ・・・・・・・・・

中部地方にある観光資源をリストアップし，ターゲットやコンセプトを考えながら，観光ルートを考え，提案してみよう．

・・・・・・・・・・・・・・・・・・・・・・・・・・・・

5.5　トピック 2 ―名古屋は日本における第三の都市か―

政策用語として「三大都市圏」という表現があ

るように，中部地方の中心都市である名古屋は，東京，大阪に次ぐ第三の都市である．東京と大阪の中間地点にあり，東名・名神高速道路や東海道新幹線などの重要交通路上に位置し，日本でも有数の港湾である名古屋港を有するなど，日本を代表する大都市の一つであることに異論はないであろう．一方で，各種芸能イベントが名古屋では開催されないことがメディアなどでは「名古屋飛ばし」と呼ばれたり，「大いなる田舎」と揶揄されたりすることがある．他には，1992〜1997年の間，東海道新幹線の東京駅下り始発の「のぞみ301号」は名古屋駅を通過していたという事実もある．

そこで本節では，歴史や人口，経済，都市システムなどの観点から，「名古屋は日本における第三の都市か」というテーマについて，検討する．なお，他の都市との比較にあたっては，三大都市である東京都区部，大阪市，名古屋市，そして広域都市である札幌市，仙台市，広島市，福岡市，さらに人口規模が大きな横浜市を加えた8都市を対象とすることにした．

5.5.1 近世以前の名古屋とその地位の変化

中世より東西要衝の地であった名古屋近辺は，那古野城や鳴海城などが築かれているように，一定の中心性を有していた．都市としてのはじまりは，1610（慶長15）年，徳川家康により名古屋台地の北端に日本最大級の近世城郭である名古屋城が築城されるとともに，尾張の中心であった清洲城下町が名古屋へ移された「清洲越」であるとされている．その後，尾張徳川家の歴代藩主により統治され，城下町として発展した．また，上方と江戸の中間地点であり，東海道の宿場町（鳴海宿，熱田宿）も近く，美濃街道や木曽街道などの結節点でもあった．そのため，経済の中心地としても栄え，政治・経済の面で重要な地位を占めていたといえる．江戸期の名古屋の人口をみると，1650（慶安3）年は約8.7万（5位），1750（寛延3）年は10.6万，1850（嘉永3）年は約11.8万であり，江戸，大坂，京都，金沢に次ぐ第5の大都市であった（斎藤，1984）．

明治期に入り1871年に廃藩置県が行われた際に，名古屋市は名古屋県（1872年に愛知県に改称するとともに額田県と合併）の県庁所在地となった．一方，金沢では県庁が一時期美川町へ移転された．その後，金沢市に戻ったものの，人口で名古屋に立ち遅れることとなった．その後，1888（明治21）年に行われた市制では名古屋は36都市に含まれており，1889年時点での都市人口は16万2767と，東京市，大阪市，京都市に次いで第4位であった．大阪と京都の近接性を考慮すれば，実質的に第三の都市であったといえよう．

5.5.2 人口規模からみた名古屋の地位

都市の規模を比較するにあたり，人口は基礎的な指標の一つである．1960年以降の（夜間）人口推移を示したものが，図5.13である．1965年までは名古屋市の人口規模は第3位であったが，1970年に横浜市に抜かれ第4位となった．しかし，東京や大阪がその人口を増減させ，横浜も人口の伸びが鈍化している一方で，名古屋は緩やかであるがほぼ一貫して人口が増加しており，都市としての成長が続いていることがうかがえる．

また，大都市圏においては通勤・通学行動や消費行動にともない昼間に人口が都心部に集中し，夜間は郊外に分散するという都市のデイリーリズムが形成される．そこで，従業地・通学地に

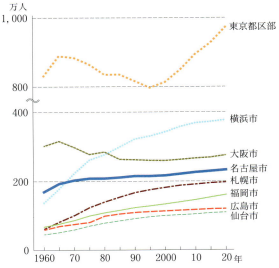

図5.13 1960〜2020年における人口推移（国勢調査により作成）
地理的範囲は2020年時点での行政区域に再集計した．

より計算される昼間人口を各都市で比較した（表5.1）．すると，夜間人口に比べて第3位である横浜市との差が縮まるとともに，昼夜間人口比率は大阪市，東京都区部に次いで第3位（111.2）となる．自律度および拠点性の高さからみて，名古屋は第三の都市であるといえよう．

5.5.3 経済の集積状況からみた名古屋の地位

都市の活力は，事業所の立地・集積状況によっても把握することができる．中でも中枢管理機能を示す本社にも注目し，事業所数および従業者数を比較したものが表5.2である．従業者数でみると東京都区部，大阪市，横浜市に次いで第4位であるが，事業所数では第3位であり，第4位の横浜市に約800以上の差をつけている．ただし，大企業については横浜市に次ぐ第4位となっている．また，従業者が全企業に占める割合は東京都区部や大阪市よりも低く，地方中心都市としての特色もうかがえる．

さらに，地域内の生産活動によって生み出される付加価値額（総生産）を比較したものが，表5.3である．横浜市に次いで第4位であるが，一人当たり総生産でみると，横浜市を抜いて第3位となり，生産性の高さがうかがえる．また，製造業に限定すると，全業種と比較して第2位の大阪市との差が肉薄することとなり，ものづくりの地域としての特徴が見出せる．なお，各都市の総生産が各都道府県全体に占める割合をみると，名古屋市は7都市の中で最も低い．これは，豊田市をはじめ，自動車産業などの製造業が盛んで生産性の高い都市が多いためであると考えられる．

5.5.4 都市システムからみた名古屋の地位

最後に，都市間の相互作用・結合関係から捉えられる都市システムの点から，名古屋市の地位を検討してみる．指標として，本社-支社の配置という中枢管理機能から検討することにする．図5.14は，本社の配置状況および東京，大阪，名古屋それぞれに本社を有する企業の支社機能配置状況を示したものである．

東京，大阪，名古屋までは100社を超える一方，それ以外は40社に満たず，これら三都市が上位ランクに位置することがわかる．また，企業数に差はあるがいずれの都市も全国的に支所を配置しており，全国スケールで相互作用関係が及んでいる．なお，名古屋市は非製造業の本社数が多い一方で，支所では製造業が多いという特徴がある．

5.5.5 第三の都市としての名古屋の未来

人口，経済，都市システムといった都市規模を示す指標・観点から検討した結果，名古屋は「第三の都市」にふさわしい都市であるといえる．そ

表5.1 人口および昼夜間人口比率（2020年）

	人口（千人）		昼夜間人口比率
	夜間	昼間	
札幌市	1,973	1,974	100.0
仙台市	1,097	1,152	105.1
東京都区部	9,733	12,346	126.8
横浜市	3,777	3,496	92.5
名古屋市	2,332	2,594	111.2
大阪市	2,752	3,535	128.4
広島市	1,201	1,214	101.1
福岡市	1,612	1,754	108.8

令和2年国勢調査により作成．

表5.2 事業所数および従業員数（2021年）

	事業所数				従業者数			
	合計	大企業	割合（%）		合計	大企業	割合（%）	
			大企業	（中小企業）			大企業	（中小企業）
札幌市	73,576	21	0.029	63.5	930,326	40,646	4.4	68.5
仙台市	47,923	15	0.031	66.4	610,095	24,528	4.0	69.4
東京都区部	508,722	633	0.124	63.8	8,493,109	1,363,985	16.1	56.2
横浜市	117,684	76	0.065	63.3	1,618,721	128,452	7.9	65.0
名古屋市	118,472	54	0.046	64.2	1,527,059	97,625	6.4	67.7
大阪市	178,312	85	0.048	63.4	2,394,461	172,103	7.2	65.3
広島市	53,218	18	0.034	64.5	634,618	36,471	5.7	70.0
福岡市	75,779	30	0.040	66.7	967,803	54,315	5.6	68.2

大企業は従業者数1,000人以上，中小企業は従業者数300人未満．経済センサスにより作成．

表5.3　都市別総生産（2020年）

	市内総生産 （億円）	一人当たり 総生産（億円）	自都道府県内に 占める割合（%）
札幌市	70,735	358.4	37.1
仙台市	48,586	443.0	52.4
（東京都）	(1,068,504)	(760.6)	—
横浜市	136,639	361.7	41.1
名古屋市	130,495	559.5	33.0
大阪市	190,205	691.0	48.9
広島市	52,334	435.8	45.7
福岡市	71,721	444.8	38.8

東京都は都内全域の値．県民経済計算などにより作成．

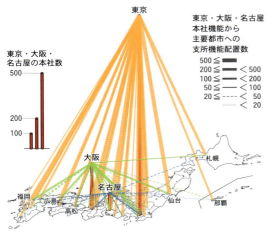

図5.14　本社機能から主要都市への支所配置企業数（2020年）
（阿部，2021を改変）

写真5.5　名古屋駅周辺の景観（2024年4月）

の背後には，製造業の盛んな地域性があることも垣間見ることができた．

その一方で，日本全体の中での名古屋の状況は今後大きく変化すると考えられている．その要因が，リニア中央新幹線の開通である．東京-名古屋間が最短で45分に短縮され，名古屋は首都圏の日帰り行動圏に組み込まれることになる．スーパーメガリージョン構想では，三大都市圏の一体化による巨大経済圏の創造がうたわれており，名古屋駅近辺では盛んに開発が行われている（写真5.5）．しかし，ストロー効果により名古屋の経済的地位が低下することも懸念される．

こうした期待と課題がある中で，名古屋が目指す姿の一つに，自立した定住都市を挙げたい．盛んな製造業を背景として名古屋都市圏は雇用が豊富であり，現在でも人口が増加している自治体もある．さらにはDX（デジタルトランスフォーメーション：デジタル技術による変革）により多様なシステムを結びつけ，ウェルビーイングを高めて産業創出を促す広域連携「スマートリージョン」に基づく「新東海地域」という新たな地域も提唱されている（大西ほか，2024）．今後も第三の大都市としての名古屋の動向が注目される．

［駒木伸比古］

●●●●●●●● さらに探究する2 ●●●●●●●●
都市をランク付けできる指標を設定して都市の順位を確認し，その理由を考えてみよう．

文　献

阿部和俊（2021）：経済的中枢管理機能からみた日本の主要都市と都市システム（2020年）．地理学報告，**123**：1-17.

安藤萬壽男ほか編（1963）：東海地方（日本地誌ゼミナールⅤ），243p，大明堂.

大西　隆ほか編著（2024）：DX時代の広域連携―スマートリージョンをめざして―，220p，学芸出版社.

斎藤誠治（1984）：江戸時代の都市人口．地域開発，**240**：48-63.

関口　武（1969）：現代気候学論説，262p，東京堂出版.

高橋雅紀・安藤寿男（2016）：弧-海溝系の視点に基づく日本の白亜紀陸弧の配置化石．化石，**100**：45-59.

6 近畿地方　各地の人々と資源が交わる地域

近畿地方は日本海，瀬戸内海，太平洋に面し，また，起伏のある中国山地や紀伊山地を有することから，その自然環境は多様である．また，古代から天皇が住まう都が築かれ，各方面に敷かれた街道は各地域を結びつけ，異なる文化や社会が交流してきた．現代では，本州の中央に位置するという立地をいかし，阪神工業地帯を核とした京阪神大都市圏を形成する．近畿地方は，古代から現代まで人々がダイナミックに移動し，異なる地域資源を結びつけることで発展してきた．その過程で生じた知識や文化は日本全国および世界に影響を与えてきた．

京都の鴨川にかかる三条大橋は東海道五十三次の西の起点であり，多くの人や物資が往来した（2018年8月16日）

6.1　近畿地方の自然

近畿地方は日本海，瀬戸内海，太平洋に囲まれ，また，山地，盆地，平野が入り組むことから，多様な自然環境を有している（図6.1）．近畿地方の人々の基盤となる自然環境について概観しよう．

6.1.1　2つの山地と近畿三角帯

西日本の地形は，紀の川（和歌山平野）・櫛田川（津の南）に沿って東西に走り，四国地方の北部を通る中央構造線によって二分され，日本海側を内帯，太平洋側を外帯と呼ぶ（太田ほか，2004）．近畿地方の地形は，①内帯山地である中国山地の東端と，②外帯山地である紀伊山地という2つの並行する山地と，③近畿三角帯と呼ばれる平野や盆地が連なる内陸部の3つの地域に分けられる．

中国山地とその周辺部は，比良山地を東端として，丹波高地から中国山地へ続く西側の山地を指す．丹波高地には侵食によって形成された低山性あるいは中山性の山地がみられ，山間部の比較的広い盆地には福知山や豊岡といった中核的な都市が形成された．日本海側では沈水地形であるリアス海岸や海食地形がみられ，北前船の寄港地として栄えた港が多い．

近畿三角帯は，中央構造線（紀の川・櫛田川）の両端と福井県の敦賀とを結ぶ地域を指す．中央構造線の周辺では，東西方向に走る和泉山脈や高見山地がみられる．また，中央構造線と琵琶湖の間では，南北方向に走る逆断層群に沿って鈴鹿山脈や笠置山地がのび，その間に上野盆地や奈良盆地が分布し，中核的な都市が形成された．大阪平野や近江盆地には，広い流域をもつ淀川が流れ，河川の堆積作用によって形成された沖積低地には，広大な農地や巨大な都市が形成されてきた．

外帯山地とは紀伊山地から四国山地を指すが，紀伊山地は近畿地方の南部を占める．紀伊山地は中央部が盛り上がる曲隆山地であり，河川は放射状に流れて，深い渓谷を形成する．全体的に標高が高く，また，地形は急峻である．太平洋岸では海成段丘やリアス海岸がみられ，沿岸部に集落や都市が形成された．

6.1.2　異なる3つの気候区

近畿地方の気候は2つの山地と近畿三角帯の影響を受けて，日本海側，大阪平野，太平洋側で異なる3つの気候区がみられる（大場ほか，1995）．

日本海側では，冬季に日本海の湿った空気が入り込み，脊梁山脈である中国山地にぶつかることで降雪が発生する．京都府の舞鶴の雨温図（図6.1）をみると，年間を通じて一定の降水量があり，冬季の降水量の多くは降雪である．そのため，京都府北部と兵庫県北部は豪雪地帯に指定されている．兵庫県の鉢伏山や滋賀県の比良山地ではスキー場が整備され，近畿地方からスキーを楽

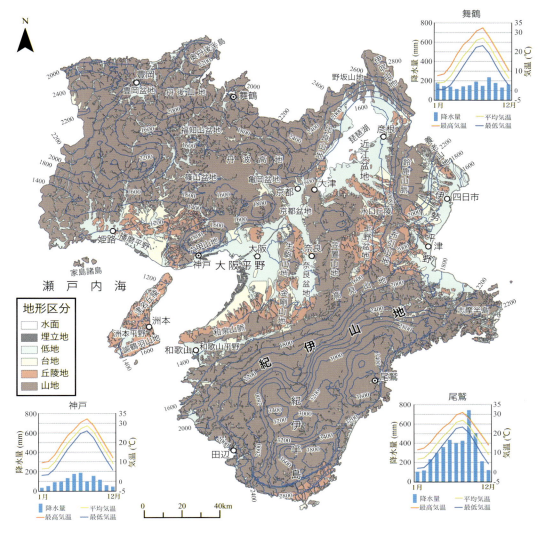

図6.1 近畿地方の地形区分と年降水量（平年値）
地形区分は国土交通省の「50万分の1土地分類基本調査（地形分類図）」より作成した．年降水量の等値線は気象庁の「メッシュ平年値図」より作成した．各都市の雨温図はアメダスの平年値より作成した．なお，平年値は1991～2020年の期間を指す．

しむ観光者が訪れる．

瀬戸内海の沿岸部，大阪平野と近江盆地は，中国山地，紀伊山地，四国山地に囲まれているため，年降水量はおよそ1600 mm以下にとどまる．瀬戸内海沿岸に位置する兵庫県の神戸は特に乾燥しており，その雨温図（図6.1）をみると，年降水量は1400 mmを下回り，冬季の降水量は100 mmに満たない．

紀伊山地の太平洋側は，年降水量が3600 mmに達する地域が存在する多雨の地域である．三重県の尾鷲の雨温図（図6.1）をみると，4月から10月にかけて断続的に降水量が多く，台風が多く到来し，秋雨前線が停滞する9月の降水量は700 mmを超える．そのため，台風による土砂災害や水害が多い．

6.1.3 人工林と天然林が混在する植生

近畿地方には大阪大都市圏をはじめとした大都市群がみられるが，山地を中心に森林地域も決して狭くはない（図6.2）．近畿地方における森林面積は218万haに及び，近畿地方の総面積の約65.8％を占める（森林・林業統計要覧2022より）．その森林地域を詳しくみると，人工林だけでなく，天然林も存在する．天然林では，標高に応じて暖温帯，冷温帯，亜高山帯の樹木がみら

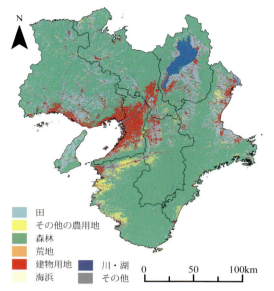

図 6.2　2021 年における近畿地方の土地利用（国土交通省の「土地利用細分メッシュデータ」により作成）

れ，植生は多様である（金田・石川，2006）．近畿地方は温帯に位置することから，低地ではシイやアラカシといった，1 年を通して葉を維持する常緑広葉樹が基本的な植生である．標高が高く冷温帯に分類される地域では，ナラやブナといった冬季に落葉する落葉広葉樹がみられる．また，紀伊山地や氷ノ山の高地は亜高山帯に分類され，コメツガやシラビソなどの針葉樹林がみられる．

ただし，現代の近畿地方の森林地域では，スギやヒノキなどが植林された人工林が 50.7％を占め，森林は人間社会によって積極的に活用されてきた（森林・林業統計要覧 2022 より）．近畿地方では，古くから林業が営まれ，人工林は建築用材や薪炭材を生産する場であった．例えば，京都市北西部では，「北山杉」と呼ばれるスギが古くから生産され，「北山丸太」は京都府の伝統的工芸品に指定される（金田・石川，2006）．人工林は人間社会の活動が植生に現れたものであり，古くから重要な資源として扱われてきた．

6.1.4　自然環境をいかした取り組み

近畿地方では，これらの自然環境を資源として見出し，保全し，活用する取り組みが展開する．例えば，ユネスコ世界ジオパークである山陰海岸ジオパークでは，「日本海形成にともなう多様な地形・地質・風土と人々の暮らし」をテーマに掲げて，地域の景観や文化の保護，教育におけるそれらの活用，持続可能な開発を進めている．山陰海岸ジオパークは，京都府，兵庫県，鳥取県にまたがり，また，山陰海岸国立公園と重なるため，多様な主体が協力してジオパーク活動を展開する．ジオパークは地域の遺産を保護するだけでなく，活用する取り組みを積極的に展開しており，遺産の保護を重視する世界遺産とは異なる活動である．

近畿地方については，大阪大都市圏をはじめとした都市の活動がクローズアップされることが多い．ただし，都市や農村に限らず，人間社会や経済は大地や自然を基盤として成り立つものである．近畿地方の歴史や文化も，その影響を受けていることに留意すべきである．

6.2　近畿地方の歴史文化—古代から続く歴史と都を中心とした文化—

長期にわたって都がおかれた近畿地方は，明治天皇が東京へ移動するまで，日本の政治に影響力を及ぼした．近畿地方の歴史を概観し，文化遺産の視点から地域の文化をみていこう．

6.2.1　都を中心とした圏域

近畿地方の範囲は，律令制における山城，大和，河内，摂津，和泉，近江，丹波，丹後，但馬，播磨，紀伊，淡路，伊勢，伊賀，志摩の 15 か国の範囲に相当する（図 6.3）．中でも山城，大和，河内，摂津，和泉の 5 か国は「畿内」と呼ばれ，都の影響を強く受ける国々であった．そのため，畿内には古代に建造された古墳群や，宮の遺構が各地にみられる．

畿内を取り囲む国々の領内には街道が通る．これらの街道は都から各地へ放射線状に整備され，国府や駅が設けられた．これらの街道は北陸道，東山道，東海道，南海道，山陽道，山陰道，西海道の 7 つに分かれ，畿内の 5 つの国を含めて，五畿七道と呼ばれた．七道の国々は，人々や物資の往来で結びつく，文化的に近接した地域であった．近畿地方には，北陸道と南海道を除いた 5 つの街道が通り，畿内に属さない国々は都の玄関口

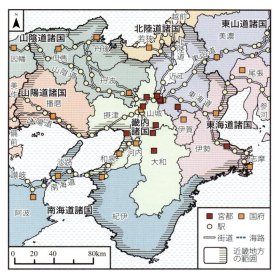

図 6.3 近畿地方における旧国の範囲と街道

街道や宮都の範囲は島方ら(2009)より作成した．旧国の範囲は今津勝紀ウェブサイトの「旧国日本地図(古代)」より作成した．

表 6.1 近畿地方における世界文化遺産

区分	世界文化遺産の名称	構成資産	記載年	都道府県
記載	法隆寺地域の仏教建造物	法隆寺と法起寺	1993年	奈良県
記載	姫路城	姫路城	1993年	兵庫県
記載	古都京都の文化財(京都市, 宇治市, 大津市)	賀茂別雷神社など17の資産	1994年	京都府・滋賀県
記載	古都奈良の文化財	東大寺など8の資産	1998年	奈良県
記載	紀伊山地の霊場と参詣道	吉野山など23の資産	2004年	三重県・奈良県・和歌山県
記載	百舌鳥・古市古墳群	反正天皇陵古墳など45の資産	2019年	大阪府
暫定	彦根城	彦根城	[1992年]	滋賀県
暫定	飛鳥・藤原の宮都とその関連資産群	飛鳥宮跡など20の資産	[2007年]	奈良県

[ ]は暫定一覧表の記載年次．
文化庁ウェブサイトにより作成(最終閲覧日2023年10月31日)．

としての機能も担った．

「近畿」とは，畿内とその周辺地域を意味し，都を中心とした中央集権国家の影響を受けた地域である．ただ，都を中心とした人々や物資の往来で結びついたが，畿内以外の国々は各街道に属したため，そこでは独自の文化や産業が築かれた．そのため，近畿地方の歴史や文化は多様である．

6.2.2 歴史を象徴する世界文化遺産

地域の文化を考える上で，古くから大切に守られてきた文化遺産は，地域の歴史や文化を留めるだけでなく，地域の誇りであり，まちづくりに活用される文化資源である．日本では文化財保護法に基づいて文化遺産を保護しており，それは有形，無形，民俗，記念物，文化景観，建造物など多岐にわたる．

その中でも，ユネスコの世界遺産は，人類全体のための世界の遺産とみなされ，損傷や破壊などの脅威から保護され，保存される．世界遺産条約は遺産の保護・保存を目的としたものであるが，世界遺産として認定されると，世界中で注目され，国内外の観光やツーリズムの対象となる．また，まちづくりや地域おこしの象徴として扱われることが多い．

近畿地方では6つの世界遺産が認定され，2つの遺産が記載を目指して活動を続けている(表6.1)．いずれの世界遺産も自然遺産ではなく，文化遺産として登録された．近畿地方は人間による開発が進み，世界自然遺産の基準に適合する原生の自然は少ないからである．近畿地方の世界文化遺産は，歴史を象徴する遺産の宝庫である．時代を遡りつつみてみよう．

大阪府では4世紀から6世紀にかけて建造された古墳が存在し，古代日本の古墳文化を今に伝える．大仙陵古墳(通称，仁徳天皇陵古墳)は約47万m^{2}に及ぶ巨大な古墳であり，上空から見ると前方後円墳の形が視認できる．

奈良県では，2つの世界文化遺産が登録され，7世紀から8世紀までの建造物や遺構を通して，仏教文化や平城京の文化を知ることができる．

三重県，奈良県，和歌山県にまたがる紀伊山地では，8世紀以降に成立した修験道の吉野・大峯，神仏習合の熊野三山，真言密教の高野山といった，起源や内容の異なる3つの山岳信仰に関する遺産が保存される．紀伊山地は，吉野熊野国立公園と，日本ジオパークである南紀熊野ジオパークにも指定され，世界文化遺産を含めた3つの取り組みが連動しながら，自然や文化を保護・保全する．

京都府と滋賀県にまたがる「古都京都の文化財」は，794年に建造された平安京とその周辺地

6.2 近畿地方の歴史文化—古代から続く歴史と都を中心とした文化—　67

域である．平安期から江戸期までの様々な資産から構成され，都や関連する文化，経済，政治の文化財が保存される．

兵庫県の「姫路城」は1610年に築城された城郭建造物である．17世紀初頭の優れた築城技術がみられ，また，戦禍に巻き込まれなかったことからよい状態で保存される．

近畿地方の世界文化遺産を概観すると，都を中心として発展した歴史や文化が層序のように積み重なることがわかる．ただし，世界文化遺産には認定されないものの，長い歴史をもつ伊勢神宮や，大阪のシンボルである大阪城など，重要な文化遺産が数多く存在する．

6.2.3 歴史文化観光とオーバーツーリズム

世界文化遺産群を有する京都は国内外の観光者を集める人気の歴史文化観光都市である．京都市の京都観光総合調査によると，新型コロナウイルス感染症のパンデミックの影響が収束しつつある2023年の観光者数は5028万人に達し，パンデミック以前の規模に戻りつつある．

京都で展開するツーリズムの特徴は，京都の歴史文化を目的に来訪する修学旅行生と外国人観光者である．日本では，新幹線に乗り京都を訪れ，歴史文化を学ぶという行程は修学旅行の定番である．そのため，2023年では修学旅行で訪れる修学旅行生は約81万人に達した．また，日本を象徴する歴史文化が集まる京都は外国人観光者からも人気の観光地域である．外国人観光者は2010年代中頃から増加し始め，その宿泊者数は2019年には380万人，コロナ禍を挟み，2023年には536万人であった．

京都が歴史文化の観光都市として評価され，観光者数が増加する中で，オーバーツーリズムにともなう観光公害が地域の課題である．オーバーツーリズムとは，観光者の増加によって観光地域の許容量を超えた状態を意味する．オーバーツーリズムは住民，観光者，観光資源への負の影響，つまり観光公害を引き起こしやすく，それが顕在化すると地域の課題として認識される．特に，京都のように観光産業に従事しない人々が多く住む地域では，深刻な課題になりやすい．京都ではオーバーツーリズムや観光公害を抑制したまちづくりが進んでいる．

● 6.3　近畿地方の社会経済─社会を象徴する牛文化と和牛─

近畿地方の社会や産業は非常に多様である．稲作を中心として，山地では林業や牧畜が，瀬戸内海や臨海部では漁業が営まれ，日本海側，瀬戸内側，太平洋側でそれぞれ独自の社会や産業が発展した．その中でも，古くから牛や馬は社会や産業に大きく貢献してきた．近畿地方の社会や産業を特徴づける「牛」についてみていこう．

6.3.1　東西文化圏を分ける牛と馬

古代から牛や馬は，軍事，運輸，農耕において重要な家畜として扱われ，人々の生活や社会・経済に重要な役割を演じた．東日本では馬を，西日本では牛を農耕や運輸に用いたため，馬文化の東日本と，牛文化の西日本といわれた（市川，1981）．

明治期の牛と馬の分布（図6.4）をみると，関東地方や東北地方では馬の飼育数が多く，また，その割合は高い．例外的に，南部牛の産地である岩手県の陸中では一定数の牛が飼育されていた．西日本では牛の飼育数が多い傾向にあるが，九州地方では牛と馬がともに飼育され，牛と馬の総数

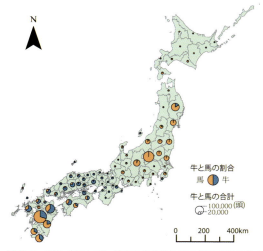

図6.4　1886（明治19）年における牛と馬の飼育頭数の分布
沖縄や他の地域における飼育頭数の記載はなし．牛と馬の飼育頭数は『明治21年農商務統計表』より，また，地域の範囲（旧国）は「郡地図 Ver 1.1」より作成した．

は多かった．近畿地方では牛の総数は多くないものの，牛は飼育頭数の93.7％にのぼり，社会や産業において欠かせない家畜であった．

近畿地方において牛が普及した理由として，都に近い畿内では早い時代から牛車が利用できる道路が整備されたこと，条里制水田が広く分布し，犂を牛に引かせて田畑を耕す犂耕が普及したことが大きかった（市川，1981）．兵庫県北部の但馬地域では，牛は家族の一員として扱われ，住居の中に厩が組み込まれ，人と牛は同じ屋根の下で生活していた．

6.3.2 近畿地方で広まる但馬牛

近畿地方の牛文化を考える上で，兵庫県北部の但馬地域で飼育される但馬牛は重要な役割を担った（写真6.1）．但馬牛は近畿地方に広まり，和牛の黒毛和種にも影響を与えた．

西日本では，在来牛を繁殖し，農耕に活用したが，牛の地域差は古くから認知された．鎌倉期に書かれた寧直麿の「国牛十図」では，10か国以上の牛が言及され，但馬牛の記述もみられる（温泉町史編集委員会，1984）．当時の牛は，産出地域の地名を冠するのみで，現代のような血統や品種という意識はなかった．日本は殺生を避ける仏教の影響を受けたため，これらの牛は食肉用ではなく，運輸や農耕を助ける家畜として扱われた．

各地域で飼育された牛は地域内にとどまらず，他地域へ販売され，牛の流通網が構築された（新但馬牛物語編集委員会，2000）．江戸期に牛の流通の中心となったのは，大阪の天王寺牛市（四天王寺の近く）と，但馬地域の養父市場（現在は移転済み）であった．養父市場は主に但馬牛を扱い，現在でいう家畜商にあたる「博労」が但馬牛を仕入れ，和泉，摂津，河内などの畿内や，紀伊，播磨，近江などの遠方へ販売した．但馬牛の流通では，「牛追い」と呼ばれる人々が，子牛を引き連れ，牛舎を備えた「牛宿」を経由しつつ，最終目的地である近江（滋賀県）や松坂（三重県）を目指した．この旅の道中にあたる三田などでは，牛を肥育する習慣がみられる．但馬牛は農耕に適した牛と評価され，近畿地方の各地へと販売され，徐々に広まっていった．

6.3.3 近畿地方の役用牛から世界の肉用牛へ

明治期に入ると，近畿地方の牛が肉用牛として注目され始める．江戸末期に日本が開国すると，肉食文化をもつ欧米人が横浜などに住むようになったが，仏教の考えが根付く日本では肉用牛の確保が難しかった．横浜に住む欧米人は近畿地方の家畜商に牛の確保を依頼し，1865年頃から，一隻当たり30～40頭の牛を船で神戸港から横浜港まで運ぶようになった（伊藤記念財団，1991）．神戸から運ばれた和牛の味は欧米人に好評だったため，神戸港から来た牛，つまり，「神戸牛」は有名になった．ただし，神戸から横浜に運ばれた牛は，但馬牛，近江牛，伊勢牛など，近畿地方の牛が混在しており，神戸牛のブランドを規定する品種や定義はなかった．現在では，「神戸肉」や「神戸ビーフ」としてブランド化され，おおむね「兵庫県産但馬牛の内で等級の高い肉」と定義される．

明治期には，欧米から肉食文化だけでなく，血統や品種の概念がもたらされた（市川，1981）．日本では昔から「蔓牛」と呼ばれる牛の優れた形質を残して改良する人々はいたが，一般的ではなく，血統や品種という概念は希薄であった．明治期になると，肉牛としての経済価値を高めるために，日本の在来種とヨーロッパの品種とを交配する品種改良が進められた．現在の和牛は黒毛和種，褐色和種，無角和種，日本短角種の4つに分かれ，すべての品種が明治期に品種改良された改良和種である．

写真6.1　兵庫県畜産共進会における但馬牛（2023年10月26日）

和牛の中でも黒毛和種は肉質がよいため，全国で生産されるようになった（新但馬牛物語編集委員会，2000）．その中でも但馬牛は血統が守られてきた黒毛和種である（写真6.1）．1910年頃にはじまった美方郡産牛組合による血統の整理と種雄牛の育成を契機に，但馬地域内で品種改良が行われ，但馬種という品種が確立した．但馬牛は全国で繁殖に使われたため，現在の黒毛和種の多くはその血統を引き継ぐとされる．但馬種が黒毛和種に統合された後も，兵庫県では但馬牛と他地域の和牛との交配を避ける閉鎖育種が続けられた．2023年には，その血統管理や，但馬牛を用いた循環型農業が認められ，世界農業遺産に認定された．なお，明治期の品種改良の影響を受けていない日本の在来牛は，山口県萩市の見島や，トカラ列島の口之島にみられる．

牛は古くから近畿地方の農業や運輸を支える重要な家畜であった．明治期以降は食肉文化が徐々に広まり，牛は農耕用の家畜から，農耕と食肉の2つの役目を担う家畜となる．現代では，農耕用の牛は農業機械に置き換わり，農耕を助ける牛と人々が同じ屋根の下で生活を営む光景はみられなくなった．一方で，但馬牛などの和牛は肉用牛へ品種改良されて残り，現在でも近畿地方の牛文化や，世界に通用する和牛ブランドを支えている．

6.4 トピック1―海と丘陵へ拡大する京阪神大都市圏―

京阪神大都市圏は阪神工業地帯を核として広がり，有数の人口と産業を有する巨大な圏域を形成する．ただし，京阪神大都市圏の位置する大阪平野，京都盆地，瀬戸内平野の面積には限りがあり，その発展や拡大は丘陵と沿岸の開発を意味した．ここでは，京阪神大都市圏の発展過程を概観しつつ，丘陵と海の開発の特徴をみよう．

6.4.1 天下の台所と北前船

大阪は，近世以降，「天下の台所」と呼ばれ，日本全国や近畿地方の物資が集まる商業都市として発展した．大阪が天下の台所となった歴史を振り返ってみよう．

大阪の都市の起源は，難波京や石山本願寺の寺内町を中心とした市街地が広がる地域であった．豊臣秀吉が大阪城を中心とした城下町開発を進めたことで，その構造は変わっていった．大阪城下町は大阪湾を埋め立てることで拡大し，また，多数の堀割を整備することで船舶が行き来する「水都」となった．大阪では陸上交通と水上交通を両立するために，多数の橋がかけられ，その風景から「八百八橋」と呼ばれるほどであった．

大阪が天下の台所に発展した要因として，大阪と北海道とを結ぶ西廻りの航路を行き来し，物資を売買した北前船の存在が大きい（中西，2021）．北前船による西廻りの航路は，大阪から瀬戸内海を通り，日本海の入り口である赤間関（下関）を抜け，山陰地方の沿岸部，近畿地方の日本海沿岸部，北陸地方の沿岸部，東北地方の日本海沿岸部を経て，北海道にいたった．西廻りの航路は，距離は長いものの，太平洋の航路よりも危険の少ない安全な航路として利用された．西廻りの航路に沿って各地に港が設けられ，その港は物資を取引する場として，また，各地の北前船主の拠点として発展した．北前船主は物資を運びながら各地で商売を展開したため，近世や近代において日本の商品市場は大きく発展した．同時に大阪は商業都市として地位を確立することになった．

6.4.2 阪神工業地帯の形成と埋立地の拡大

近世以前から手工業が発展した近畿地方は，日本における工業の先進地域であった．近代以降，大阪や神戸など，臨海部を中心に工業地域が形成された．その後，さらに発展した阪神工業地帯は，京阪神大都市圏の経済的な中心であり，また，太平洋ベルトの一角を担う（河野・加藤，1988）．なお，三重県の北部地域は中京工業地帯に含まれ，阪神工業地帯には含まれない．

大阪府に官営の造兵司（大阪砲兵工廠）と大阪造幣寮（大阪造幣局）が1870年代初頭に設立され，外国人技師を採用し，西洋技術の導入を積極的に行った．大阪の近代工業化は紡績業を中心に進み，1880年代には大規模な紡績工場が大阪に多数立地し，1890年代には全国の製糸生産の大部分を大阪府が占めた．紡績業に関連する製造業が立地するだけでなく，燃料，造船，金属，薬

品など，多様な産業が創業した．また，阪堺鉄道（1885年）や大阪鉄道（1889年）が営業を開始し，次々と鉄道が整備された．

第一次世界大戦後の恐慌（1920年），関東大震災（1923年），金融恐慌（1927年），昭和恐慌（1929〜1931年）を経て，生産の縮小や企業の統合が進んだ．1930年代は紡績業や織物業が停滞し，その代わりに金属や機械工業が発展した．第二次世界大戦後は傾斜生産方式の導入や，朝鮮戦争にともなう好景気によって，戦災を受けた産業は復興した．

高度経済成長期では，阪神工業地帯の重化学工業への転換と，外縁地域への拡大が進んだ．その中核地域はすでに過集積であったため，新規に創業する工場は淀川沿岸地域や，神戸から西方の地域に立地した．1950年代に入ると，大阪府は素材型重化学工業の誘致を目的とし，広大な埋立地を造成する「堺臨海工業地」を計画した．この事業によって，約2000 haに及ぶ堺・泉北臨海工業地帯が形成され，主に鉄鋼，化学，石油製品など

の業種が立地した．ただし，これらの成長の代償として，大気汚染などの公害が問題となり，大阪府や企業はその低減に取り組むことになる．

第一次オイルショック（1973年）の発生によって，日本の高度経済成長は終焉に向かう．大阪府では大規模工場が流出したため，大阪府の従業員数は減少した（表6.2）．近畿地方では産業構造の転換が進み，製造品出荷額の上位3品目をみると，1960年から1980年にかけて，繊維業は順位を落とし，機械や化学工業が主要な産業になった．

6.4.3　京阪神大都市圏の郊外化と成熟

明治期以降の近代工業化は京阪神大都市圏の人口集中をもたらし，それにともなって都市の郊外化が展開した（富田・藤井，2001）．京阪神大都市圏では，明治末期から大正初期において，主に私営鉄道が郊外地域に軌道を敷設するとともに，中流階級を対象とした住宅団地を開発した．これらの住宅団地は鉄道の利用を前提としたため，昼間は都市部で働き，夜間は郊外で生活をするとい

表6.2　近畿地方における府県別の従業員数と製造品出荷額の内訳の推移

	1960年					1980年				
	従業員数（百人）	製造品出荷額（億円）	製造品出荷額内上位3品目			従業員数（百人）	製造品出荷額（億円）	製造品出荷額内上位3品目		
			1位	2位	3位			1位	2位	3位
全国	76,020	152,937	食料品	繊維	鉄鋼	102,919	2,121,243	輸送用機	食料品	電機
近畿地方	18,414	40,912	繊維	鉄鋼	電機	20,534	438,435	電機	一般機械	化学
三重県	1,232	2,643	繊維	化学	電機	1,923	44,733	化学	石油製品	輸送用機
滋賀県	646	1,065	繊維	化学	電機	1,344	29,175	電機	一般機械	その他
京都府	1,961	3,206	繊維	食料品	電機	2,183	37,959	繊維	電機	食料品
大阪府	9,001	20,720	繊維	食料品	鉄鋼	8,707	177,562	電機	一般機械	化学
兵庫県	4,531	11,461	鉄鋼	食料品	機械	4,968	111,056	鉄鋼	食料品	一般機械
奈良県	354	531	繊維	木材	食料品	630	12,298	一般機械	木材	繊維
和歌山県	688	1,286	石油製品	繊維	鉄鋼	780	25,652	石油製品	鉄鋼	繊維

	2000年					2019年				
	従業員数（百人）	製造品出荷額（億円）	製造品出荷額内上位3品目			従業員数（百人）	製造品出荷額（億円）	製造品出荷額内上位3品目		
			1位	2位	3位			1位	2位	3位
全国	91,838	3,004,776	電機	輸送用機	一般機械	77,176	3,225,334	輸送用機	食料品	化学
近畿地方	17,056	571,492	電機	一般機械	化学	14,396	623,962	輸送用機	化学	食料品
三重県	1,962	80,937	輸送用機	電機	化学	2,077	107,173	輸送用機	電子部品	化学
滋賀県	1,551	63,964	電機	一般機械	輸送用機	1,642	80,485	輸送用機	化学	電機
京都府	1,765	58,858	電機	輸送用機	飲料等	1,452	56,588	飲料等	食料品	その他
大阪府	6,367	180,197	電機	化学	一般機械	4,444	169,384	化学	金属製品	輸送用機
兵庫県	4,012	140,700	電機	一般機械	食料品	3,630	162,633	化学	食料品	輸送用機
奈良県	802	24,183	電機	食料品	金属製品	616	21,224	その他	食料品	輸送用機
和歌山県	596	22,654	石油製品	化学	鉄鋼	535	26,476	石油製品	鉄鋼	化学

工業統計調査により作成．いずれも従業者4人以上の事業所に関するデータである．製造出荷額の分類は時期によって異なるため，詳細は工業統計アーカイブを参照のこと．

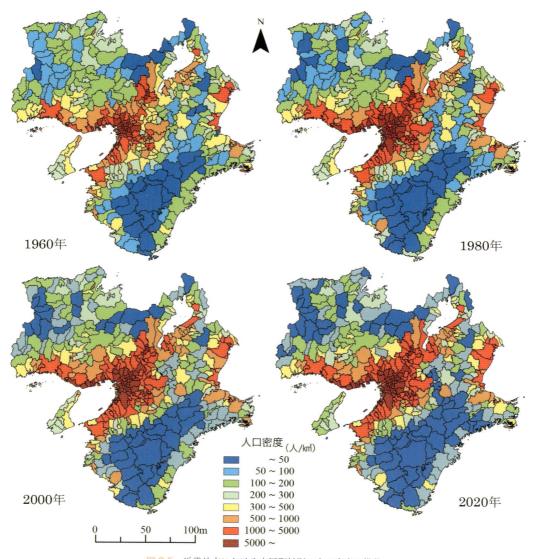

図 6.5　近畿地方における市区町村別の人口密度の推移
国勢調査により作成．市区町村の区域は 2000 年を基準として，合併や領域の改変を考慮して一部の区域を変更した．

う，職住分離の生活様式が定着した．

　高度経済成長期には，ニュータウンと呼ばれる大規模郊外住宅地の開発が日本全国で盛んに行われた．国土交通省はニュータウンを，①1955 年度以降に着手された事業，②計画戸数 1000 戸以上，または計画人口 3000 以上で面積が 16 ha 以上の事業，③郊外（事業開始時に DID ではない地域）での事業と定義する．国土交通省ニュータウンリストによると，近畿地方のニュータウンは 312 か所で，総面積は 3 万 4624 ha に及ぶ．近畿地方における市区町村別の人口密度（図 6.5）を

みると，1960 年から 1980 年にかけて，瀬戸内海沿岸地域から内陸地域にかけて，自治体の人口密度が高くなっており，ニュータウンの開発を含めた郊外の住宅開発が急速に展開したことがわかる．

　近畿地方における郊外開発の代表例は千里丘陵である．千里ニュータウン（まちびらきは 1962 年）は，住宅区の中央に商店街や学校を配置する近隣住宅理論を採用し，全国のニュータウン開発に影響を与えた．また，千里丘陵で開催された日本万国博覧会（1970 年）は，「人類の進歩

72　　6　近畿地方―各地の人々と資源が交わる地域―

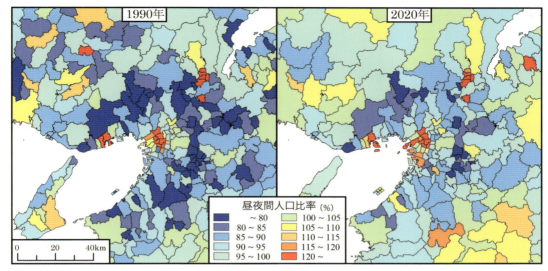

図6.6 京阪神大都市圏における昼夜間人口比率の推移（1990年と2020年の比較）
国勢調査により作成．昼夜間人口比率は，夜間人口（常住人口）100当たりの昼間人口（昼間における通勤・通学による流出入を考慮した人口）の割合を意味する．昼夜間人口比率が100%を超える地域は他地域から通勤・通学で訪れる人々が多いことを意味する．

と調和」をテーマに掲げ，日本全国に強烈な印象を与えた．ただし，現在では千里ニュータウンを含めて，多くのニュータウンでオールドニュータウン化が進み，住民の高齢化や，設備の老朽化が課題である．全国のニュータウンでは，再開発や分譲集合住宅の建て替えなど，ニュータウンの再生を目的とした事業が進む．

現代の郊外地域は，人々の日常生活行動の変化や，2020年頃にはじまった新型コロナウイルス感染症の拡大によって，変わりつつある．京阪神大都市圏における昼夜間人口比率（図6.6）をみると，1990年と比較して，2020年の方が郊外地域の比率は改善しており，郊外地域から都市地域への通勤・通学の傾向は弱くなったといえる．このパンデミック後に，郊外地域と都市地域との関係性はどのように変化するのか，大きな課題である．

6.4.4 大阪湾岸地域の再生

阪神工業地帯は1970年代以降，郊外地域に拡大し，高速道路にアクセスしやすい地域にサイエンスパークと呼ばれる科学都市が整備された（金田・石川，2006）．代表例の関西文化学術研究都市や播磨科学公園都市では，大学，研究機関，文化施設などが整備された．その一方で，阪神工業地帯の臨海部にあたる大阪湾岸地域（大阪湾ベイエリア）は，かつての主力であった紡績業や鉄鋼業などが衰退し，ラストベルト（錆びついた工業地帯の意）と呼ばれるようになった．

大阪湾岸地域の再開発事業は1980年代頃に計画がはじまり，重化学工業地帯や木材集積地は，商業施設や文化施設が複合したウォーターフロントへ変化した（大阪港湾局，2021）．その中でも，此花西部臨海地区では，ユニバーサル・スタジオ・ジャパンが2001年に開業し，近畿地方だけでなく，日本や世界から観光客を集める．此花西部臨海地区は高度経済成長期に重化学工業地帯として発展した地域であったが，土地区画整理事業やJRゆめ咲線（JR桜島線）の新駅の設置によって，現在，テーマパークを中心とする観光地である．

夢洲地区では，2025年日本国際博覧会（大阪・関西万博）が開催される予定である．夢洲地区は廃棄物や土砂による埋立てによって形成された新しい地区であり，大阪・関西万博の開催後は統合型リゾートの誘致なども検討されている．

6.5 トピック2—日本の防災と復興を変えた阪神・淡路大震災—

1995年に発生した阪神・淡路大震災は，神戸市を中心に大きな被害をもたらし，京阪神大都市圏の経済や社会の転換点となった．阪神・淡路大震災は様々な被害を引き起こした一方で，同じ惨状を繰り返さないための取り組みが展開し，日本全国や世界に防災，復興，伝承に関する様々な知見をもたらした．ここでは，阪神・淡路大震災の概要をみつつ，継承された知見に触れてみよう．

6.5.1 阪神・淡路大震災の発生と被害

1995年1月17日（火）5時46分に，淡路島北部（北緯34°36′，東経135°02′）を震源とする兵庫県南部地震が発生した．この地震は深さ16 kmでM7.3の東西方向に圧力軸をもつ断層型地震であり，神戸，洲本で震度6を観測した（気象庁より）．気象庁は現地調査を実施し，神戸市周辺や淡路島北部の一部の地域は震度7とされた．当時の震度階級は8階級（震度0～7）であり，震度7は現地調査で，それ以外は計測震度計で決定されていた．現在では，震度階級は10階級に分割され，震度7は計測震度計で観測されるようになった．

阪神・淡路大震災が発生した地域は沿岸低地で地盤の弱い地域であったため，揺れも大きく，液状化も発生した．また，神戸市とその周辺部は京阪神大都市圏の中核地域であり，人口密度が高く，経済活動の活発な都市地域であったため，死者・行方不明者6437人，負傷者4万3792人，住家被害63万9686棟にのぼった（消防庁より）．これらの被害は地震の揺れだけではなく，地震と連鎖して発生した火災の影響も大きく，焼損床面積は83万5858 m²に及んだ．

6.5.2 災害対応と災害ボランティア

兵庫県南部地震は早朝に発生したため，多くの人々が屋内に閉じ込められた．また，各地で火災が発生し，特に，兵庫区，長田区，須磨区では大規模火災となった．地震の発生直後から，国や自治体は災害対策本部を設け，災害対応にあたった．現地では災害直後から，住民は避難し，助け合い，神戸市消防局や消防団が消火に取り組み，倒壊した家屋からの救出作業には警察や自衛隊なども加わった．兵庫県の近隣や日本全国から，消防や医療に関連する応援や，救援物資などが届けられ，被災地を救援する体制が急速に整っていった．

被災した人々は避難所に逃れ，避難生活の段階へと移行した．避難所は，学校，公共施設，神社，寺院，民間の事務所など，様々な場所であった．避難所は地域の中心であった学校関係施設に集中し，その運営は学校関係者や自治体の職員が担った（震災復興調査研究委員会，1997）．兵庫県における避難所の数や避難者数は，地震発生の約1週間後にあたる1月23日にピークを迎え，避難所は1153か所，避難者は31万6678人にのぼった．

地震発生直後から，被災地では救援ボランティアが多様な活動を展開した．神戸市は「救援ボランティア窓口」を設置し，医師や看護師などの専門職を受け入れた（神戸市震災復興本部総括局復興推進部企画課，2000）．また，神戸市社会福祉協議会は在宅者支援ボランティアを受け入れた．神戸市の区部では，災害対応に忙殺されるとともに，ボランティアを受け入れる仕組みがなかったため，ボランティアは自発的に，様々な場所で活動を展開した．ボランティアは，救援物資の搬入・搬出作業，仮設住宅におけるコミュニティへの支援，引越しの支援など，その段階に応じて多岐にわたる支援を担った．兵庫県全体では，ボランティアの延べ人数は2000年3月末までに累計で約216万人に達した（兵庫県より）．

6.5.3 阪神・淡路大震災からの創造的復興

阪神・淡路大震災の発生直後，復興計画の検討や策定が開始された．兵庫県の復興計画では，「創造的な復興」が掲げられ，災害からの教訓をいかすだけでなく，よりよい都市の創造が志向された（震災復興調査研究委員会，1997）．兵庫県の復興計画は，10年で660事業，概算事業費約17兆円にのぼるものであった．その内訳をみると，①21世紀に対応した福祉のまちづくり（3兆円），②世界に開かれた，文化豊かな社会づく

写真 6.2　阪神・淡路大震災で壊れた国道 2 号浜手バイパスの橋脚を保存する（2024 年 1 月 30 日）

り（2000 億円），③既存産業が高度化し，次世代産業もたくましく活動する社会づくり（1 兆 3000 億円），④災害に強く，安心して暮らせる都市づくり（4000 億円），⑤多核・ネットワーク型都市圏の形成（11 兆 6000 億円）であった．

　阪神・淡路大震災からの創造的な復興は何をもたらしたのだろうか．兵庫県の神戸市やその周辺地域は，阪神・淡路大震災後の創造的復興を経て，ハード面だけでなくソフト面においても，震災以前よりも災害に強い地域となった．また，自然発生した災害ボランティアは，近隣地域からだけでなく，全国各地から被災地域に集まり，その復旧や復興に貢献した．現在の日本においては災害対応において災害ボランティアは欠かせない存在である．

6.5.4　災害「知」の活用と伝承

　阪神・淡路大震災からの復興が完了し，時間が経過するにつれて，地域から地震の爪痕は消え，神戸市やその周辺地域において災害を感じる空間は消失しつつある．兵庫県や神戸市では，災害の記憶を留める活動が展開し，災害「知」や記憶を伝承する取り組みが展開する．例えば，阪神・淡路大震災後に整備された災害遺構は，震災当時の景観を残す（写真 6.2）．また，インターネットや書籍でも震災当時の状況が保存される．例えば，神戸市が公開する「神戸 GIS 震災アーカイブ」では，建物の被害状況，当事者の語り，震災モニュメントの分布などが，GIS を用いて保存されている．阪神・淡路大震災の記憶が薄れていく中で，記憶の保存や，伝承は重要な意味をもつ．

　阪神・淡路大震災で得られた，災害対応のあり方，災害ボランティアの重要性，復興におけるコミュニティの維持，災害の記憶の伝承などは，東日本大震災においてもいかされたし，世界や日本の防災・減災政策や復興政策に大きな貢献をした．阪神・淡路大震災で得られた災害「知」は，近畿地方や日本だけでなく，世界においても重要な災害「知」として活用される．　　　　[矢ケ﨑太洋]

•••••••••••　さらに探究する　•••••••••••

　近畿地方から他地域へ移動したモノやヒト，伝播した知識について調べてみよう．他地域から近畿地方への移動や伝播も考えてみよう．

文　献

市川健夫（1981）：日本の馬と牛，246p，東京書籍．
伊藤記念財団編（1991）：日本食肉文化史，581p，伊藤記念財団．
大阪港湾局（2021）：大阪港 150 年史—物流そして都市の交流拠点—，585p，大阪港湾局．
太田陽子ほか編（2004）：近畿・中国・四国（日本の地形 6），383p，東京大学出版会．
大場秀章ほか編（1995）：近畿（日本の自然 地域編 5），208p，岩波書店．
温泉町史編集委員会編（1984）：温泉町史第一巻，464p，温泉町．
金田章裕・石川義孝編（2006）：近畿圏（日本の地誌 8），563p，朝倉書店．
神戸市震災復興本部総括局復興推進部企画課編（2000）：阪神・淡路大震災神戸復興誌，1027p，神戸市震災復興本部総括局復興推進部企画課．
河野通博・加藤邦興編（1988）：阪神工業地帯—過去・現在・未来—，235p，法律文化社．
島方洸一企画・編集統括（2009）：地図でみる西日本の古代—律令制下の陸海交通・条理・史跡—，294p，平凡社．
震災復興調査研究委員会編（1997）：阪神・淡路大震災復興誌 第 1 巻，859p，21 世紀ひょうご創造協会．
新但馬牛物語編集委員会編（2000）：新但馬牛物語，334p，"但馬牛 & 神戸ビーフ"フェスタ in ひょうご実行委員会．
富田和暁・藤井　正編（2001）：図説 大都市圏，120p，古今書院．
中西　聡（2021）：北前船の近代史—海の豪商が遺したもの—（2 訂増補版），189p，交通研究協会．

7 中国地方　中国山地がもたらす多様な自然，文化，社会

中国地方は本州の西部に位置し，鳥取県，島根県，岡山県，広島県，山口県の5県で構成される．現在では一つの地方として認識されているが，山陰地方や山陽地方という言い方があるように，歴史的にも社会経済の面でも様々な違いがある．この違いは主に，中国山地を境に日本海に面した山陰地方と瀬戸内海に面した山陽地方で自然環境が大きく異なることに起因している．近年では南北の結びつきも強まってきているものの，中国地方を理解する上で山陰地方と山陽地方それぞれの特色や違いを把握することが重要である．

後楽園から岡山市街を望む（2016年11月6日）．中国地方では人工物と自然が混ざり合う景観が多くみられる．

7.1 中国地方の自然

7.1.1 中国地方の地形と地質

中国地方の地形をみると，中国山地が東西方向に走り，北側に日本海が，南側に瀬戸内海が広がっている（図7.1）．中国山地はなだらかな山地を形成しており，島根県には石見高地が，岡山県から広島県にかけては吉備高原が東西方向に連なり，これらの高原と中国山地の間には広島県の三次盆地や岡山県の津山盆地などが点在する．山地が海岸まで迫っていることから平地は少なく，目立った平野は出雲平野や鳥取平野，広島平野や岡山平野などわずかである．また，瀬戸内海は島が点在する多島海となっており南側は四国地方に接している．

中国地方の地質は，大きく山口県一帯と広島県北部に分布する秋吉帯，島根県から鳥取県にかけて分布する周防帯，広島県東部から岡山県にかけて分布する舞鶴帯で構成されている．秋吉帯は付加堆積物として玄武岩や石灰岩などからなり，石灰岩がつくる代表的景観の秋吉台は，海底火山の周囲に形成されたサンゴ礁が付加体となって隆起し，地層の表面が風化や侵食で削られた結果形成されたカルスト地形である（写真7.1）．周防帯は三郡変成帯とも呼ばれ，千枚岩や結晶片岩など低温高圧下で生じた岩石が分布する．舞鶴帯は中生代の浅海堆積岩や花崗岩，閃緑岩によって特徴づけられる．

7.1.2 中国地方の気候と植生

日本海に面した山陰地方は北西季節風の影響を受けており，鳥取県では冬季の降雪量が多い．豪雪地帯に指定されている地域も山間部に分布し，特に1月における降雪日数が多く，鳥取市や米子

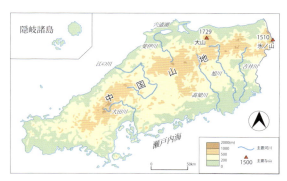

図7.1　中国地方の自然環境

写真7.1　秋吉台（2020年9月20日）

市では1月の半数が降雪日という年もある．一方で山陽地方は中国山地と四国山地に囲まれていることから降水量が少ない．ただし，山口県や広島県西部では梅雨に湿暖気流の影響を受けて大雨になることが多く，瀬戸内海沿岸の他地域とは異なる気候を示す．そのため，山口県は太平洋型気候との遷移地域とみなされ，気象庁の地方区分では中国地方ではなく九州地方に分類される．

局所的な気候として岡山県北部にみられる広戸風がある．広戸風とは，那岐山から吹き降ろす季節風であり，特に台風が北東方向に進む際に風害をもたらす．例えば，1965年9月に台風が通過した際は水田や家屋に大きな被害を及ぼした．そのため，この地域の家屋には「こせ」と呼ばれる防風林が卓越している．

中国地方の風がつくる代表的な地形に鳥取砂丘がある．鳥取砂丘の形成過程をみると，まず花崗岩や玄武岩が風化で削られた後，砂や泥が千代川によって日本海に運ばれる．そして河口に達した砂や泥は海底に堆積した後，海岸を平行に流れる沿岸流や北西方向の季節風によって内陸方向へ吹きつけられる．これが長い年月をかけて繰り返された結果，鳥取砂丘が形成される．鳥取砂丘は4つの砂丘で構成され，様々な形で人間生活と関わっている．その中心は観光資源として多くの観光客を集める浜坂砂丘である（写真7.2）．他にも，水はけのよい砂地で栽培されるラッキョウやスイカの名産地となっている福部砂丘や，住宅地として活用されている湖山砂丘がある．こうした砂丘と人々の暮らしは，ユネスコが認定する「山陰海岸ジオパーク」を通じて教育，普及活動が進められている．

写真7.2　鳥取砂丘（2017年11月3日）

中国地方における植生の特徴は，氷ノ山，那岐山，大山などの一部に自然林が残っている程度でアカマツ林やクロマツ林など二次林が多い．これは，建築材や薪炭材としての利用が多いことにある．中国山地では，古くから「たたら製鉄」が確立され，砂鉄や鉄鉱石を熱する際に多くの木炭を必要とするため多くの天然林が活用された．

7.1.3　中国地方の自然災害

自然災害の多い日本にあって，中国地方は比較的災害の少ない地域といわれてきた．しかし近年は洪水による災害が起きている．例えば，2019年に発生した西日本豪雨は多くの河川が氾濫したことによって甚大な被害を及ぼし，岡山県では64名，広島県では114名の死者・行方不明者があった．岡山県では，倉敷市真備町を流れる小田川が氾濫し，その水深は大きなところでは5mに達し，真備町の1/4にあたる地域が浸水した．また広島県では土砂崩れによって多くの住宅が倒壊し，加えて土石流の発生も重なり多くの犠牲者を出すこととなった．この要因は花崗岩の風化によってできる真砂土が卓越して流動性が高いことや，手入れが行き届いていない人工林が多く土壌が不安定化したことなどが挙げられる．

洪水以外の自然災害として，季節風が卓越する日本海側では火災の被害もみられる．例えば，1952年4月に鳥取市で起きた大火は，フェーン現象による南からの強風と乾燥した気象条件によって市街地を中心とする約160haに被害を及ぼした．この災害による焼損面積は約44万m^{2}であり，これは1947年に発生した長野県の飯田大火に次ぐ全国で2番目の規模である．

また直接的な被害は大きくないが自然が産業や人々の生活へ影響を与える例もある．先述した鳥取砂丘は，千代川流域のダム建設によって土砂の運搬量が減少し，砂丘の規模が減少している．また，砂丘を形成するにあたって飛散する砂は，砂丘近くで生活する人々にとっては害を与えるものとなっている．このように，自然環境は人々の産業や暮らしに恩恵をもたらすだけでなく，脅威を与える存在であることも理解する必要がある．

7.2 中国地方の歴史文化

7.2.1 中国地方の歴史

中国という名称の由来は様々だが，古代において九州を指す西国と畿内の間の「中間の国々」の省略形であるという説が有力である．

中国地方は歴史的な区分（令制国）からみれば山陰道と山陽道に属する．そのうち山陰道は，因幡国（鳥取県東部），伯耆国（鳥取県西部），出雲国（島根県東部），石見国（島根県西部），隠岐国（島根県隠岐諸島）ほかからなる．一方，山陽道は美作国（岡山県北東部），備前国（岡山県南東部），備中国（岡山県西部），備後国（広島県東部），安芸国（広島県西部），周防国（山口県東部），長門国（山口県西部）ほかで構成される．

中国地方の歴史をみると，古代から出雲国と吉備国という巨大政権が存在していたといわれ，出雲国は古事記や日本書紀にもみられる日本創生の地として知られている．その代表的な存在である出雲大社は，日本神話で日本を創った神であるとされる「オオクニヌシノカミ」を祀っていることでも有名である．また，吉備国は巨大な古墳文化を形成し，現代でも造山古墳や作山古墳など数多くの古墳が残されている（**写真 7.3**）．吉備国を支配していた豪族は製鉄技術をもつ渡来人で強大な権力を誇っていたため，大和朝廷から派遣された士官によって平定されたという歴史も残っており，これがいわゆる桃太郎の話につながるといわれる．岡山県には桃太郎伝説にまつわる史跡が数多くあり，先述した古墳に加え，吉備国平定のために派遣された吉備津彦尊を祀っている吉備津神社や吉備津彦神社，吉備国を支配していた豪族の居城といわれる鬼ノ城がその代表的なものである．

中世にあたる鎌倉期から室町期にかけて，政治の舞台は関東地方から関西地方が中心であり，中国地方に焦点が当たることは少ない．特筆すべきは，源氏と平氏が最後の戦いを繰り広げた壇ノ浦が関門海峡を舞台としていたことや，同時期に瀬戸内海の島々を拠点としていた村上水軍が活動を展開していたことが挙げられる．村上水軍は愛媛県の因島や弓削島を中心とする海域で活動を展開し，関所を設置して通行料を徴収したり交通の案内や警護の請負を担ったりしていた．

戦国期になると，織田信長や豊臣秀吉による全国統一に巻き込まれる形で中国地方も日本史の表舞台として登場する．特に毛利元就が広島を拠点として中国地方を統一したことで，織田信長や豊臣秀吉に対立する勢力として注目されるようになる．この頃の海賊は毛利氏に仕えることでその勢力を拡大し，1555 年の厳島の戦いによる伊予出兵においては毛利水軍の構成員として戦いに参加していた．ただし，瀬戸内海全域を村上水軍が支配していたのではなく，村上氏のほかに，塩飽諸島を拠点とする塩飽水軍や笠岡諸島の真鍋島を拠点とする真鍋氏など様々な集団が各自の領域を支配していた．毛利氏による支配が終焉を迎えたのは，1600 年の関ケ原の戦いで西軍についた毛利輝元が敗れたことがきっかけであり，毛利氏は本拠地を広島から萩へと移され，その勢力は縮小していった．それ以降，江戸期には大小様々な大名が中国地方を支配するようになり，中でも岡山藩や広島藩は城下町の規模も大きく，藩内の経済も大きく成長したことから現在の大都市へとつながっている．

近代において，中国地方は長州藩出身者が日本の政治に大きな役割を果たしたほか，大正期から昭和期にかけて富国強兵が推進される中で呉，江田島，徳山，下関といった都市が，軍港あるいは造船の港として発達し，瀬戸内海沿岸地域は軍事的な要衝となっていった．こうした軍事的な役割

写真 7.3 造山古墳（2021 年 7 月 20 日）

が大きくなる中で，アメリカ軍による激しい空襲を受けたほか，第二次世界大戦末期には広島市に原子爆弾が投下されるなど，戦争による悲惨な歴史を経験している．

7.2.2 中国地方の文化

中国地方における文化の特徴は，近畿地方や九州地方と並んで世界文化遺産に登録されている資産が多い点にある．中国地方の世界文化遺産は，厳島神社，石見銀山，原爆ドーム，明治日本の産業革命遺産の一部（松下村塾や萩反射炉など萩エリアに属する資産）の4物件である．厳島神社は中世の権力者であった平家の信仰によって支えられた神社で，瀬戸内海を航行する船の安全を祈願して建立された．また，石見銀山や明治日本の産業革命遺産の存在は，近世において中国地方が豊富な薪炭材を背景とした金属生産が盛んであったことや，人材育成に重要な役割を果たしていたことを物語っている．さらに原爆ドームは近代における戦争の悲惨さを伝え，平和を希求するモニュメントとして存在している．このように，中国地方の世界文化遺産は様々な時代の歴史を代表している．また，全国に1137件ある国宝に指定されている文化財のうち，島根県の松江城（写真7.4），岡山県の吉備津神社，山口県の瑠璃光寺五重塔など45件が，重要文化財は全国で1万3437件あるうちの680件が中国地方にある（表7.1）．

中国地方における文化圏は，山陰地方と山陽地方に大きく分けることができる．山陰地方の文化圏は，言語や民俗に他地域とは異なる独自性があるものの，東は近畿地方の，西は九州地方の影響を受けるなど若干の地域差もみられる．一方，山陽地方では瀬戸内海が交通の要衝であったことか

写真7.4　松江城（2019年7月20日）

ら近畿地方や九州地方との文化交流が盛んで，瀬戸内海沿岸や島の港町を中心とした文化圏が形成されてきた．ただし，芸予諸島付近で潮流が激しくなることから東西の交流はさほど活発ではなく，東西で地域差が生じている．

こうした山陰地方と山陽地方で異なる文化圏は，主に民俗や方言に反映されている．まず民俗については，山陰地方には出雲大社を中心とする信仰が各地に残され，鳥取県の因幡における白兎信仰もこれに関連している．山岳信仰も盛んで，大山は多くの修験者や参詣者を集めている．一方の山陽地方では，風待ち港として栄えた港町において家屋の形態や遊郭の存在など共通する点も多く，かつては船で生活する家船も多く存在していた．信仰の面においては航海の安全を祈って祀られる寺社が多い．

次に方言についてみると，山陰地方の方言として出雲弁や米子弁などで構成される出雲方言，山陽地方の方言として，広島弁や岡山弁などで構成される中国方言とに分類される．出雲方言は日本語方言の中でも古いものとされ，かつては日本海沿岸を中心に全国的に分布していたが，他地域が

表7.1　中国地方の世界遺産と文化財（2024年）

	鳥取県	島根県	岡山県	広島県	山口県
世界遺産	−	石見銀山とその文化的景観	−	原爆ドーム，厳島神社	明治日本の産業革命遺産
国宝	3	5	9	19	9
重要有形文化財	56	101	169	213	141
特別史跡・名勝・天然記念物	2	1	2	3	3
重要無形文化財	1	1	1	0	1
重要民俗文化財	4	17	5	11	16
重要文化的景観	1	1	0	0	1
重要伝統的建造物群保存地区	3	3	5	4	5

文化交流の結果として変化していく中で出雲方言が残される形となった．一方の中国方言は出雲方言を基本としながらも他地域との文化交流の中で変化している．また，中国地方に共通する方言の特徴として近畿地方の影響が大きく，「早く」を「はよー」と言い，「買った」を「こうた」と言うなど共通点がある．しかしアクセントは関東のアクセントであるなど別の文化圏の影響もみられる（青野・尾留川，1977）．

このように中国地方の文化は，山陰地方において出雲を中心とする古代文化が現代にも残存している一方，山陽地方においては瀬戸内海を中心とした交流の結果として様々な地方の要素が混ざり合った文化を形成している．

7.3 中国地方の社会経済

7.3.1 中国地方における都市の発展

中国地方の主要都市は河口につくられた小規模な平野に立地しており，5県の県庁所在地はすべて城下町を起源としている．また，瀬戸内海が交通の要衝であったという歴史的背景から港湾都市も多い．中国地方における自治体別人口をみると，山陽地域に人口の多い都市が集中し，広島市が118万と最多であり，岡山市の71万，倉敷市の47万と続く．人口10万都市の分布をみても山陽地方に集中しており，山陰地方との格差が大きいことがわかる（図7.2）．

7.3.2 中国地方の交通

瀬戸内海では，島間や中国・四国地方を結ぶ航路が多数運航されているほか，水上タクシーを比較的手軽に利用することが可能である（写真

写真 7.5　瀬戸内海を航行する船（2017 年 3 月 24 日）

7.5）．しかし，1988年に瀬戸大橋が，1999年にしまなみ海道が開通したことにより，架橋された島ではほとんどの航路が廃止されている．特に宇野港と高松港を結んでいた宇高航路は瀬戸大橋架橋後も四国フェリーが営業を続け，瀬戸大橋が強風などで閉鎖された際の代替手段として機能してきたが，2019年に運行休止となった．

陸上交通をみると，東西方向に発達した交通網が旅客・貨物の両面で中心的な役割を果たしている．鉄道交通については，瀬戸内海沿岸を山陽新幹線や山陽本線が，日本海側を山陰本線が走っており，山陽新幹線は近畿地方と九州地方を結ぶ大動脈として機能している．中国地方の鉄道交通の特徴として，新幹線や都市間を結ぶ高速輸送が発達する一方，他の在来線の長距離輸送は減少傾向にあり，地域交通としての役割が大きい．自動車交通については，瀬戸内海沿岸を走る山陽自動車道や中国山地と並行して走る中国自動車道が中心で，日本海側を山陰自動車道が走っているものの，未開通区間も多く主要な交通網となっていないのが現状である．

東西方向に交通網が発達している一方，南北方向の交通網は未発達である．鉄道交通については，岡山駅から松江方面，鳥取方面へ向かう在来特急が運行し，加えて山口線，芸備線，津山線など路線数は多いが，中国山地に近い過疎地域では赤字路線を抱え経営状況は苦しい．一方の自動車交通は1990年代から整備が進められ，浜田自動車道や米子自動車道，岡山自動車道がこの時期に開通した．さらに鳥取自動車道，尾道自動車道，

図 7.2　中国地方の主要都市と交通

松江自動車道は 2015 年までに全線が開通し，中国自動車道と接続することによって中国横断自動車道と呼ばれる道路網を形成している（図 7.2）．

空港の状況をみると，国内線の定期便がある空港は 8 つある．一般的に，旅客輸送の手段は移動距離に応じて自動車，鉄道，航空へと変化していくが，中国地方は東京からの移動において鉄道利用と飛行機利用が競合する距離帯にあり，山陰地方や広島県以西では航空の重要性が高いといえる．

7.3.3　中国地方の産業

中国地方における県別の経済状況をみると，いずれの産業をみても山陽地方の産出額などが大きいことがわかる．また，産業部門別にみると農業では岡山県の，工業と商業では広島県の産出額などが大きい（表 7.2）．

中国地方の農業をみると，山陽地方は平野が少ないことから稲作農業に不向きであり，古くから干拓が進められてきた．現在は大規模な水田地帯となった地域でも，江戸期までは土木技術が十分でなく，い草や綿花が栽培されてきた．特に綿花栽培は岡山県倉敷市児島地区における綿織物やデニム生産などの繊維産業の発展につながっている．また，傾斜地が多く降水量が少ないという環境から果樹栽培が盛んであり，岡山県ではモモやブドウ，広島県ではレモンの産地となっている．一方，山陰地方においても平野が少ない点は山陽地方と共通しているが，こちらは灌漑によって耕作に不利な条件を克服してきた．

畜産業においては，古くから和牛生産が中国山地で卓越していた．和牛はもともと農耕のために利用されていたものが，肉用種との交配によって食用となり，現在でも千屋牛や広島牛といったブランド牛肉が生産されている．高原地域では酪農業も盛んであり，岡山県の蒜山高原では 1954 年にジャージー牛が導入され，酪農協を中心に乳製品が販売されている（写真 7.6）．

漁業に目を移すと，日本海の漁場を抱える漁港が多く，境港市は日本海側で最大の水産都市となっている．主な水産物はイワシ，マグロ，カニなどで，特にカニは松葉ガニとして山陰地方の特産品となっている．一方，瀬戸内海では複雑な海岸線が形成する湾内や島々に囲まれた海域におけるカキ養殖が盛んで，広島県では全国総生産量の

写真 7.6　蒜山高原（2015 年 7 月 5 日）

表 7.2　中国地方の各県における経済状況（単位：億円）

		鳥取県		島根県		岡山県		広島県		山口県	
農業産出額[※1]	上位5品目	米 ブロイラー 生乳 肉用牛 日本なし	121 103 71 65 49	米 肉用牛 生乳 鶏卵 ブドウ	167 97 91 36 31	鶏卵 米 ブドウ 生乳 肉用牛	308 256 202 135 102	鶏卵 米 豚 肉用牛 生乳	284 229 120 83 59	米 鶏卵 肉用牛 ブロイラー 豚	183 61 49 41 27
	合計		745		646		1,526		1,289		665
製造品出荷額[※2]	上位3品目	食料品 電子部品・デバイス・電子回路 パルプ・紙・紙加工品	1,340 1,188 693	電子部品・デバイス・電子回路 鉄鋼 輸送用機械器具	2,439 1,517 764	石油製品・石炭製品 化学工業製品 輸送用機械器具	10,989 10,914 9,561	輸送用機械器具 鉄鋼 生産用機械器具	58,665 11,021 7,894	化学工業製品 輸送用機械器具 石油製品・石炭製品	17,723 11,499 9,909
	合計		6,714		11,587		71,817		86,841		61,869
商品販売額[※3]		卸売業 小売業	6,453 6,411	卸売業 小売業	7,745 6,825	卸売業 小売業	26,968 19,731	卸売業 小売業	167,177 31,099	卸売業 小売業	13,695 4,404
	合計		12,864		14,570		46,699		98,276		28,099

※1：2022 年生産農業所得統計，※2：2020 年工業統計表，※3：2019 年経済構造実態調査により作成．

約60%を占めている.

次に工業をみると，古くは瀬戸内海の干拓地を活用した塩田が主流であった．当時の代表的な塩田として伯方島，三田尻，児島などがあるが，第二次世界大戦後に近代的な製塩方法が確立されたことで姿を消している．その後，塩田は工業用地へと姿を変えていく．

瀬戸内海沿岸は海外からの原料輸入に適した港が多く，製鉄業や石油化学工業などの重工業が立地している．倉敷市水島地区や岩国市，周南市では石油化学のコンビナートが形成され，福山市では製鉄業が，尾道市や呉市では造船業が，広島市や防府市では自動車工業が立地し，瀬戸内工業地域を形成している．鉱物資源を活用した工業もみられ，山口県西部では石灰石土壌を背景としたセメントの生産が，岡山県東部ではろう石の土壌を活用した耐火煉瓦の生産が盛んである．

山陰地方においては山陽地方に比べると工業生産力は低いものの，農産加工品や工芸品などの生産が盛んである．中国山地ではコウゾやミツマタを原料とした和紙生産が伝統的に盛んであり，現在でも石州和紙や因州和紙が伝統工芸品としてその技術が継承されている．

最後に商業についてみると，広島市や岡山市では城下町の町屋を起源とする商店街が発展し，大規模小売店舗が集積している．中国地方を発祥とする企業も多く，広島市の福屋や，岡山市の天満屋はその代表である．一方，山陰地方では百貨店の撤退が相次いでおり，山陰地方と山陽地方で二極化が進展している．また他の地方と同様，郊外における駐車場併設のショッピングモールの進出も顕著であり，特に地方都市においては中心商店街衰退の一因となっている．

7.4　トピック1—過疎化が進む農村と地域振興—

7.4.1　人口流出が進む中山間地域

中国地方は他よりも早くから過疎化が進んだ地域である．図7.3は中国地方における2010年から2015年にかけての市町村別の人口増減率と消滅可能性都市を示したものである．これをみると，一部の自治体を除いて全般的に人口減少が顕著であることがわかる．特に中国山地に近い農山村地域を抱える自治体では減少率が大きく，中国地方で107ある自治体のうち7つは2010年から5年間で10%以上人口が減少した．一方で人口が増加したのは瀬戸内海沿岸と日本海沿岸に位置する16自治体（政令指定都市は一つの自治体として計算）のみであり，その増加率も5%未満である．

日本において地方からの人口流出が問題となったのは高度経済成長期のことであったが，中国地方でもこの頃から過疎化が問題視され，地元新聞社である中国新聞は1966年から1967年にかけて「中国山地」と題して過疎地域の現状や地域活性化の取り組みを取材した特集記事を連載している（中国新聞取材班，2016）．

また，2014年に日本創生会議・人口減少問題検討分科会から発表されたレポートは，いわゆる「地方消滅」あるいは「消滅する市町村」と題され，2040年に若年女性人口の減少率が5割を超える896自治体については「消滅可能性都市」，2040年の推計人口が1万以下の523自治体については「消滅可能性が高い」とされた（増田，2014）．中国地方では33の自治体で消滅可能性が高いとされ，そのうち20の自治体が鳥取県と島根県に属している（図7.3）．このレポートは全国の地方自治体に衝撃をもって受け止められたが，特に中国地方においては過疎とその対策に長年取り組んできたにもかかわらず，地方消滅という事実が改めて突きつけられたことによって，地域活性化を諦めた地域もみられるようになった．

一方で，農村地域の活性化に関する取り組みは

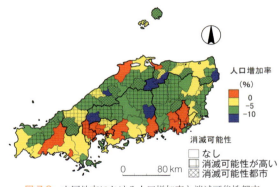

図7.3　中国地方における人口増加率と消滅可能性都市

高度経済成長が進展した1950〜1960年代からはじまり，この時期には都市と農村の格差が拡大したことからその差を是正しようとする目的で農村地域に様々な宿泊施設が設置された．例えば，1956年に制度化された国民宿舎は自然公園や国民保養温泉地内に地方公共団体が設置した宿泊施設で，中国地方では民間施設として鳥取砂丘や大山などに3か所，公営施設として関門海峡や湯梨浜温泉などに10か所が設置されている．また，旧厚生省によって1961年に整備された国民休暇村は自然公園内に設置され，宿泊施設を中心としてスキー場やキャンプ場などのレクリエーション施設で構成される．2023年現在，休暇村協会が全国35か所の施設を運営しており，中国地方では奥大山，蒜山高原，帝釈峡，大久野島の4か所がある．

7.4.2　農山漁村における様々な地域振興策

中国地方の農山漁村における地域振興策をみると，まず国（農林水産省）の下部組織である中四国農政局では，農泊を中心とした都市と農山漁村の共生や交流を推進している．農林水産省では農山漁村地域における地域振興活動や，居住する住民の就業の場を確保することなど，農山漁村の維持発展に関わる多様な取り組みに対して「農山漁村振興交付金」を交付することで農山漁村地域を支援している．中四国農政局はこの制度の採択を受けている農泊事業を「農泊地域」と位置づけ，取り組み事例の発信，大学や企業などとの連携を通じて農泊の活動を促進している．この農泊は，グリーンツーリズムの拠点施設として機能させるだけではなく，農山漁村における定住・半定住を担う施設として位置づけ，交流人口の拡大のみならず関係人口・定住人口の拡大も意図していることがわかる．

中国地方の農泊地域は64地区あり，地域資源をいかした様々な取り組みが行われている．例えば，岡山県真庭市北房地区では「北房農泊推進協議会」を立ち上げ，農山村での滞在型観光とインバウンドをキーワードとして，外国人観光客を対象としたモニターツアーや農産物を加工した商品開発に取り組んでいる．具体的には，モニターツアーにおいては野菜や米の収穫体験や薪割り体験，そば打ちなど農村や農業を活用したプログラムに加え，神輿を担ぐ体験や護摩焚きといった外国人観光客に訴求可能な日本ならではの体験を提供している．このモニターツアーは2017年から2018年にかけて8回実施され，68名が参加，そのうち58名が外国人であった．その他，インバウンドを意識した取り組みとしては，フリーWi-Fiの設置や英語表記看板の設置などがある．また，農産物を加工した商品については，地元の大学と連携したスイーツの作成に取り組んでおり，地元産の米粉やブドウのピオーネを使った商品を開発した．この他，北房地区では商店街を整備して滞在と周遊の拠点とすることで農村以外の地域活性化も意図しており，空き家再生に関するセミナーやフォーラムを開催するほか，実際に古民家を改装したゲストハウスを整備している（写真7.7）．

地域活性化の取り組みは，農泊のように特定の拠点施設を設定して活動の拠点とするものだけでなく，活動の体系化を意識したものもみられる．鳥取県智頭町における「ゼロ分のイチ村おこし運動」はその代表的な取り組みであり，消滅可能性都市の指標として用いられた2040年における若年女性人口の減少率が-74.5％と非常に高い値を示した自治体の取り組みであることから注目すべき事例である（小田切，2014）．

この取り組みの特徴は，集落を基盤とした地域住民による主体的な企画および実践が求められて

写真7.7　岡山県真庭市北房地区のゲストハウス（2019年6月18日）

いる点にある．一般的に地域活性化の取り組みを実施する場合，外部の人材を活用することが多く，内発的な取り組みであるはずの地域活性化が外部主体に企画や実践を依存してしまう例もみられる．しかし智頭町における取り組みは，集落に所属する住民の意思によって実施の判断がなされ，すべての集落が参加することを前提としていない．また取り組みを進めるにあたり，10年後の理想像を設定し，それを実現するために「住民自治」「地域経営」「交流・情報」という３つの柱に基づいて具体的な計画を立て実践するというものである．こうした理念の下で16集落が参加し，その内容は花壇の手入れや共有林の管理，人形浄瑠璃の上映やスキー教室といった非常に幅広い活動が展開されている．

農山村地域における多種多様な取り組みが行われる一方，漁村地域においても特徴的な活動が実践されている．中でも，隠岐諸島の海士町におけるＩターン者の受入れは全国的にも注目を集めた事例である（須山，2018）．海士町のＩターン者は人口の１割を超え，その多くが20～40歳代の若年層である．この事例において特徴的な点は，Ｉターン者を単なる移住者として捉えるのではなく島の活性化に必要な人材として活用していることである．例えば，隠岐諸島で一般的にみられる「サザエをカレーに入れる」という食生活を特異な例として，サザエ入りのレトルトカレーを開発したという例がある．この他，地元の高校が島外からの高校生を受け入れる「島留学」を進めており，現在ではこの考え方を高校生だけでなくあらゆる年代の人々に広げた「大人の島留学」を展開している．

以上，中国地方における地域活性化の取り組みをみてきたが，中国山地が他地域よりも過疎化が進展した要因について，小田切（2014）は，①高度経済成長期に瀬戸内地方の工業化が進み多くの労働力が進出したこと，②たたら製鉄に代表されるように山間部においても集落が成立するだけの産業が発達していたこと，③その産業は農業との兼業をともなうものだが山間部であるがゆえに零細であること，の３点を挙げている．そしてこう

した状況が早くから進展したことによって地域活性化への問題意識が他地域よりも強く醸成されたことを指摘している．このように，中国地方の過疎化とそれにともなう地域活性化の取り組みは，同様の問題を抱えた他地域への参考にもなる．

•••••••• さらに探究する１ ••••••••
中山間地域の現状や地域活性化の取り組みについて他の地方と比較し，どのような相違点や共通点があるか調べてみよう．

7.5　トピック２―島の暮らしと観光―

7.5.1　瀬戸内海と日本海の島々

日本には数多くの島が存在するが，2023年に発表された国土地理院の計測結果によれば，その数は１万4125であるとされた．これまで，日本における島の数は1982年に海上保安庁が公表した6852とされてきたが，測量技術の進歩で地図表現が詳細化されたことにより大幅に増加した．このうち有人島は，本州，北海道，四国，九州，沖縄本島を除く416島であり，さらに架橋や埋立てなどによって本土と陸続きとなった島を除く256島が一般的に「離島」とされる．

これらの離島は離島対策振興法や沖縄，奄美諸島，小笠原諸島の振興（開発）特別措置法の指定を受け，離島の自立的発展や島民生活の安定を目的とした国の支援が実施されている．中国地方では離島対策振興法に基づく離島は52あり，日本海には隠岐諸島を構成する４島，山口県の６島が，瀬戸内海には42島がある．中国地方で島の集中する地域は，日本海では隠岐諸島，瀬戸内海では東から備讃諸島，芸予諸島，防予諸島があり，これらは四国地方の島も含まれているが，中国地方に限定するとそれぞれが概ね岡山県，広島県，山口県の島に該当する．

瀬戸内海の島は航路で他島や中国・四国地方と結ばれているが，近年は土木技術の進歩により架橋によって本土と陸続きになっている島も多い．特に芸備群島では尾道市と愛媛県今治市を結ぶ西瀬戸自動車道によって中国地方と四国地方が結ば

れ，島民の利便性は飛躍的に向上した．また，山口県の周防大島町では本土と屋代島が架橋によって陸続きになったことにより，屋代島と周辺の離島を結ぶ航路の利便性が向上している．一方，島間の距離が遠い場所では架橋は実現せず，海上交通が主な交通手段となっている島々も多い．例えば，岡山県の笠岡諸島は瀬戸内海の島々の多くが架橋で結ばれる中，海上交通に頼らざるを得ない状況である（図7.4）．

7.5.2 瀬戸内海の歴史と島の産業

瀬戸内海は，その名前が示す通り，東を紀伊水道，西を関門海峡，南を豊後水道に囲まれた内海であり，外海と比較して海面が穏やかであることから重要な交通路として機能してきた．古くは奈良期に瀬戸内沿岸や島々で生産される塩を京都へ運ぶ輸送路であったほか，平安後期には京都の寺社で使用される瓦類が瀬戸内地域から運ばれ，逆に京都やその周辺で生産される陶器が瀬戸内地方へ運ばれた記録が残っている．中世になると，京都と九州の交流が活発化する中で交通路としての瀬戸内海の役割はますます増大した．

瀬戸内海の代表的な存在が室町期から活発化した海賊である．海賊の役割は，当時島々にも多く存在していた荘園領主の警固を主として，荘園が地元農民から収集する年貢納入を請け負うことであったり，年貢を近畿地方へ輸送することであったりと荘園の経営や水運に関わる海賊も現れている．戦国期には村上水軍をはじめとする有力な海賊が台頭し，同時期までに勢力を拡大してきた有力大名と関わるようになる．江戸期以降は西廻り航路を支える大動脈として機能し，年貢米に加えて海産物や塩，農産物などが近畿方面に輸送され，西廻り航路の発達によって瀬戸内海の島々には多くの風待ち港が形成された．例えば広島県呉市の大崎上島にある御手洗港は1800年代初頭には人口約1500を有した港町として栄え，現在も重要伝統的建造物群保存地区に指定されるほど当時の面影を残している．

瀬戸内海における島の産業をみると，昭和期から現代に続く主要な産業として農業，水産業，石材業が挙げられる．農業について，戦前には葉タバコやキクなど商品作物が主流であり，1950年

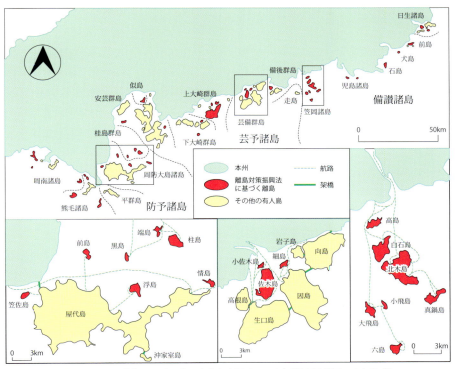

図7.4 瀬戸内海における島の分布と交通（2023年）（地理院地図により作成）

代頃からは果樹栽培が主流となる．広島県大崎下島ではミカン栽培が盛んで，1970年代に最盛期を迎えた．さらに他の島にも栽培地を求め，隣県の愛媛県今治市岡村島などがその対象となった．ミカン栽培は周辺の島々にも波及し，今治市に属する越智諸島の島々や，中国地方では広島県の蒲刈群島で発展した．ところが1990年代のオレンジの輸入自由化にともなう価格競争によりこれらの産地は衰退傾向にある．他の農産物としては花卉栽培があり，岡山県の真鍋島では1951年から県の指導により花卉栽培をはじめ，阪神地方へ出荷されていた．また，広島県の能美島ではキクの栽培が盛んに行われ，1950年代半ばに生産がピークに達している．こうした花卉栽培も現在は衰退しており，特に1980年代に沖縄で露地栽培された花卉に取って代わられてしまった．

水産業は第二次世界大戦中から発展し，漁業資源の増加や戦後の若年労働力の増加にともなって漁獲量も増加した．高度経済成長にともなって瀬戸内海における富栄養化が進行すると，漁具や漁船の技術革新や大型化も加わって1990年代にピークを迎えた．採る漁業の一方で養殖業も盛んに行われており，広島県におけるカキ養殖はその代表的なものである．

他の産業について石材産業をみると，瀬戸内海は花崗岩地帯が卓越しており古くから多くの石材が全国各地へ輸送されていた．江戸期には岡山県の犬島で産出された石材が大阪城や岡山城の石垣に使用されたほか，近代には同じ犬島の石材が大阪港の築港に使用されたり，広島県倉橋島や山口県黒髪島の石材が国会議事堂に使用されたりした．戦後も石材産業は瀬戸内海の島における主要産業であり，岡山県の北木島における1950年代半ばの生産額をみると，農林業が約4200万円，水産業が約300万円であったのに対し，鉱業は約1億2800万円と島においてなくてはならない産業であったことがわかる．しかしこの石材産業も1970年代に輸入石が導入されたことによる価格競争で衰退していった．北木島では最盛期に127か所あった採掘場は現在までに2か所程度に減少している．

7.5.3 アイランドツーリズム

このように，中国地方では中山間地域のみならず離島においても既存産業の衰退が進み，その対応として様々な地域活性化の取り組みが行われている．中でも観光振興はどの島においても活発であり，瀬戸内海の島々ではアートを活用した地域活性化の取り組みが盛んである．その代表的なイベントとして「瀬戸内国際芸術祭」があり，この芸術祭は3年に1回開催されるトリエンナーレ方式により行われ，2022年には第5回目の芸術祭が実施された．

アートと地域が関わるようになったのは1990年代に日本各地で実施されるようになったアートプロジェクトに端を発する．これは単に芸術家が地域で作品を制作したり展示したりするだけでなく，芸術家が地域社会や地元住民と関わりながら，新たな芸術文化を創造する取り組みである．一般的には，作品を建物内に展示するのではなく，地域の廃校や廃屋，野外などに期間限定で展示する芸術祭として知られる．

瀬戸内国際芸術祭の主な舞台は，直島や手島など香川県に属する島々であるが，中国地方では岡山県の犬島がその中心となっている．犬島は，本州から定期船で8分ほどの位置にある．面積は0.54 km^2，人口は50程度の小さな島で，古くから石材業や銅の精錬業で栄えた島であった．アートとの関わりは，2008年の犬島アートプロジェクトが端緒であり，かつての犬島精錬所を改装して美術館とし，現代アートや建築を鑑賞することができるほか，カフェやミュージアムショップも併設されている．精錬所自体が経済産業省より認定された近代化産業遺産であり，煙突やレンガなど施設そのものを美術施設として活用している．この他，犬島では古民家を改装し芸術家が家を作品化する家プロジェクトと呼ばれる取り組みがあり，5つの古民家それぞれに作品が展示されている．

岡山県の島々ではアートによる観光振興が展開する一方，広島県の島々ではサイクリングによる観光振興が注目を集めている．しまなみ海道は，広島県尾道市と愛媛県今治市を結ぶ道路であり，

写真 7.8　架橋で接続されるしまなみ海道（2019 年 11 月 2 日）

自動車専用道路である西瀬戸自動車道のほか，しまなみ海道サイクリングロードという自転車道が整備されている．「しまなみ」という名称が示す通り，複数の島を架橋でつなぐことによって一つの自動車道あるいは自転車道を形成し，広島県尾道市に属する向島，因島，生口島と愛媛県今治市に属する大三島，伯方島，大島とそれらの島をつなぐ橋によって構成される（写真 7.8）．しまなみ海道の歴史をみると，1975 年に今治市の大三島と伯方島が架橋により接続されたのが最初であり，1999 年にはすべての架橋が開通したことで自転車道が全線開通となり，2006 年には各島内の自動車道が整備されて西瀬戸自動車道が全線で開通した．

サイクリングによる観光振興は，自転車道の開通当初，今治市側で活発であった．一方の尾道市は古くから千光寺を中心とする観光振興に取り組んではいたものの，サイクリングに関連する観光振興は未整備であった．こうした状況を背景に，今治市が尾道市を巻き込む形で両市が連携している．例えば，レンタサイクルの相互連携が構築され，利用者は県をまたいでの乗り捨てができるようになっている．しかし，開通後しばらくはサイクリングによる取り組みは注目を集めるにいたらなかった．サイクリングが観光資源として活用されるようになったのは，2010 年に就任した愛媛県知事が「愛媛マルゴト自動車道」という構想を掲げたことにはじまる．その後，2014 年に国際的なサイクリング大会が開催されたこともあり，同年に CNN が「世界 7 大サイクリングルート」に選定し，旅行ガイドブックを発行するロンリープラネットは 2015 年に発行した日本ガイドでしまなみ海道のサイクリングを特集するなど「しまなみ海道＝サイクリストの聖地」というイメージを定着させるにいたった．

しまなみ海道のサイクリングを活用した観光振興において特徴的なのは，先述したレンタサイクルのような利用者のための環境整備である．例えば，自転車を鉄道やバスに持ち込めるサイクルバス，サイクルトレインを運行することや，地元の農家や小売店，寺社などと連携した「しまなみサイクルオアシス」と呼ばれる立ち寄りスポットを設定してサイクルスタンドを設置すること，自転車を安全に保管でき自転車の発送サービスなども行う「しまなみ自転車旅の宿」と呼ばれる宿泊施設を設置することなどがある．　　　　［大石貴之］

・・・・・・・・・さらに探究する 2・・・・・・・・・
離島における地域活性化の手段について，観光振興以外にどのような活動が展開できるか考えてみよう．

文　献

青野壽郎・尾留川正平編著（1977）：日本地誌 16，461p，二宮書店．

小田切徳美（2014）：農山村は消滅しない，242p，岩波書店．

須山　聡（2018）：隠岐諸島．図説 日本の島（平岡昭利ほか編），pp.84-85，朝倉書店．

中国新聞取材班（2016）：中国山地過疎 50 年，219p，未来社．

増田寛也編著（2014）：地方消滅 東京一極集中が招く人口急減，243p，中央公論新社．

8 四国地方　4つの地域性が織りなす小島

四国は日本列島を構成する主要4島の中で最小であり，その名の通り古代より4つの国で構成されてきた．4つの国は明治期後に現在の4県に再編され，それぞれ固有の地理的特徴を有する．中央構造線が島の東西を貫き，四国山地の南北で気候条件が異なる．平野部が少ない地形条件から規模の大きな都市が少なく，他地域と比較して高速交通網の整備も遅れていることから，山間地域を中心に過疎化が深刻な問題となっている．一方で，原風景ともいえる自然環境や伝統文化が各地に残されており，観光資源としての活用がなされている．

しまなみ海道の来島海峡大橋（2015年5月5日）．総延長4.1 kmの3つの吊橋の総称で，自転車歩行者道を併設している．

8.1　四国地方の自然

8.1.1　中央構造線と海域

四国は北を瀬戸内海，南を太平洋，東西を鳴門海峡・豊後水道で区切られる島嶼であって，日本列島を構成する4島のうち，面積1万8298 km²で国土の5.0％，人口370万で2.9％と最も小さい（図8.1）．

四国北部には，鳴門から松山にいたるほぼ直線状で約180 kmに及ぶ中央構造線が東西に走り，四国を北部の西日本内帯と南部の西日本外帯に分割している．瀬戸内海を含む内帯は比較的安定した地盤運動のため，侵食の進んだ老年期の地形が卓越する．一方で外帯は第三紀以降地盤上昇が続き四国山地が形成される一方，河川の侵食が進み，起伏量の大きな壮年期の山地が一般的であ

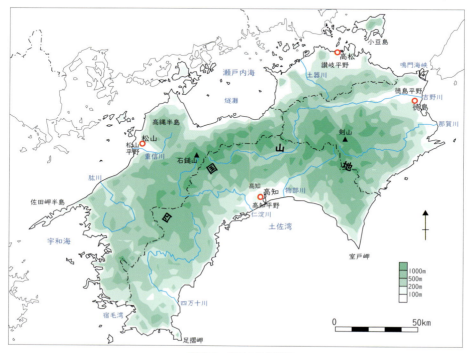
図8.1　四国の自然環境

88　8　四国地方—4つの地域性が織りなす小島—

る．

　中央構造線の北側には香川県と徳島県を分割する讃岐山脈が，南側には剣山（1955 m）や西日本最高峰の石鎚山（1982 m）を主脈とし，四国の主要分水嶺である四国山地が東西にのびている．中央構造線の南側，四国沖の南海トラフでは，ユーラシアプレートにフィリピン海プレートが潜り込む境界となっている．プレートの沈み込みにより大陸に海底の堆積物である付加体が付け加わる運動で四国山地が形成された．四国山地南側の南四国は太平洋に面し，東に室戸岬，西に足摺岬といった隆起海岸が太平洋に突き出し，ジオパークにも認定される特徴的な地形を構成している．足摺岬から愛媛県の佐田岬半島にかけての宇和海一帯の地形は複雑で，リアス海岸が形成されている．四国山地西部の愛媛・高知県境付近の大野ヶ原・大川嶺ではカルスト地形が標高1300〜1500 m に広く分布している．現在四国に火山は存在しないが，かつては瀬戸内海や石鎚山系で活発な火山活動があり，その形跡が現在でも残存している．

　北四国は，佐田岬で区切られる豊後水道から瀬戸内海の伊予灘，斎灘，燧灘，播磨灘に面し，これらの海域は中国地方と陸地に囲まれているため波が穏やかであるが，外海との出入り口が狭くて潮の流れや変化が激しく，鳴門海峡では渦潮がみられる．瀬戸内海は多島海で，東の淡路島から香川県北部の備讃諸島，愛媛県の芸予諸島と防予諸島など大小3000からなり，瀬戸内海国立公園に指定されている．

8.1.2　異なる気候と災害

　四国の気候は，四国山地の南北で大きく異なる．四国山地の北側の瀬戸内地方は北を中国山地に挟まれ，夏と冬の季節風がそれぞれの山地で降水した後の風下側にあたるため，年降水量も1000 mm 前後と少なく，全国的にも晴天日数が多い瀬戸内気候区に区分される（図8.2）．こうした気候条件をいかして，瀬戸内地方では製塩，製瓦などの地場産業が発展してきた．一方で，降水量の少ないことに加えて瀬戸内海に注ぐ河川の距離が短いため，古くから水不足に悩まされてき

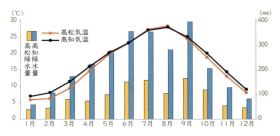

図8.2　高松市と高知市の雨温図（理科年表により作成）

た．そのため飛鳥末期につくられ空海が改修したことでも知られる満濃池をはじめとするため池や用水路が各地につくられてきた．近代以降の人口増や工業化が進行する中で，引き続き渇水がしばしばこの地方を悩ませてきた．1973年に早明浦ダムが完成し，翌年には讃岐山脈を貫く香川用水が完成し讃岐平野に導水するなど，広域の流域外水資源利用が行われている．しかし，その後も大規模な渇水がたびたび起こり1994年や2005年の大渇水時には大規模な給水制限が実施された．

　四国山地南側の南四国は太平洋に面し，暖流の黒潮（日本海流）の影響により温暖な南海型気候に区分される．冬季でも温暖なため，ビニールハウスでの促成栽培がみられ，スポーツのキャンプ地としても有名である．4〜9月には南からの湿った季節風が四国山地にぶつかり，山地の南側に多くの雨を降らせる．特に6月の梅雨や9〜10月には台風の通り道になることが多い地域である．南四国の豊富な雨量は，四国山地に腐植土形成を促す土壌の好循環メカニズムをもたらしており，豊かな山林資源の提供をもたらす．ただし，台風の進路にあたることが多く，1934（昭和9）年の室戸台風をはじめとした自然災害も少なくない．

　渇水や台風災害に加えて，近年の急激な気候変動により，様々な自然災害が四国でも頻発しており，その被害も激甚化・局地化している．四国の面積は全国の5.0%なのに対し，「急傾斜地崩壊危険区域」は全国の11.2%，「地すべり防止区域」は25.8%を占め，土石流の発生しやすい勾配15°以上の傾斜地割合も77.6%（全国47.9%）と高い．このような急峻な地形と脆弱な地質から土砂災害が起こりやすく，平成30年7月豪雨では愛

8.1　四国地方の自然　89

媛県南予地方を中心に甚大な被害を受けた．2011年3月の東日本大震災以降，四国でも南海トラフ地震の発生が懸念され被害想定の見直しが進んでいる．四国では高知県を中心に5～10mを超える津波の襲来が想定されており，各地で防潮堤や防災タワーの整備が進み，防災講座や防災教育などにより地震への備えが呼びかけられている．

8.1.3 流域と平野

四国山地は四国南北の主要な分水嶺になっており，山地の北側から瀬戸内海に注ぐ河川は短小で急流である．南側には吉野川，那賀川，物部川，仁淀川，四万十川，肱川などの大河川が多く，地質構造に沿って東西方向の流路が多い．四国の県庁所在地都市は，これらの河川が形成する平野上に立地している．

愛媛・高知両県の山間部を水源とする吉野川は「四国三郎」の異名をもち，大歩危・小歩危などの渓谷美をつくりだした後，徳島県池田市付近から約80 km直線状に東流し徳島平野を形成する．

高知県を主な流域とする河川として，「日本最後の清流」と呼ばれる四万十川や「仁淀ブルー」で有名な仁淀川の流域は，人口密度が低く経済開発があまり行われてこなかったことから，自然に近い形の河道や堤防，伝統的な生活様式や文化を残している．

高知平野は太平洋に面した土佐湾の内湾にあり，流入する複数の河川が扇状地や三角州を形成してできた沖積平野である．海岸線付近には浜堤が発達し，野菜・花卉などの温室が分布して園芸農業が盛んである．讃岐平野は東側を高松平野，西側を丸亀平野に分けられ，香川県の主要都市群が立地する．主要河川の流域面積が狭く，水不足に陥りやすいため，ため池が広く分布している．松山平野は高縄半島の南西部に位置し，重信川流域の沖積平野で，重信川は最大の支流である石手川と合流して伊予灘に注ぐ．透水性のよい土壌で形成されているため，地表水は少なく平野には自噴泉が点在している一方，乏水性の地形によりため池が分布している．

8.2 四国地方の歴史文化

8.2.1 藩領と城下町

古代の国制による4つの国である阿波，讃岐，伊予，土佐を総称して四国と呼ばれてきた．江戸期に阿波と土佐は一国一藩，讃岐は高松，丸亀，多度津の3藩分割，伊予は支藩も含めて8藩と幕府領に分割されていた．明治期の廃藩置県を経て1888（明治21）年までに旧国境が県境となる四国4県へと再編され，現在の徳島県，香川県，愛媛県，高知県となった．

奈良期の太政官道によって四国は南海道に属し，紀伊から淡路島を経て阿波が四国の玄関口であって，そこから主要街道が分岐していた．四国における主要な交通路は海路であり，瀬戸内海は近畿と九州を結ぶ主要な経路にあった．瀬戸内海の波は穏やかであるものの，複雑な潮流をもち，風待ち港や潮待ち港を必要としたため沿岸の都市や島々の集落が海上の要衝として発達した．中世に広島県の因島，愛媛県の能島，来島といった瀬戸内海の島々を拠点とした村上水軍は，この海域の特徴を知り尽くし，往来する船から通行料を徴収したり航路の案内や警備を務めたりし，沿岸の政治や文化に強い影響を与えてきた．

4県の県庁所在地をはじめ，四国の主要都市は近世城下町由来のものが多くを占める．江戸期から天守がそのまま残されている全国の現存12天守のうち，四国には丸亀，伊予松山，宇和島，高知の4つが残る．城と城下町が現在の都市の骨格を規定しており，観光・文化資源として活用されるとともに，まちのシンボルともなっている．城下町ほどの規模はないが，在郷町や武家町，山間集落，港町として栄えた歴史的な集落の町並み保存が図られている地区も多く，そのうち重要伝統的建造物群保存地区は，四国で9件選定されている（表8.1）．

8.2.2 多様な文化資源

四国には全国的に有名な信仰地や祭礼が多い．山岳信仰の石鎚山や剣山，金刀比羅宮，大山祇神社に加え，四国遍路の札所が四国全域に分布している．

表 8.1　四国の重要伝統的建造物群保存地区（文化庁により作成）

地区名称等		種別	選定年月日	選定基準	面積（ha）
徳島	美馬市脇町南町	商家町	1988年12月16日	（一）	5.3
徳島	三好市東祖谷山村落合	山村集落	2005年12月27日	（三）	32.3
徳島	牟岐町出羽島	漁村集落	2017年2月23日	（三）	3.7
香川	丸亀市塩飽本島町笠島	港町	1985年4月13日	（三）	13.1
愛媛	宇和島市津島町岩松	在郷町	2023年12月15日	（三）	10.6
愛媛	西予市宇和町卯之町	在郷町	2009年12月8日	（二）	4.9
愛媛	内子町八日市護国	製蝋町	1982年4月17日	（三）	3.5
高知	室戸市吉良川町	在郷町	1997年10月31日	（一）	18.3
高知	安芸市土居廓中	武家町	2012年7月9日	（二）	9.2

（一）伝統的建造物群が全体として意匠的に優秀なもの．
（二）伝統的建造物群及び地割がよく旧態を保持しているもの．
（三）伝統的建造物群及びその周囲の環境が地域的特色を顕著に示しているもの．

　香川県琴平町に位置する金刀比羅宮は，平安期からの古い社歴をもち，近世庶民信仰が広まる中で金毘羅講が全国各地に形成された．江戸期には全国から金毘羅参りが盛んになり，大坂から金毘羅船で丸亀や多度津の湊に着き，そこから丸亀街道・多度津街道を経由して琴平に到着し参拝した．金毘羅参りの土産物として発展したのが丸亀うちわで，現在でも丸亀の地場産業であり文化資源である．

　四国は祭りが盛んな地域でもあり，徳島県の「阿波踊り」と高知県の「よさこい祭り」は日本の夏祭りを代表するイベントである．阿波踊りは近世，盆踊りや祝い事の際に踊られた流れを組み，徳島や鳴門などの都市部で行われていたものが，昭和初期に農山村部にも広まった．阿波踊りの名称が用いられるようになったのは明治期の末からで，昭和期になると観光資源として積極的な売り込みが図られ観光化したものである．その特徴として，編み笠をかぶった踊り子が三味線や鉦などの鳴り物の奏でる二拍子リズムの伴奏に合わせて踊り歩くものである．「連」と呼ばれるおどり組織があり，技術の高い有名連，職場や学校などの仲間による連に加えて，観光客もにわか連として一緒に踊りに加わるという楽しみがある．

　よさこい祭りは1954年に戦後復興や商店街振興を目的としてはじまった比較的新しい祭りで，毎年8月上旬に実施されている．その特徴として，鳴子という楽器を手に持ち，よさこい鳴子踊りの曲が部分的にでも使われていれば振付や衣装は自由である．企業，商店街，同好会など様々な踊りのチームによる参加があり，商店街や市街地の活性化につながっている．この高知発祥のよさこい祭りは，1992年に札幌のYOSAKOIソーラン祭りへと展開し，その後全国に伝播するようになった．

　四国には火山がないため，東日本や九州のように有名な温泉観光地は成立しにくいが，その中でも松山市の道後温泉は非火山性の温泉で，全国屈指の人気を誇る温泉地である．古くは伊予温湯，熟田津石湯と呼ばれ日本最古の温泉といわれる道後温泉には，白鷺の傷をいやしたという伝説や聖徳太子（厩戸王）が来浴したなどの伝承が残されている（横山，2009）．様々な文人たちの来訪もあり，特に有名なのは夏目漱石の『坊っちゃん』で，道後温泉は同作品の舞台にもなった．道後温泉のシンボルは国の重要文化財である道後温泉本館（写真8.1）で，道後湯之町初代町長の伊佐庭如矢により提唱され1894（明治27）年に完成した．本館の周辺には一遍上人の生誕地である宝厳寺などの寺社仏閣や子規記念博物館といった文化施設のほか，内湯を備えた大規模宿泊施設が立

写真 8.1　道後温泉本館（2017年7月8日）

地している．本館門前の商店街は時代に応じて業種構成を変化させ，ファサード整備やアート事業を実施するなど，最先端の観光地の取り組みを行う温泉地として発展している．

食文化も四国では多種多様な特徴があり，食材が豊富で山や川や海に囲まれた気候・風土から生まれた郷土料理がある．高知のカツオのたたき，徳島の半田そうめん，愛媛の鯛めしや柑橘など各地域の特色が反映されている．中でも香川県の讃岐うどんは日常的に食される郷土食であり，香川県の人口1000当たりのうどん屋の店舗数は全国第1位である．香川県で讃岐うどんが食されるようになったのは，降水量が少なく温暖な気候で小麦栽培に適していたこと，瀬戸内海でとれるカタクチイワシの煮干し加工，塩・醤油生産などの地場産業の存在による．金毘羅山を訪れる観光客により広まったことで全国的に有名になり，メディアにも取り上げられるようになったことから，観光客が香川県のうどん店を訪れるようになった．香川県も讃岐うどんを地域ブランドとしてPRし，フードツーリズムの代表的な存在となっている．

8.3 四国地方の社会経済

8.3.1 特色ある農林水産業

四国山地の南北で異なる気候・地形条件によって，四国地方ではそれぞれの地域で特色のある農業が営まれてきた．耕種品目でみると，四国の粗生産額は3063億円，そのうち野菜が47.0%，果実が26.3%を占めて全国平均よりも高い．一方で米は全国平均25.2%に対して14.3%にとどまり平地面積の狭いことが影響している（図8.3）．

県別にみると高知県は野菜が68.4%を占める．かつては水稲二期作地域として有名であったが，現在では日本有数の施設園芸農業地域である．太平洋に面した高知平野は温暖多雨の気候を利用して，蔬菜類や果樹の施設園芸が盛んで，ナスやニラなどが全国上位の生産量を占める．輸送手段の発達で，空港から首都圏への出荷，トラック輸送では京阪神大都市圏市場へ直接出荷することが可能になった．大都市圏近郊産地からの出荷量が減少する冬季を中心に，高知県の輸送園芸の役割が高まった．

四国は柑橘類の栽培が盛んであり，徳島のスダチ，高知のユズなど特産地化に成功し，条件不利地域であっても6次産業化を通じて加工品の商品開発や地域活性化に取り組む地域も少なくない．愛媛県は自他ともに認めるミカン王国であり，温州ミカンの生産量では和歌山県に次いで全国第2位，中晩柑類を含む柑橘類全体では全国第1位である．愛媛県における柑橘類の品目数は40にものぼり，出荷は9月の温州ミカンからはじまり，生産量日本一を誇る主力品種を中心としたリレー販売ができる周年供給体制が構築されている．愛媛県のミカン栽培は，江戸末期頃，宇和島市吉田町で苗木が植えられたのがはじまりで，最盛期の1970年代には愛媛県下全域の臨海部に広がっていた．その後ミカン価格の暴落以降，産地の淘汰が進み，栽培条件に恵まれた愛媛県の中部から南部の臨海部や島嶼部で栽培されている．リアス

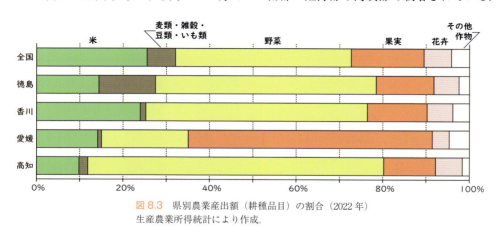

図8.3 県別農業産出額（耕種品目）の割合（2022年）
生産農業所得統計により作成．

海岸や島嶼部の海岸沿いの急傾斜地では，石垣に覆われた段畑が多くみられ，晴天の多い温暖な気候，石垣による輻射熱，海からの反射光により，日射に恵まれた良質な柑橘生産が行われている．

四方を海に囲まれている四国の水産業は，瀬戸内海側の内海漁業，主要河川での内水面漁業，そして太平洋側から宇和海にかけての外海漁業に分かれる．四国の水産業の特徴として，魚種が多く，魚価の高い魚や真珠などが収穫される．太平洋に面した高知県ではマグロ類や，一本釣りで有名なカツオ類，愛媛県のタイ類などは全国上位の漁獲量である．愛媛県では宇和海沿岸のリアス海岸の地形をいかし，ブリ（ハマチ），タイ，ヒラメ，真珠などの養殖業が盛んである．これらのブランド魚は冷蔵・冷凍技術の発達，高速道路網の整備により大都市圏市場に出荷されている．

南斜面が高温・多雨である四国山地は人工林率が高く，林業の盛んな地域であった．1960年代における木材輸入自由化や，山間地域の過疎化と労働力の高齢化により，四国の林業の衰退が進行している．四国は林地面積が広いため，林業の衰退は水源涵養や植林，斜面地保全などへもたらす悪影響が大きい．

8.3.2 地場産業と製造業

四国の地場産業は，藩政期における財源確保のための換金作物，製塩，製紙，織物などの生産を各藩が奨励し専売したことに由来するものが多い．大坂に近い地理的優位性により，適地適作を進めて特産化を図ったものが近代産業へと展開した．吉野川下流域の藍，讃岐平野の気候をいかした讃岐三白と呼ばれる塩・綿・砂糖，愛媛や高知ではコウゾやミツマタなど工芸作物を原料とした和紙や木蝋などの伝統工業が発達した．

明治期以降，移入産業として四国に立地したものとして，香川県の手袋製造業や愛媛県今治市のタオル産業などがあり，これら繊維産業は貿易港・神戸や大消費地の大阪に近いこと，農村における女性労働力を活用できることから産地化した．四国で最大の重化学工業の集積をみせたのが愛媛県の新居浜市で，1691（元禄4）年の別子銅山の開発にはじまり，銅の精錬・輸出港として発達した．同地は明治期以降も洋式製錬所や採鉱の近代化を図り，住友系企業が集中する企業城下町となった．1973年の閉山後も，高度な金属製錬，化学・機械工業など総合工業都市として発展した．

戦後から高度経済成長期にかけて，海外からの輸入原料に依存した重化学工業化の進展により，輸入に便利で市場に近い三大都市圏臨海部に加えて，瀬戸内地方に素材型の大規模工場が立地した．1960年代の新産業都市指定では，四国の瀬戸内地方から徳島地域と愛媛県の東予地域が指定されるなど，工業地域形成に向けた政策的投資がなされた．愛媛県の瀬戸内地域では，四国中央市のパルプ工業や，今治市の造船などが瀬戸内海に面している立地条件をいかして成立・発展している．隣接の徳島・愛媛県で新産業都市が指定される中で，香川県は現在の坂出市の沖合にある干潟の番の洲を埋め立て，コンビナートを造成し全国企業の誘致を図った．香川県では，その気候条件から古代より製塩が盛んであったが，1970年代までに塩田は消滅し，番の洲周辺の自治体では埋立地を含めて跡地利用が可能な用地が残されていた．産業構造が転換する中で，瀬戸内海に面し海運を利用できる条件に加えて，1988年の瀬戸大橋開通にともない，高速道路で本州と直接結ばれることにより陸上輸送を指向する工場立地も進んでおり，瀬戸内地域への工場立地の優位性が高まった．

8.3.3 都市の配置と交通網の整備

山間地域が多くを占め可住地面積が少ない四国は，架橋されたとはいえ本州へのアクセスが悪いことに加えて，若年層を惹きつける業種に乏しく，人口減少と高齢化・過疎化の進展が著しい．人口5万以上の都市は四国で15しかなく，その大部分が高松から松山にかけての瀬戸内海沿岸に集中している（図8.4）．いずれも近世城下町に起源をもつ4つの県庁所在都市の人口（令和2年国勢調査）は，多い順に松山市51万，高松市42万，高知市33万，徳島市25万であるが，県人口に占める割合はそれぞれ38.3%，43.9%，47.2%，35.1%と各県とも県都への卓越性が高い．これら

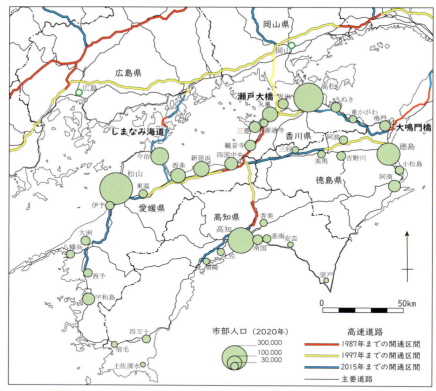

図8.4 四国の都市分布と高速道路網（国勢調査，西日本高速道路により作成）

県都では人口や経済活動，雇用機会の集中の恩恵を受ける一方で，他の中小都市では支店・営業所の廃止や人口流出，財政力の低下をもたらす．結果として公共サービスや教育機会の地域差を生み出すことになっている．四国の中小都市や山間地域では，定住人口の増加に加えて，交流人口や関係人口の獲得に向けた移住促進事業や地域おこし協力隊の受入れなど，人口減少の課題解決に取り組む自治体も少なくない．

四国4県の都市間移動は地形の制約もあり，アクセシビリティが高いとはいえない．鉄道交通では，JR予讃線，瀬戸大橋線，土讃線，高徳線，徳島線が幹線鉄道として主要都市間を結んでいる．瀬戸大橋線の開通により，四国の主要都市と岡山駅経由での本州への近接性が高まったとともに，香川県内では通勤通学での利用も増加した．しかし人口減少やモータリゼーションにより，全体として鉄道利用者数は減少傾向にあり，支線や第3セクター線の存廃問題も議論されている．私鉄は松山，高松，高知を中心に走り，路面電車が都市内交通に重要な役割を果たしている．四国は日本列島を構成する4島の中で唯一新幹線が整備されておらず，各県間並びに大都市圏へのアクセス向上を図るために早期の整備が期待されている．

四国の道路交通に大きな影響を与えたのが本州四国連絡橋である．四国と本州を結ぶ初の本州四国連絡橋として瀬戸大橋が1988年4月に開通し，続いて明石海峡大橋の開通による神戸淡路鳴門自動車道の神戸・鳴門ルートが1998年4月，西瀬戸自動車道の尾道・今治ルート（瀬戸内しまなみ海道）が1999年5月に全面開通した．その時間短縮効果は大きく，各県庁所在都市から岡山市までの開通前後の時間距離を比較すると，おおむね半分以下になっている（表8.2）．単に時間距離が短くなっただけではなく，架橋効果は多方面に及ぶ．各ルートと四国の各都市を結ぶ高速道路網が大幅に整備され，四国地方を一体とする商圏が完成しつつある．この結果，全国チェーンストアの四国への展開に際して，いくつかの企業では四

表 8.2 瀬戸大橋開通（1988年）前後における岡山市から四国地方の県庁所在都市への時間距離（道路）の変化

都市	開通前	開通後	短縮時間
徳島	4時間10分	2時間54分	1時間16分
高松	2時間10分	1時間13分	57分
松山	6時間	2時間38分	3時間22分
高知	5時間30分	2時間27分	3時間3分

四国地方整備局，道路時刻表により作成．

国への物流拠点の新設がなされた．2000年代までセブンイレブンの店舗は四国に皆無であったが，愛媛県と香川県に物流センターが設置された2013年以降，同社は四国で急速に多店舗展開を進めている．

本州との架橋は，観光面での波及効果も大きい．全長約60 kmのしまなみ海道は，広島県尾道市と愛媛県今治市間の6つの島々を結ぶ．このしまなみ海道には徒歩や自転車で海峡を横断できる日本初の自転車歩行者道が併設されており，瀬戸内の島々を眺めながらサイクリングを楽しむことができる．レンタサイクルも各地に準備されており，近年ではインバウンド客に人気が高い．

本州四国連絡橋は，四国地方と本州間の人的交流の飛躍的増大を促し新しい地域連携を生み出すとともに，近年では観光客の増加に大きく貢献している．その一方で，大都市圏との交通アクセスが向上したことでストロー効果により大都市圏へ買い物客が流出したり，離島航路が廃止されたりするなど架橋による負の側面もあり，四国の均衡ある発展への課題も残されている．

8.4 トピック1―四国遍路―

8.4.1 四国遍路とは

　四国遍路とは四国を全周する全長約1200 km以上にも及ぶ壮大な回遊型巡礼路であり，1200年を超えて発展継承されている．四国遍路は老若男女が杖を頼りに四国霊場八十八箇所を参詣する四国独特の庶民信仰の文化である（宮﨑, 2020）．平安初期の815（弘仁6）年に，真言宗開祖の空海（弘法大師）が開創し四国遍路がはじまったとされる．地域住民の温かい「お接待」を受けながら，国籍や宗教，宗派を超えて行われる四国遍路は世界でも類を見ない巡礼文化である．遍路の目的は人それぞれであり，歩きながらじっくり物事を考えたり，人生を見つめ直したり，供養を目的とするなど様々である．

　弘法大師が香川県善通寺市で誕生し，四国各地で修業し，高野山真言宗の開祖になって以来，僧の修行地として室町末期に四国遍路の拠点となる八十八ヶ所が定まり，江戸期に民衆の大衆信仰により巡拝が広まった．88の札所は四国4県に広く分布しているが，高野山から淡路島を経て，徳島県の霊山寺を第1番札所とした後，時計回りに周回する（図8.5）．室戸岬や足摺岬といった高

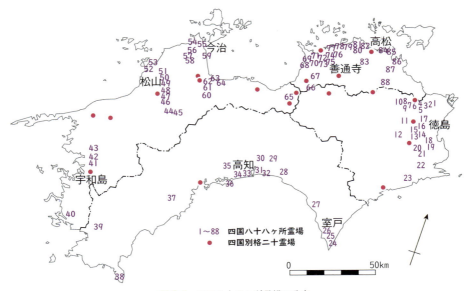

図 8.5　四国八十八ヶ所霊場の分布

知県の突端部をも経由して，愛媛県，香川県の瀬戸内側を回り，第88番札所の大窪寺で結願となる．県別の札所数は，徳島県23（第1～23番），高知県16（第24～39番），愛媛県26（第40～65番），香川県23（第66～88番）である．しかし第66番札所の雲辺寺のように阿波と讃岐国境の山頂にあり，参道は香川県で本堂は徳島県側にあるといったような超国性を示す例もある．

8.4.2 四国遍路のスタイル

四国の札所霊場では，様々な人が自分のスタイルで巡礼している．それは現代の四国遍路が「ゆるい巡礼」であることによる（森，2014）．四国遍路は，①出発はどこからでも，②大衆化され誰でも，③季節に関係なく随時いつでも，④ステータスの差がなく誰でも，⑤個人でも集団でも，⑥どこで中断し，またいつ再開してもよい，⑦徒歩，自動車，公共交通機関など移動手段は自由，⑧白衣や菅笠などでなくても服装は各自の好みでよいといった自由度の高い点が魅力となっている（愛媛大学四国遍路・世界の巡礼研究センター，2020）．

四国遍路の特徴を示すいくつかのキーワードを紹介しよう．巡礼を行う巡礼者は「遍路」「お遍路さん」と呼ばれる．遍路が札所を巡拝することを「打つ」と呼称し，第1番から第88番札所へと順番に巡拝することを「順打ち」，逆の方向に巡ることを「逆打ち」という．88か所全区間を一度に打ち上げることが「通し打ち」，区間を区切って打つことが「区切り打ち」である．個人差があるものの，徒歩での通し打ちには約40日かかる．「遍路道」は札所間を遍路が歩いて巡る道であるが，本来巡礼者専用に設定されたものではなく，地域の人々の生活道や農道・林道などとしても利用されてきた．そのため時代とともにルートの変更もあるが，その時々の地域社会の中で遍路道は維持・管理されており，丁石や道標が現在も各地に残され，札所を巡る遍路を迷うことなく導いてきた．現在では，かつてのルートが廃止され舗装された道路上での移動距離が多くを占めるが，「遍路ころがし」と呼ばれる遍路が転ぶほどの山道の難所も残されている．

遍路の服装や所持品について，基本的には巡礼者の自由であり，現在ではザックや軽登山靴など歩きやすい格好で参加する者も少なくない．伝統的な遍路用品として，白衣・白装束，白ズボン，雨よけの菅笠に加えて金剛杖（こんごうづえ）があり，このような格好をした遍路が四国の道を行き交っている．

近年の四国遍路には，外国人遍路が増加している．2007年にNHKワールドが初めて四国遍路番組を制作し，世界中に放送された．開創1200年にあたる2015年には，ニューヨークタイムズによる訪れるべき世界の52か所の一つとして日本で唯一「四国」が選定され，「四国遍路の場所」として紹介された（愛媛大学四国遍路・世界の巡礼研究センター，2020）．SNSの普及もあり，失われた日本の自然や文化を四国に求める外国人が増加し，自然や人々のもてなしへの称賛が続いている．

上記のような遍路に対するねぎらいのおもてなしを「お接待（せったい）」と呼び，四国の文化として根付いている．具体的には，地域住民などが遍路にお茶や食べ物を振る舞ったり，金銭を与えたりする．遍路が休憩するためにつくられた施設を「お接待所」といい，遍路が宿泊するための簡易的な宿を「善根宿」という．お接待には個人接待，霊場付近の村落民による接待，接待講の3種類があり，地域の人々の間の交流や町おこしの意味を込めて行われるものも少なくない．

このように四国遍路は，四国に根付いた伝統的な巡礼であるとともに，時代に応じた柔軟な変化による「ゆるい遍路」の普及により，多様なツーリズムの視角を提供している．近年では外国人からの評価も高いように，本来の日本の自然・文化の美しさを体感できる四国が誇る地域資源である．

8.5 トピック2—四国のジオパーク—

8.5.1 ジオパークとは

ジオパークとは地球や台地を意味するGeoと公園のParkを組み合わせてできた造語であり，ユネスコの定義によれば，地質学的に意義のあるサイトや景観が保全保護，教育，持続可能な開発

によって一体的に管理された単一の地理的領域である．2004 年にユネスコの支援で世界ジオパークネットワークが設立され，この組織が世界のジオパーク活動の推進と支援を行っている．この組織に加盟することにより世界ジオパークに認定される．また，各国の国内版ジオパークネットワークに加盟することにより国内版ジオパークとして認定される．加盟申請では，審査対象地域にある自然遺産の価値に加えて，それを用いた教育・普及活動，ツーリズムへの活用と，それを実行する体制が重要視される．2024 年 3 月時点において，世界で 48 か国 213 地域がユネスコ世界ジオパークに認定されている．日本国内では，日本ジオパークに 46 地域が認定され，そのうち 10 地域が世界ジオパークにも認定されている．

ジオパークではジオツーリズムとジオストーリーという用語が重要である．ジオツーリズムとはジオパークでの観察，地学歩道を歩くなどのジオパークと関連して行う旅行を指し，学習と環境保全という要素が不可欠である．エコツーリズムなどとともに自然地域ツーリズムの一部を構成する．ジオストーリーは地形や地質，土壌，生態系，水循環，文化，歴史などの，様々な事柄のつながりを示した物語で，その特徴を示す場所がジオサイトである．

8.5.2　室戸ユネスコ世界ジオパーク

四国でのジオパークについてみていこう．2024 年において四国では世界ジオパークとして室戸（高知県），日本ジオパークとして四国西予（愛媛県）と土佐清水（高知県）の 3 か所が認定されている．室戸ユネスコ世界ジオパークは 2008 年に日本で初めて認定された 7 つのジオパークの一つであり，2011 年に世界ジオパークに認定された．高知県東部の室戸半島に位置し，室戸市全域を範囲とする．室戸市はかつて遠洋漁業が盛んであったが，石油危機以降に産業が衰退し人口減少が続いている（2000 年人口 1 万 9472，2020 年人口 1 万 1742）．

a. 室戸半島の自然条件

室戸半島は，黒潮が流れる温暖な気候の一方で，1934（昭和 9）年の室戸台風に代表される台風常襲地域である．海と陸のプレートがぶつかり合う「変動帯」の最前線に位置し，プレートの沈み込みにより形成された付加体の地質や海水準変動と地震隆起によって形成された海成段丘をはじめとする特徴的な条件を有する一方，黒潮の影響を受けた多様な植物・生物による特異な景観を確認できる場所でもある．室戸半島の地層の褶曲断面をみると東西で傾きが異なる特徴がある．東側では地形の傾きが急で，山から深海まで急斜面を形成している．東海岸では深海から海洋深層水が湧出しており，それを利用した生業や産業が営まれている．西側では地形の傾きが緩やかであり，平野や海成段丘が形成されそれらを利用した農業が営まれている．

b. 室戸半島の人文条件と住民活動

人文的な特徴として，弘法大師修行の地であり地質学的特徴を示す御厨人窟のほか，四国八十八箇所霊場の 24 番最御崎寺，25 番津照寺，26 番金剛頂寺といった 3 か所の札所や遍路道といった遍路文化が根付いている．木炭の集散地として栄え重要伝統的建造物群保存地区でもある吉良川のまちなみは，水切り瓦やいしぐろ，左瓦といった暴風雨をはじめとする室戸の激しい気候と共生する建築様式を観察できるジオサイトである．椎山－西山台地における海成段丘上では，日当たりや水はけがよいため台地農業が営まれ，平坦地ではサツマイモやナス，がけ地ではビワが栽培されている．捕鯨文化など，自然と文化や産業のつながりを体感できるジオサイトが多数存在している．

ジオパークの認定において地域住民との関わりは重要であるが，室戸ユネスコ世界ジオパークではジオパークへの認定後，ジオパーク推進チームが発足し，地域住民と行政が一緒になりジオパーク活動を議論・推進するための体制を構築してきた（新名，2020）．ここでは，地域住民のもつ活動を展開するといったような，市民が知識や経験を共有し，若年層や移住者も含めて市民がジオパーク活動に参加できるプラットフォームを形成したという．

8.5.3 四国西予ジオパーク

　四国西予ジオパークの位置する愛媛県西予市は，四国の南西部に位置する人口3万5388（2020年）の都市である．2004年に東宇和郡の宇和町，野村町，城川町，明浜町と西宇和郡の三瓶町の5町が合併したことによりできた自治体である．四国山地の標高1400 m地点から宇和海に面する海岸部までを含み，東西50 km，南北10 kmの東西に細長い地勢をしている．地質的には九州から四国を経て関西にいたる断層帯である黒瀬川構造体が西予市に沿って細長く分布し，このジオパークでは4億年以上前の岩石を見ることができる．この構造体が初めて研究されたのが西予市の旧黒瀬川村であったことから，黒瀬川構造体と命名された．このように山，里，海を含む多様性のある自然条件と人文的特徴を観察できる（図8.6）．一方，旧町間の交通アクセスは悪く，合併当初は一体感がないことが問題でもあった．それがゆえにジオサイトに一体性がなく，拠点施設を改善することへの要望がなされた．そうしたことからジオパークの拠点施設として，四国西予ジオミュージアムが2022年4月に旧城川町に開館した．

a. 石灰岩の活用

　四国西予ジオパークの特徴は，この細長い地域にリアス海岸，盆地，河成段丘，カルスト地形といった多様な地形やそれをいかした人間の活動が観察できることに加えて，4億年前から現在までという多様な時代の活動を捉えることができることにある．このジオパークにおける石灰岩の活用についてみると（高橋・蒔田，2015），最東端の四国カルストから最西端の宇和海沿岸で異なる利用がなされている．四国カルストのある大野ヶ原は総面積740 haの起伏の緩やかな大草原である．現在では夏秋大根や花卉類生産のほか，冷涼な気候をいかして愛媛県内有数の酪農地帯となっていることに加えて，山がちな四国では観察できない自然景観は，多くの観光客を惹きつける景観でもある．

　一方，西予市の西，宇和海を望む海岸部の明浜地区では，江戸後期から石灰岩の採鉱で栄えた歴史をもつ．石灰岩の鉱山は海に近い位置にあり，

図8.6　四国西予ジオパークのジオサイト（西予市・四国西予ジオパーク推進協議会，2018により作成）

リアス海岸の水深が深いため，石灰岩を搬出する条件に恵まれ，明治末期には日本各地はもとより朝鮮半島や東南アジアにも輸出されていた．石灰岩を砕き，焼いて製品化するための石灰窯の跡が当地に複数存在している．石灰岩の利用は鉱業だけでなく農業にも関係している．宇和海に点在する段畑には地域によって違う岩石が使用されている．その中で明浜地区狩浜の段畑の石積みの多くは石灰岩を使用したものである．もともと桑畑として利用されていた際に肥料の流出を防ぐために石垣がつくられ，その後柑橘栽培へと転換して愛媛県を代表する農業景観へと展開した．この狩浜の段畑は，水はけのよい急斜面，海からの潮風によるミネラルや石灰岩のカルシウム含有に加えて，南斜面の日射，石灰岩の白い石積みからの輻射熱，宇和海からの照り返しという複合的な条件を有するため，日本有数の柑橘生産地となっている．

b. 肱川のもたらす文化と自然災害

　肱川の源流は西予市宇和町の北端，大洲市との境界をなす鳥坂峠付近にあり，海岸まで西に直線距離で約 10 km，河口の大洲市長浜まで約 18 km しかないにもかかわらず河川延長は 103 km あり，支流数は 474 と全国 5 位を誇る河川である．その名の通り，四国山地の中を屈曲して流れ，大洲市を経由して伊予灘に注ぐ．源流から南流して，約 130 万年前に形成され愛媛県内で有数の米産地である宇和盆地に流れ込む．宇和盆地には西南四国最古の前方後円墳である笠置峠古墳や，江戸期に米やヒノキの集散地として栄えた宿場町・在郷町であり，重要伝統的建造物群保存地区である卯之町といった歴史資源が存在する．その後肱川は海に向かうことなく，流路を四国山地に向かう東側へと変え，桂川渓谷や河成段丘上に開かれた野村地区を経由して大洲市へと流れる．肱川は西予市の産業や生活と密接に関わりをもち，大地の恵みをもたらしてきたが，時には災害をもたらす河川でもある．2018 年に発生した平成 30 年 7 月豪雨は肱川流域で氾濫をもたらし，未曽有の災害をもたらした．その後，復興への歩みを進める中で，災害伝承展示室を開設するとともに，ジオパーク内における災害の歴史を後世に伝えるために防災教育を実施している．

　このようにジオパークは大地の成り立ちを知り，大地が育んだ多様な自然や生態系，そこで暮らす人々の営みを学び体感するものである．四国は小島でありながら，複雑で多様な自然条件をもち，そこで育まれた豊かな文化資源を有する．ジオパークにはこのような地理的資源を活用した新しい観光の形態として，四国の魅力発信への役割を果たすことが期待される．　　　　　［兼子　純］

●●●●●●●●●●●●● さらに探究する ●●●●●●●●●●●●●

　四国地方に残る地域資源を取り上げて，それが生まれた自然条件と人文条件を調べてみよう．それを地域活性化にいかすとすればどのような方策があるか考えてみよう．

文　献

愛媛大学四国遍路・世界の巡礼研究センター編 (2020)：四国遍路の世界，288p, 筑摩書房．

高橋　司・蒔田尚典 (2015)：四国西予ジオパーク．中部・近畿・中国・四国のジオパーク（目代邦康ほか編），pp.136-145, 古今書院．

新名阿津子 (2020)：観光・ツーリズムがもたらす地域の変化．経済地理学への招待（伊藤達也ほか編），pp.296-313, ミネルヴァ書房．

宮﨑建樹 (2020)：四国遍路ひとり歩き同行二人【解説編】改訂増補（第 9 版），87p, 一般社団法人へんろみち保存協力会．

森　正人 (2014)：四国遍路　八八ヶ所巡礼の歴史と文化，224p, 中央公論新社．

横山昭市編著 (2009)：えひめ・学・事典，193p, 愛媛県文化振興財団．

9 九州地方　変わりゆく九州地方とその地域性の核心と革新

九州地方は近年，ドラスティックな変化を遂げている．線状降水帯に代表される自然災害の多発，インバウンドツーリズム需要の増大，大手半導体工場の進出など，地域の自然，社会，経済に大きなインパクトを及ぼす事象が頻発している．またその一方で，これまで育まれてきた文化や歴史などを活用した九州内からの動きも活発化してきている．内外から変化の兆しと揺らぎを見せ始めている九州．その地域的特色について解説したい．

長崎市街地，グラバー園からの遠景（2016年3月2日）

● 9.1　九州地方の自然

9.1.1　九州地方と火山

日本では火山噴火予知連絡会によって指定された活火山が111存在しており，そのうち17が九州地方に位置している（図9.1）．さらに，その中でも雲仙岳，鶴見岳，伽藍岳，九重山，阿蘇山，霧島山，桜島，薩摩硫黄島，口永良部島，諏訪瀬島は火山防災のために監視・観測体制の充実等が必要な火山に選定されている．

火山の噴火による火山災害は甚大なものになる．長崎県に位置する雲仙岳は1663年，1792年に溶岩の流出，1990～1996年には溶岩ドームの形成とドームの崩壊にともなって火砕流が発生した．特に，1792年の溶岩流出の際には犠牲者が1万5000人にものぼった．さらに，桜島では1955年以降，数千回にも及ぶブルカノ式噴火が発生してきた．この噴火による長期的な降灰により，桜島および周辺の鹿児島市などにおいては住民生活や農業，植生への甚大な影響がみられる．

火山活動にともなう多様な被害を受けてきた九州だが，その一方で，活発な火山活動により特徴的な地形が生み出されている．九州の中心に位置する阿蘇カルデラは，大規模な火山噴火により形成されたものであり，その周囲には阿蘇山をはじめとする多くの溶岩台地が広がっている．これらの地形は，堆積した火山灰や溶岩によって形成され，肥沃な土壌となっている．

また，近年は多様な側面から火山とその影響による変化に価値づけがなされている．従来，火山活動による観光資源といえば，温泉がその最たるものであった．しかし，その教育的価値，観光資源的価値を見出される形で，ジオパークの登録が進んでいる．九州内にはユネスコ世界ジオパークが2か所（島原，阿蘇），日本ジオパークが6か所（おおいた姫島，おおいた豊後大野，霧島，桜島・錦江湾，三島村・鬼界カルデラ，五島列島）存在しており，そのすべてのジオパークにおいて

図9.1　九州地方における活火山の分布（国土地理院地図に加筆し作成）

100　9　九州地方―変わりゆく九州地方とその地域性の核心と革新―

火山活動が影響した地形や地質が形成されている．これらのジオパークには，それぞれ特徴的な地質などを取り上げたジオサイト（見どころ・見学場所）が設定され，観光資源となっている．

このように，九州は火山という猛威が存在しながらも，それらを内包しながら新しい価値を生み出している地域ともいえる．

9.1.2 九州地方と水害

九州地方は全体として全国的な傾向に比して台風による降水量が多く，水害，土砂災害の多い地域としてこれまでも認識されてきた．しかし，近年，これまでの想定を超える豪雨災害が頻発している．例えば，平成 29 年 7 月九州北部豪雨災害（2017 年）は「我々がこれまで経験してきた水害・土砂災害とは全く次元の異なる新たな災害といっても過言ではない．まさに治水事業・砂防事業だけでなく地域計画・都市計画をも根幹から揺るがす大災害であった」と橋本ら（2018）において評され，福岡県と大分県では，人的被害死者 37 名，行方不明者 4 名，さらに家屋の全半壊や床上浸水といった被害が発生した．この他，24時間，48 時間，72 時間の降水量が観測史上 1 位を九州内の多くの地点で記録した令和 2 年 7 月豪雨（2020 年）など，甚大な被害をもたらす災害が断続的に発生している（写真 9.1）．

これらの災害発生の要因として，近年，その発生頻度を高めている線状降水帯の存在がある．九州地方では，梅雨の時期に線状降水帯が発生しやすく，加えて，線状降水帯も地球温暖化の影響を受け強大化をする．さらに，その線状降水帯による被害が大きくなる傾向にある．この線状降水帯

写真 9.1　令和 2 年 7 月豪雨による被害（出典：熊本防災）

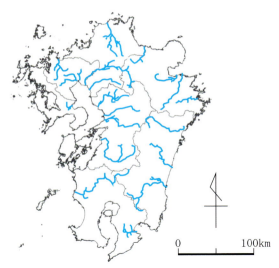

図 9.2　九州地方の一級河川
国土交通省「九州の一級河川」をもとに国土地理院地図に加筆し作成．

による被害の拡大の要因を，九州の地形条件に求めることができる．九州地方はその地形条件上，南北に標高の高い山地が走っているため，それに準じて河川も東西にのびている（図 9.2）．また，線状降水帯も河川と同様，東西へとのびる．そのため，大規模な河川と発達した線状降水帯が被った場合，大きな災害が発生することが予見される（小松ほか，2021）．つまり，地球環境の変化というマクロな動きが，九州という特定地域に影響をもたらし，これまで以上の水害や土砂災害が発生する可能性がある．

9.2　九州地方の歴史文化

9.2.1　九州の歴史と大陸

a．中心地の変遷

九州は，地理的に中央から遠く，大陸に近いという特性上，その両者の関係性からくる中心地の変化を幾度も経験してきた地域である．江戸期以前においては，主に福岡県に類する範囲が九州の中心地として栄えてきた．7 世紀に外交・地方政治の中心を担う拠点として，現在の太宰府市に設置された大宰府は，「遠の朝廷」と呼ばれ，副首都としての位置づけがなされていた．また，大宰府と大陸をつなぐ中継地点として博多も栄えることになる．その後，博多とその周辺地域は日宋貿

易，日明貿易などの大陸との交易における拠点，中継地点として，長くその繁栄を維持することになる．また，鎌倉期の元寇に象徴されるような大陸との攻防における拠点の役割も同時に果たしてきた地域である．福岡以外でも，大友宗麟が九州全域を支配した時期には，大分がポルトガルや明との交易拠点として栄えていた．

その後，江戸期に入ると日本は鎖国政策をとる．その際に，オランダや中国などとの交易の窓口となったのが長崎であり，幕府も長崎に長崎奉行を置き，直轄領とした．長崎では，出島や唐人屋敷を中心として外国人居留地が形成され，国際色豊かな都市へと相成っていった．現在における長崎中華街や活水女学院といったキリスト教系の学校はその名残である．また，長崎が外国との交流の拠点であったのに対して，もう一つの直轄地であった日田には西国筋郡代が置かれ，島津家といった大きな石高を抱えた外様大名の多い九州の地の政治・経済・交通の中心地として栄えていった．

明治期になると，徐々に長崎から熊本に九州の中心が移行していく．またそれと同時に，その他の地域において，軍国主義の進行と軍需産業の発展にともない，人口増加，経済発展がみられるようになる．八幡製鉄所の立地した小倉，軍港としての佐世保，炭田を有する田川，直方，飯塚，大牟田といった地域がその代表例であろう．例えば，佐世保は，海軍鎮守府の設置前は人口4000に満たなかったが，1889年に鎮守府が開庁後，人口を伸ばし，1900（明治33）年に4万3823となるなど，その軍事的な要請は，九州の各地域に大きな影響をもたらしてきた．

b. 大陸と文化

大陸とのつながりの中で，多くの資源が国内へと流入をしてきた．その中で，交易拠点となった九州北部では，様々な菓子，そして砂糖が流入し，独創的な菓子文化が育まれてきた．長崎に入った海外からの交易品の大部分は海路によって，大坂に運ばれていた．しかし，その一部が，長崎から小倉まで続く旧長崎街道上にも流通していた．この街道は，別名「シュガーロード」と呼ばれ，丸ぼうろ，小城羊羹，一口香といった独自の菓子文化を花開かせていった．このシュガーロードは文化庁の日本遺産に認定されている．

9.2.2 有明海の歴史と食文化

a. 歴 史

有明海流域は福岡県，佐賀県，長崎県，熊本県の各県に渡り，流域面積は8420 km^2，流入する一級河川は本明川，六角川，嘉瀬川，筑後川，矢部川，菊地川，白川，緑川の8河川となる．有明海は日本最大の干満差を有しており，最大で6 mにもなる（写真9.2）．この潮汐作用と流れ込む一級河川による泥の堆積により，100年に1 km発達するとされている．

有明海沿岸では干拓が活発に行われてきた（図9.3）．中世の頃より積極的な干拓が開始され，近世になると新田開発としての干拓が推し進められていくことになる．干拓地では多くの集落が形成されてきた．しかし，各地域における干拓の様相は異なっていた．例えば，熊本藩における干拓は，藩の主導・藩費によって担われる藩築開と，それ以外の藩主個人や藩主一門などによって行われる私築開に分けられる．この熊本藩干拓の制度的特徴は，農家や商人といった一般個人に築造が許可されなかった点にある．その一方で，佐賀藩は殖産興業を目的とした六府方を設け，その中に干拓事業を管轄する絡み方を置き，藩による指導を行いはしたものの，資金的援助は行っていなかった（鬼嶋・藤永，2014）．さらに，商人による資本も参入を禁じたため，農民に村受干拓が中心となった．その後，明治期を迎えると，佐賀では県や国による補助のもとに干拓が進められていった．

b. 食文化

有明海は閉鎖的な環境にあることから，現在で

写真9.2　干潮時，船底が干潟につく小型船（佐賀県太良町，2016年3月2日）

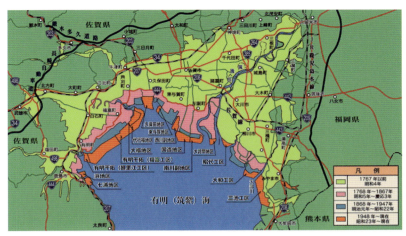

図 9.3　有明海の干拓図（出典：九州農政局）

写真 9.3　ムツゴロウの蒲焼（出典：農林水産省ウェブサイト）

も珍魚類の存在を多く確認することができる．戦後以降，海苔養殖業が経済の中心ではあるが，それら豊富な魚種は食卓を彩る副菜としての活用も続いてきた．その豊富な珍魚類をいかした伝統料理が，沿岸だけでなく内陸でも数多く消費されており，熊本県ではワキャ（いそぎんちゃく）のひこづり（煮つけ）・味噌汁，佐賀県ではクチゾコの煮つけ，ムツゴロウのかば焼き，揚げ・焼きワラスボ，ワラスボの味噌汁などがある（写真 9.3）．ただ，その一方で，ムツゴロウの味噌汁やがん漬け（シオマネキを潰して発酵させたもの）など，消費が低迷し，消滅危機に瀕している伝統料理も存在している．中村（2018）では，現在でも一定の消費がある魚介 7 種，ムツゴロウ，ワラスボ，エツ，ノシロ，ガザミ，シオマネキ，クチゾコを有明七珍として提唱しており，これらの活用による地域振興も可能であるとしている．また，近年，ムツゴロウのかば焼きなどは，加工品として駅構内の売店で販売されるなど，土産品としても消費がなされている．

9.3　九州地方の社会経済

9.3.1　継続する福岡への一極集中

a. 支店経済都市としての福岡

福岡市は札幌市，仙台市，広島市と並ぶ支店経済都市として発展を遂げてきた．特に，その中でも近年における福岡市の人口増加は顕著であり，国勢調査によると，2015 年から 2020 年にかけての人口増加数と人口増加率が札幌市では 2 万 1039 増加の 1.1 ％上昇，仙台市では 1 万 4545 増加の 1.3 ％上昇，広島市では 6720 増加の 0.6 ％上昇であるのに対して，福岡市は 7 万 3711 増加の 4.8 ％上昇と，同じ支店経済都市の中でも抜きんでている．また，上記の市を有する道県の人口増減に関しても，北海道，宮城県，広島県は人口減となっているのに対して，福岡県は 3 万 3658 増加で 0.7 ％上昇しており，地方という人口減に悩まされる地域において，福岡県および福岡市の存在感が増していることがわかる．

次に，九州内での福岡県と福岡市の位置はどうなのかを確認する．表 9.1 は，日本全体として人口減少基調に入った 2010 年以降における九州地方の県別，県庁所在地別の人口変化を示している．2010 年から 2020 年にかけての人口増加率が正の数値となっているのは福岡県と福岡市以外にも存在しているが，2015 年から 2020 年にかけ

表9.1 九州地方における県別・県庁所在地別の人口動態

県名 県庁所在地	2010年	2015年	2020年	2010-2020年の増減率(%)
福岡県	5,071,968	5,101,556	5,135,214	1.01
福岡市	1,463,743	1,538,681	1,612,392	1.10
佐賀県	849,788	832,832	811,442	− 4.50
佐賀市	237,506	236,372	233,301	− 1.70
長崎県	1,426,779	1,377,187	1,312,317	− 8.02
長崎市	443,766	429,508	409,118	− 7.81
熊本県	1,817,426	1,786,170	1,738,301	− 4.35
熊本市	734,474	740,822	738,865	1.01*
大分県	1,196,529	1,166,338	1,123,852	− 6.07
大分市	474,094	478,146	475,614	1.003*
宮崎県	1,135,233	1,104,069	1,069,576	− 5.78
宮崎市	400,583	401,138	401,339	1.002
鹿児島県	1,501,224	1,648,177	1,588,256	1.06*
鹿児島市	605,846	599,814	593,128	− 2.09
沖縄県	1,392,818	1,433,566	1,467,480	1.05
那覇市	315,954	319,435	317,625	1.01*

国勢調査により作成.

て人口減少に転じている県と市が多い．福岡県と福岡市ともに人口が継続的に増加していることが特徴的である．さらに，2010年を基準とした福岡市の将来推計人口ピークは，2035年頃で約160万に達するとされていた．しかし，2023年12月時点ですでに推計人口は164万4734となっている．加えて，福岡市は2023年12月に，2020年人口をもとにした人口推計を発表しており，そこでは2040年に170万を超えることが予想されている．その推計によると，自然増減は2025年以降，マイナスとなるが，社会増減はプラスを維持し続けることが示されている．つまり，福岡市は他地域からの流入による人口増加に支えられていくことになるのである．

このように，人口動態を俯瞰すると，福岡市は「札仙広福」という広域中心都市の括りの中でも市域，そしてそれを包括する県域を含めて存在感を増しており，かつ，山下（2011）で「福岡の一人勝ち」と評されたような九州内での位置づけは今なお健在であり，今後も継続していくと考えられる．

b. 福岡市における再開発

福岡市は九州内における中心都市として，バブル経済崩壊後も，天神地区において大型商業施設の進出と増床が進み，博多地区においてキャナルシティ博多や博多座といった文化・情報発信機能を備えた時間消費型の施設が建設されてきた（遠城，2008）．加えて，都心地区におけるマンション建設も増加するなど，居住機能の拡充も進行してきた．

商業・居住機能による人の吸引が継続する中，近年，福岡市の求心力をさらに高める動きとして注目されるのが2010年代にはじまった「天神ビッグバン」と「博多コネクティッド」と称される2地域における再開発事業である．それぞれ，天神駅と博多駅の半径500m以内における事業である．

これまで福岡市では，福岡空港への近接性から高さ制限を設けてきた．しかし，天神ビッグバンでは高さ制限が緩和され，加えて優遇措置と容積率緩和が実施された．福岡アジア経済研究所の試算によると，天神ビッグバンでは延床面積1.7倍，雇用2.4倍に増加，また，事業開始の2015年からの10年間で約2900億円の建設投資効果，建替え完了後からは新たに毎年約8500億円の経済波及効果があると試算されている．さらに，博多コネクティッドでは，延床面積1.5倍，雇用1.6倍，事業開始の2019年からの10年間で建設投資効果約2600億円，建替え完了後の経済活動波及効果が年間約5000億円と試算されている．

この2地域の再開発に加えて，福岡市では市営地下鉄七隈線が天神南から博多駅まで延伸した．これにより，博多・天神間の回遊性の向上と近隣道路の混雑緩和が期待される．また，大規模複合施設であるキャナルシティ博多傍にも新駅が設置されたことから，博多と天神のさらなる経済的な結びつきが予想される．

9.3.2 「アイランド」とその現在

九州地方における工業は基礎素材型産業を中心に勃興したものの，その後，1960〜1980年代にかけて，加工組立型産業である半導体関連企業や自動車関連企業が相次いで進出し，現在にいたるまでリーディング産業としての役割を担ってきた（城戸，2012）．特に，自動車産業は石炭鉄鋼業の衰退によって危機に陥った北部九州の経済立て直

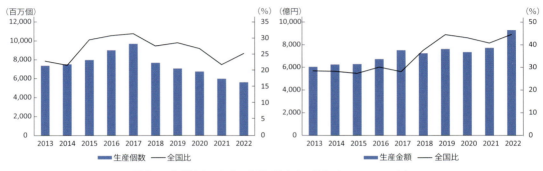

図 9.4　九州地方における集積回路生産の推移（2013〜2022年）
九州経済産業局『IC生産実績』により作成.

しに大きく寄与した．2000年代以降における九州は，自動車生産が盛んなカーアイランドとして成長をし続けている．ただその一方で，現地調達率の他地方に比べての低さなどに象徴されるように，九州に立地する工場は基本的に戦略的意思決定に関わる間接部門のない分工場となっており，産業集積の抱える課題の解決も待たれる状況にある．

半導体関連産業においては，自動車産業とは対照的に，2000年に生産個数・金額のピークを迎えて以降，生産個数・金額は下落傾向にあった．ただ，高付加価値化の取り組みを行っていることも指摘されており，その中で，生産金額は2010年代からは右肩上がりの傾向にある．特に2022年は9964億円と，2007年の1兆319億円に迫る金額となった（図9.4）．

その生産金額の増加を後押しするように，熊本県には台湾半導体大手企業であるTSMCの新工場が建設され，さらに，佐賀県ではSUMCOが生産力増強と新工場の建設を予定し，その他長崎県，鹿児島県においても各半導体大手による投資が計画されている．これらは半導体関連産業における「地産地消」の傾向を示したものであり，今後，半導体関連産業による日本回帰の趨勢は続くと考えられる（内田，2023）．その中で，九州のシリコンアイランドとしての地位はより強固なものとなっていくと予想される．

9.3.3　食料基地としての九州

第二次世界大戦後，九州各県では農業基本法を背景とした政府の補助金の投下，トラック運送の普及，国民の所得向上，食の洋食化などが相まっ

図9.5　全国における収穫量などが5位以内の農畜産物とその生産県
生乳は生産量，肉用牛・豚は飼養頭数，ブロイラーは出荷羽数，それ以外は収穫量．
令和4年産作況調査（普通作物・飼料作物・工芸農作物，野菜，果樹），令和5年畜産統計調査，令和4年牛乳乳製品統計調査，令和4年畜産物流通調査により作成．

て，宮崎の施設園芸によるきゅうり，ピーマン，鹿児島の養豚，九州各県でのミカン栽培といったように，代表的な産地が興隆を果たす．

現在でも，多くの農畜産物の収穫量などにおいて，九州の産地の全国的地位は高く，食料基地としての役割を担っている（図9.5）．特に，鹿児島県は九州の産地のトップランナーであり，かんしょ，茶，ブロイラー，豚が全国1位，かつ

2021年の農業産出額では北海道に次ぐ，全国2位の4997億円となっている．しかし，量的な生産だけでその地位を維持してきたわけではなく，鹿児島県では1990年代以降，豚肉の価格低下に対応するために，黒豚のブランド化に積極的に取り組んできた．また，他産地でも工夫がみられ，佐賀県のタマネギや長崎県のばれいしょは，大規模産地である北海道と出荷時期をずらすことで産地の維持を図っている．

近年，九州の農産物の価値は様々な形で高まっており，例えば，宮崎県では2000年代に当時の県知事によるメディアへの露出によってマンゴーの知名度が上昇した．この他，現在は運休しているが，佐賀産アスパラガスは佐賀空港からの夜間空輸によって，鮮度の高いアスパラガスを東京市場に届けることで市場評価を高めることになった．一方，全国的なブランド形成に成功した産地でも，その継続の困難性が生じている．福岡県で育成者権が登録され，現在，同県を代表するイチゴの品種である「あまおう」は，2025年1月で権利が失効するが，未だ後継の有力品種が育成されていない状況にある．加えて，その栽培の難しさや後継者不足，高齢化も重なり，あまおうの生産農家および栽培面積は減少傾向にあるなど，生産・消費面においての課題が発生している状況にある．

9.4　トピック1—九州の観光—

9.4.1　九州の観光地

九州は豊かな自然，歴史，文化に恵まれる中，それら資源をいかした観光地が数多く存立する．それらの観光地は国内からの観光客はもちろん，一時期，コロナ禍で停滞はしたものの，アジア諸国との近接性をいかしたインバウンドツーリズムも盛んである．

図9.6は「じゃらん人気観光地満足度ランキング2024【九州・山口】」の上位20観光地から，九州の観光地を抜粋したものである．九州内における人気の観光地は特定の場所に偏ることなく，九州全域に立地していることがわかる．その中でも，満足度の高い観光地の主たるものは温泉であり，福岡県を除く6県で温泉地が存在している．温泉は，黒川温泉や湯布院温泉，別府八湯といったように，全国的にも知名度の高いものが多い．その一方で，近世以降，継続的に温泉地として存在しつづけながらも，2022年と2023年の同ランキングでは20位圏外だった山鹿温泉がランキングに入るなど，九州内における温泉地も新しい動きがみられる．またこの他，高原地帯やテーマパーク，博多駅周辺などの都市部や，その近辺の比較的アクセスのよいマリンリゾートなどが挙げられる．このように，九州では全国的に知名度の高い温泉だけでなく，多様な観光資源が広域に存在する形で観光が成り立っているといえる．

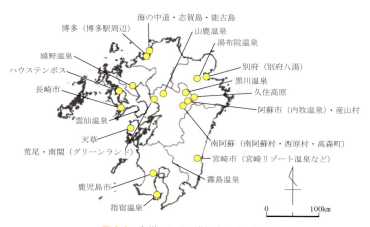

図9.6　九州における満足度の高い観光地
「じゃらん人気観光地満足度ランキング2024【九州・山口】」により作成．

9.4.2 九州における観光地の発展

上述のように，多様な観光地を有する九州であるが，第二次世界大戦前の段階では，温泉という特定の観光資源に依拠し，別府や雲仙といった特定地域の発展によって観光産業は支えられていた．特に別府は，明治期における大阪との航路の誕生を契機に，観光地としての性格を強めていくなど，近代において急速な発展を遂げた地域でもある．

第二次世界大戦後になると九州横断自動車道の開通により，別府から熊本を通過し，雲仙，そして長崎へといたる観光ルートが定着をすることになる．また，南九州でも宮崎から指宿にいたる観光ルートも注目を集めることになるなど，九州内における観光地のネットワークが形成されていく．加えて，この時期に宮崎県の南国情緒，長崎県の異国情緒といった他の地域にはない要素をもつ新しい観光地の台頭もみられた．現在，全国的な知名度を有する黒川温泉の台頭は1980年代からである．黒川温泉は九州横断道路開通により，観光ルートに位置することになった．しかし，大規模な旅館が存在していなかったことから，団体客を獲得できず，観光地として興隆するにはいたらなかった．その後，入湯手形や景観づくりといった当時としては先進的な取り組みの実施により，その知名度を高め，観光客を獲得することとなった．

バブル期になると，新しい観光資源としてのテーマパークが開園をすることになる．福岡県北九州市のスペースワールド，長崎県佐世保市のハウステンボス，宮崎県宮崎市のシーガイアなど，リゾート法を背景に九州全域においてリゾート投資が活発に行われていった．しかし，これらテーマパークの興隆は長く続かず，2000年代に入ると廃業などが進んでいった．その一方で，現在でも残存するテーマパークはその戦略を多様化させ，ハウステンボスは「じゃらん人気観光地満足度ランキング2024【九州・山口】」で2位に，「じゃらん今後行ってみたい観光地ランキング2024【九州・山口】」で1位になっている．

また，2020年からはじまったコロナ禍という厳しい行動制限下において，九州内では福岡大都市圏を中心にマイクロツーリズムの興隆がみられた．九州経済調査協会（2023）によると，福岡県うきは市，福岡県朝倉市は2019年から2021年にかけての九州内市町村別来訪者増減率の上位2市に位置している．この2市は福岡市から車で一時間程度の距離にあり，道の駅うきはや道の駅原鶴，三連水車，三連水車の里あさくらといった直売所を備える施設や，浮羽カントリークラブといった密にならない屋外型の活動が行える場所が注目を集めた．また，阿蘇市も上記増減率で3位に位置し，キャンプなどのアウトドアアクティビティを提供していることが特徴的である．

このように，九州の観光地はその歴史の中で，発展と危機を経験しながら，九州全域としての多様な観光地を誕生・発展させ続けている．

9.4.3 九州と産業遺産観光

さて，九州では，近年，ニューツーリズムの台頭も顕著である．その一つとして産業遺産観光への注目が高まっている．

特に，その機運が高まったといえるのが，2015年における「明治日本の産業革命遺産 製鉄・製鋼，造船，石炭産業（以下，産業革命遺産）」の世界文化遺産への登録である．東北から九州の各所に存在する明治期の日本の産業を支えた遺構が構成資産となった（表9.2）．

現在，世界遺産観光は高い集客率と高収益を見込めるブランド商品となっており，世界遺産を一つの観光資源としてみる動きが九州内でも生じている．九州地方に点在する各構成資産を概観すると，実際に登録以前から観光地としての価値を見出され，活発な観光活動の対象となってきたものが存在する．例えば，長崎市に立地する端島（俗称・軍艦島）はその例に当てはまる．端島は炭鉱として，明治期からエネルギー転換が進められた1970年代まで機能し，主に八幡製鉄所への資源供給を担ってきた．最盛期の1960年代には人口も5000を超えていた．1974年の閉山後は無人島となっていたが，1990年代の廃墟ブームや2000年からの世界文化遺産登録の機運の高まりの中で観光地としての脚光を浴びてきた．ただ，三菱マ

表9.2 明治日本の産業革命遺産構成資産

位置する都道府県・市町村	エリア	構成資産
山口県萩市	萩	萩反射炉 恵美須ヶ鼻造船所跡 大板山たたら製鉄遺跡 萩城下町 松下村塾
鹿児島県鹿児島市	鹿児島	旧集成館 寺山炭窯跡 関吉の疎水溝
静岡県伊豆の国市	韮山	韮山反射炉
岩手県釜石市	釜石	橋野鉄鉱山
佐賀県佐賀市	佐賀	三重津海軍所跡
長崎県長崎市	長崎	小菅修船場跡 三菱長崎造船所第三船渠 三菱長崎造船所ジャイアント・カンチレバークレーン 三菱長崎造船所旧木型場 占勝閣 高島炭坑 端島炭坑 旧グラバー住宅
福岡県大牟田市，熊本県荒尾市，熊本県宇城市	三池	三池炭鉱・三池港 三角西港
福岡県北九州市，福岡県中間市	八幡	官営八幡製鐵所 遠賀川水源地ポンプ室

写真9.4 端島（軍艦島）での観光活動（上：島内でのガイドによる説明，下：クルーズ船から降りる観光客）（2016年3月2日）

テリアルより端島を譲渡された高島町は特段，観光活用を進めてこなかった．しかし，長崎市との合併後に観光地化が進むことになる．長崎市の観光課は2003年に「軍艦島急接近ツアー」を実施し，2004年には長崎県の観光連盟からの補助を受けてガイド講習が開かれることになる．また，民間での活用は行政よりも早く，1997年から汽船会社による軍艦島クルーズが行われており，2004年には定期航路が設定された．もちろん，世界文化遺産登録後も観光活動は活発に行われており，ガイドによる案内も存在している（写真9.4）．

また，登録以前は観光客がほとんど訪れていなかった地域でも，登録後に観光客対応が進められている場合もある．例えば，中間市ではボランティアガイドの養成，ビジターセンターの創設などが進められた．加えて，北九州市および大牟田市と連携し，互いの市民を対象とした世界文化遺産バスツアーを開催するなど，積極的な観光客誘致の動きがみられる．このように，世界文化遺産登録前より注目を集め，観光地としてのまなざしを向けられるものも存在する一方で，世界文化遺産登録を契機に観光振興を図る地域も存在する．

しかし，それらの観光振興が必ずしも観光客の継続的な獲得につながっているわけではない．例えば，佐賀市の三重津海軍所跡がその一つとして挙げられる．世界文化遺産に登録された2015年に，海軍所跡に立地していた佐野常民記念館では佐賀市の統計によると，前年度の3万8144人の約4倍となる15万3717人の入場者数を記録した．しかし，その後，入場者数は低下を続け，2019年には8万7924人と半分ほどまでに減少している．この要因について，周囲の観光施設の少なさや，他の観光施設との連携不足などが挙げられる．コロナ禍でさらにその入場者数は減少し続けてきたが，2021年に佐野常民記念館が，佐野常民と三重津海軍所跡の歴史館としてリニューアルオープンした（写真9.5）．しかし，2023年の入場者数は1万7338人と，以前の水準を回復するには厳しい状況が続いている．

写真9.5　佐野常民と三重津海軍所跡の歴史館（2024年1月12日）

9.5　トピック2―九州新幹線の開通と地域の受容―

9.5.1　新幹線と地域

日本では，1964年の東海道新幹線開通後，盛岡以南から博多までの路線が整備されていった．1970年以降は，全国新幹線鉄道整備法の整備計画に基づいて新幹線の整備が進められることになり，1972年には北海道，東北（盛岡以北），北陸，九州・鹿児島ルートが計画されたが，国鉄の経営難や日本経済の低迷などの理由により，整備まで多大な時間を要している状態にある．これらの5路線は整備新幹線と呼ばれている．

さて，整備新幹線には，移動時間の大幅な短縮によるビジネスや観光の活発化と，それによる地域の活性化などの効果が期待され，実際に，新幹線開通により鉄道利用客の増加は各地で報告されている．しかし，その一方で，新幹線整備と切り離すことができないのが，「在来線問題」である．新幹線が整備された場合，在来線は基本的にJRから経営を分離されることになり，その存続が危ぶまれる．

このように新幹線の開通は地域の経済・社会・住民生活といった多様な側面に影響をもたらすものである．九州も例外ではなく，2000年代以降の九州新幹線開通の影響を受け，地域が変容している最中にある．

9.5.2　九州における新幹線の開通

九州新幹線は，2004年3月13日に鹿児島中央駅～新八代駅において部分開通したのち，2011年3月12日に新八代駅～博多駅間が開通した．

九州新幹線全開通の影響は大きく，地域経済総合研究所試算では，開通後一年間の経済効果は熊本県内において，195億円にのぼるとされており，加えて，新幹線の主要駅の立地する鹿児島市や熊本市などは宿泊数が開通以後増加を続けている．

また，新幹線開通は観光や出張といった非日常的な活動だけでなく，通学・通勤という日常的な都市圏のつながりをも拡張している．図9.7はJRの定期利用による九州新幹線旅客数の変化を示したものである．定期券による新幹線利用は2011年の全線開通を機に2010年度の101万8000人から2011年度では2倍強となる206万2000人へと増加している．2021年度，2022年度はコロナ禍によるテレワークの普及などが要因と考えられる落ち込みがみられるものの，新幹線開通以後，新幹線定期券の利用者は増加を続けている．また，貨物地域流動調査・旅客地域流動調査によると，2022年度に福岡発・鹿児島着および鹿児島発・福岡着のJR定期の利用者がそれぞれ7900人存在している．福岡・鹿児島間における定期券利用は，全開通以前の2009年度には0だったこと，そして，在来線での通勤・通学利用が困難な都市間の距離であることを考慮すると，この増加は新幹線利用によるものであることが予想される．このように，新幹線でなければ通勤困難な距離にある都市間同士が結びついていることがわかる．また，沿線自治体も新幹線開通による通勤距離の増大と，それにともなう移住先の多様化を見据えた政策を採用している．川内(せんだい)駅の立地する薩摩川内市では，転入し，かつ転入日前3年，後1年を経過する日までに住宅を取得した者を対象に月額1万～2万円の通学・通勤定期券補助を出し

図9.7　九州におけるJR定期券利用の旅客数量および前年度比の変化（鉄道輸送統計調査により作成）

ている．利用区間は博多駅から鹿児島中央駅の全線である．例えば，川内駅〜熊本駅間は新幹線利用で30分少々であるのに対して，並行在来線を利用すると，肥薩おれんじ鉄道およびJR鹿児島本線を利用して3時間以上かかるなど，従来，通勤・通学でつながることはなかった地域同士である．

より遠距離の地域同士がつながる一方で，川内駅・八代間を結ぶ薩摩おれんじ鉄道は長期間，経営赤字が続くなど，近距離の地域を結ぶ交通網の弱体化も注視しなければいけない．

新幹線全通により，地域間関係だけでなく，地域内での変動も生じた．九州最南端の新幹線停車駅である鹿児島中央駅およびその周辺地域は，開通にともなう再開発による大型の複合駅ビルの建築などにより，その商業機能を増加させている．従来，鹿児島市における商業の中心地は鹿児島中央駅から北東部に位置する天文館地区であったが，競合が発生し，一部，天文館の商業機能が移転していることが指摘されている（有村，2019）．また，郊外のショッピングセンターもその競争に混じり，新幹線開通を機に，市内の商業機能の立地が大きく変化するなど，市民生活への影響も垣間見える．

9.5.3 西九州新幹線の開通と地域の変容
a. 西九州新幹線の開通

西九州新幹線長崎ルートは整備が計画された1973年から50年経過した2022年9月に開業した（図9.8）．開業にいたるまでに，整備方式や通過ルート，並行在来線など多様な問題が表出した．それでも開業にまでたどり着きはしたが，未だ武雄温泉駅から新鳥栖駅までの50kmについては整備の目途が立っていない状況にある．この点に関して，佐賀県は，在来線の本数減といった市民生活における利便性の減退などを憂慮している．先に述べた在来線問題が大きく頭をもたげ続けており，開通から1年以上経過した2023年12月時点においても協議は進展していない．

b. 新幹線開通を契機に再開発を進めた町—長崎県諫早市—

諫早市はJRの駅が立地し，かつ島原半島一帯をつなぐ島原鉄道が存在するなど，長崎県内にお

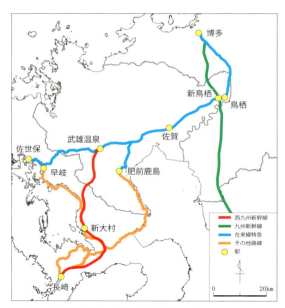

図9.8　西九州新幹線開通後の鉄道路線図（国土地理院地図に加筆し作成）

いても従来，交通利便性の高い地域であった．しかしその一方で，長崎駅に次いで2番目に一日の利用客の多い諫早駅ではあるが，駅への自家用車による通勤・通学にともなう朝夕の混雑，鉄道とバス・タクシーなど二次交通への乗り継ぎの不便さ，鉄道で分断された商業機能，郊外店舗との競争など，駅周辺地域は多くの問題も抱えていた．

そのような駅周辺の課題解決を，新幹線の開通に合わせた整備計画によって，諫早市は実現した．まちなか定住・交流促進に向けた再開発ビルの建設（2棟あり，居住機能を主とするもの，宿泊機能を主とするものに分かれている），混雑緩和・利用促進のためのバス・タクシー専用ロータリーの設置などを行った．

このように，諫早市では既存のまちづくりにおける交通・商業課題を新幹線開通に合わせた再開発によって，解決していったのである．

c. 「終点」となった町—佐賀県鹿島市—

西九州新幹線の開通にともない，並行在来線にも大きな変化が起きた．その中でも特に大きな変革を迫られたのが，佐賀県鹿島市に立地する肥前鹿島駅である．新幹線開通以前，肥前鹿島駅は博多から長崎にいたる在来線特急ルート上にあると同時に，停車駅でもあった（図9.9）．従来，肥

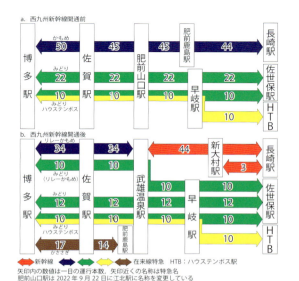

図9.9 西九州新幹線開通前後における在来線特急および新幹線の運行本数と経路（JR九州ニュースリリース2022年6月10日発刊号をもとに作成）

前鹿島駅と長崎駅をつなぐ特急は上下44本/日，佐賀駅・肥前山口駅（現・江北駅）と肥前鹿島駅をつなぐ特急は上下45本/日も存在していた．しかし，西九州新幹線開通によってダイヤが改正されると，肥前鹿島駅から長崎駅にいたる在来線特急はすべてなくなり，佐賀駅・肥前鹿島駅間は「かささぎ」という特急のみの上下14本/日と大幅に減少した．しかもこれは暫定的な処置であり，2026年以降は上下10本/日程度と，さらに減少する予定となっている．

鹿島市では，この在来線の大きな変化に対応するために「JR肥前鹿島駅周辺整備全体構想」を策定した．そこでは，「JR肥前鹿島駅西側の既存商店街を中心とした地区を商業・業務拠点と位置づけ，行政サービスや商業施設の充実を図るとともに，交通結節機能の充実・強化を図る」とされている（鹿島市，2022）．また，この他長崎本線の利用を促進するために助成金を拠出するなど，沿線自治体としての活力創造に尽力している．しかし，鹿島市自体も人口減少が続く中での大きな鉄道網の変革であることを考慮すると，今後，肥前鹿島駅を含む鹿島市全体がどのような変容をみせるのか注視すべきであろう．

［栗林　賢］

・・・・・・・・・ さらに探究する ・・・・・・・・・

福岡県北九州市では，福岡市と対照的に人口減少傾向が続いている．その要因について，福岡市と比較しながら考察をしてみよう．

文　献

有村友秀（2019）：鹿児島市中心部における都心機能の分布とその変容―九州新幹線開業による駅周辺開発に着目して―．地理空間，12（1）：21-35．

内田　晋（2023）：半導体産業の地産地消と当社グローバル戦略―フェローテック「日本回帰」石川・熊本生産拡大，及びM&A強化―．クリーンテクノロジー，33（10）：9-13．

遠城明雄（2008）：福岡．地図で読み解く日本の地域変貌（平岡昭利編），pp.286-291，海青社．

鬼嶋　淳・藤永　豪（2014）：有明干拓社会の形成―入植者たちの戦後史―，147p，岩田書院．

城戸宏史（2012）：鉱工業．九州・沖縄（日本の地誌10，野澤秀樹ほか編），pp.82-90，朝倉書店．

九州経済調査会（2023）：2023年度版九州経済白書，150p，九州経済調査協会．

小松利光ほか（2021）：九州における今後の豪雨災害リスクとその対策．土木学会論文集B1（水工学），77：158-166．

中村周作（2018）：佐賀・酒と魚の文化地理―文化を核とする地域おこしへの提言―，197p，海青社．

橋本彰博ほか（2018）：平成29年九州北部豪雨災害の特徴と得られた教訓．土木学会論文集B1（水工学），74：1087-1092．

山下宗利（2011）：九州―その特異性と進化．日本（世界地誌シリーズ1，菊地俊夫編），pp.19-36，朝倉書店．

鹿島市（2022）：https://www.city.saga-kashima.lg.jp/html/site_files/file/kashimaekizentaikousoudai1syou.pdf（最終閲覧日2023年12月30日）

九州農政局：https://www.maff.go.jp/kyusyu/seibibu/kokuei/18/kantaku/index.html（最終閲覧日2024年1月11日）

熊本防災：https://portal.bousai.pref.kumamoto.jp/data/public/handbook/saigai02.html（最終閲覧日2024年1月10日）

国土交通省：九州の一級河川 https://www.mlit.go.jp/river/toukei_chousa/kasen/jiten/nihon_kawa/09_kyushu.html（最終閲覧日2023年12月20日）

農林水産省ウェブサイト https://www.maff.go.jp/j/keikaku/syokubunka/k_ryouri/search_menu/menu/45_10_saga.html（最終閲覧日2023年12月26日）

JR九州ニュースリリース2022年6月10日発刊号 https://www.jrkyushu.co.jp/news/__icsFiles/afieldfile/2022/10/07/220610_september_23rd_cps.pdf（最終閲覧日2023年12月30日）

10 様々な姿からみた日本の地域像

日本は南北に長い弧状列島であり，海岸線から山地までの距離が短い．そのため，比較的狭い国土の中で緯度や標高の違いにより多様な自然・人文的な現象がみられる．湿潤変動帯に属する日本では，地震や豪雨，火山などの自然災害が多く発生する．一方，こうした自然環境は景勝地や温泉など，多くの恩恵をもたらしており，日本の地域像を形づくる一つの要因となっている．近年は，このような日本の特性が観光資源として活用され，多くの訪日外国人旅行者を魅了する．日本の地域像は，日本で生活する人々だけでなく，海外からのまなざしにも強く影響を受け循環的に形成される．

「日本」らしい景観が見られる人気の観光スポット
（出典：やまなし観光推進機構ウェブサイト）

● 10.1 人口からみた日本の姿

10.1.1 人口の推移

日本は世界の中でも人口が多い国である．2022年の推計では世界第11位の人口をほこる．しかし，人口推移からは2008年の1億2808万をピークに，現在は減少傾向であることがわかる（図10.1）．

長期的な日本の人口推移をみると江戸期に3000万台となり，江戸末期には3400万になったと推計されている．近代に入ると人口は3500万に達し，国内で初めての国勢調査が実施された1920年は5596万となった．その後も人口は増加し続け，1945年の終戦時には7200万と25年間で1604万の増加がみられる．ただし，第二次世界大戦による突発的な人口減少があったことは記憶に留めておく必要がある．

戦後の増加はさらに著しく，1970年には1億を突破し，2010年の国勢調査では1億2806万となった．人口の増加は，農業技術の進展にともなう食料生産量の増加，工業化による所得の増加，医療技術の発達による寿命の延伸と死亡率の低下，社会の安定化など複数の要因によって成し遂げられたが，近代以降の増加の割合は目を見張るものであった．一方，近年は人口が減少しており，社会問題として顕在化しつつある．国立社

図10.1 日本の人口推移と将来推計人口（1964～2023年）
1920年以前のデータは年齢の区別がないため全体の人口となっている．日本統計年鑑，国勢調査，日本の将来推計人口により作成．

会保障・人口問題研究所の推計（出生中位・死亡中位）によると，今後さらに人口は減少し，2050年で1億469万，2070年には8700万になると予想されている．

次に年齢構成の割合を確認すると，1920年は0〜14歳の年少人口が36.5％，15〜64歳の生産年齢人口が58.3％，65歳以上の老年人口が5.3％であったのに対し，2020年では順に12.1％，59.2％，28.7％と年少人口の減少と老年人口の増加が顕著にみられる．日本は世界的にみて高齢化が早期に進行した国であり，今後の急激な人口減少と合わせて新たな社会づくりが必要となる．

10.1.2　人口の偏在

日本の人口は減少傾向にあるが，全国一律に進行しているわけではなく顕著な地域差がみられる（図10.2）．2015〜2020年の5年間の都道府県別の人口増減数をみると，減少数では北海道の15.7万，新潟県の10.3万，福島県の8.1万と続いて大きな値となっており，39道府県で人口が減少している．また，同年間における人口の増減率では，減少割合が高い順に秋田県の−6.2％，青森県と岩手県の−5.4％，山形県と高知県の−5.0％であり，減少率が−3％以上の県は東北地方，四国地方，中国地方の日本海側，九州地方に偏っていることがわかる．

一方，増加傾向にある都道府県は，埼玉県，千葉県，東京都，神奈川県，愛知県，滋賀県，福岡県，沖縄県の1都7県である．特に東京都は5年間で53.2万が増加しており，東京都を中心とする都市圏への局所的な集中がみられる．

東京都市圏への人口増加の要因として社会的要因，すなわち他の都道府県からの移動者の存在が挙げられる．2023年の一年間における都道府県をまたぐ移動者数では，東京都が6.8万人の転入者数で最も多く，埼玉県，神奈川県もそれに次ぐ転入者数となっている．特に15〜24歳までの若年層の転入が多いことから，進学や就職を契機とした移動によるものと考えられ，東京都市圏への若年層の集中と地方過疎化の是正が目指されている．

10.1.3　外国人の増加

人口が減少する日本において，外国人の人口は増加傾向にある．2000年に131.1万であった外国人人口は，2020年には240.2万と2倍近くまで増加した．特に2015〜2020年の増加数が顕著であり5年間で83.5万増加（43.6％増）となっている．一方，同年間の日本人人口は178.3万減少（1.4％減）であることから，相対的に外国人人口の割合が高くなっている（図10.1）．国籍別では，中国が最も多く66.7万，次いで韓国・朝鮮が37.5万，ベトナムが32.1万となっており，近隣諸国からの入国者が多い．

今後ますます外国人人口の割合が高まると予想されることから，多様な文化を尊重し，国籍に関係なく誰もが住みよい社会を構築していくことが重要となる．

10.2　海外からみた日本の特徴

10.2.1　訪日外国人旅行者の動向

日常生活を日本で送る私たちにとって，日本の特徴や日本らしさを見つけることは案外難しい．日本の特徴を理解する上で，海外からの見られ方は手がかりになる．そこで，日本に来訪する外国人旅行者の動向から，日本の地域像について考えてみたい．

まず，訪日外国人旅行者の動向を確認すると，統計を取り始めた1964年から旅行者数は増加しており，2018年には3000万人を超えた（図

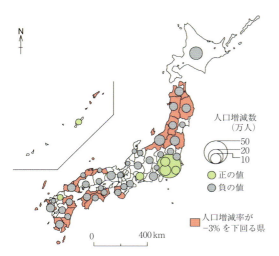

図10.2　都道府県別人口の増減数および増減率（2015〜2020年）
国勢調査により作成．

10.3）．この間，2003年には観光立国宣言およびビジット・ジャパン・キャンペーンの開始，2008年の観光庁設置，2009年の中国個人観光ビザ発給開始など訪日旅行者の誘致に国として力をいれてきた．2010年代に入ると，前年に比べて2割以上の増加ペースとなり，2015年では5割近い増加が記録された．それ以降も急激な訪日旅行者の増加がみられ，東京オリンピックが開催される予定であった2020年には4000万人が目指された．しかし，新型コロナウイルス感染症の流行により2020〜2022年の旅行者数は激減することとなった．その後，2023年以降は回復基調となっている．

一方，出国日本人数と比較してみると，日本人の海外渡航が自由化された1964〜1970年は訪日外国人旅行者の数が上回っている．この期間は海外パッケージツアーが販売されはじめ，日本人の海外旅行を楽しむ素地がつくられたことから，日本人の海外旅行黎明期と位置づけられる．1971年以降は大型旅客機の登場，低価格パッケージツアーの販売，新東京国際空港（現在の成田国際空港）の開港など旅行の供給側の整備とともに，日本人の海外旅行需要の高まりもあり，海外旅行の大衆化が進んだ（外山，2023）．そのため，1971年以降は海外を旅行する日本人の方が多かったが，2015年は訪日旅行者1974万人に対し出国日本人数は1621万人と，1970年以来の出国日本人数を上回る訪日旅行者数を記録し，それ以降は2021年を除き逆転傾向となっている．

2007年に施行された観光立国推進基本法によると，観光は経済的な成長分野として期待されており，地域活性化や雇用機会の増大などにつながるという．また，観光を通して諸外国との相互理解の増進も目指されている．実際，経済に関してみると2012年に1兆861億円であった訪日旅行者の消費額は，2019年に4兆8135億円と4.4倍に増加しており，日本の主要な輸出産業へと成長している．他方，こうした観光がもたらす恩恵を都道府県単位でみると，大都市圏で有利に働き，地方部への波及効果は薄いといった地域差が生じている（福井，2020）．

積極的に訪日旅行者数を増やす政策をとってきた日本であるが，オーバーツーリズムという言葉に象徴されるように，日本各地で地域のキャパシティを超えた観光客が訪問し問題が生じている．例えば，京都府京都市では観光需要による公共交通の圧迫で住民の日常的な移動が困難となったり，神奈川県鎌倉市では人気漫画に登場する踏切周辺に観光客が多く集まり交通の妨げとなったりする問題が発生している．こうした問題は，住民

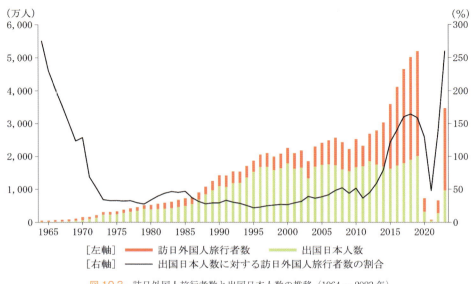

図10.3　訪日外国人旅行者数と出国日本人数の推移（1964〜2023年）
日本政府観光局資料により作成．

114　　10　様々な姿からみた日本の地域像

の生活の質の悪化，自然環境に対する負荷，また観光客自身の満足度の低下など，様々な負の影響を与えることとなる．そこで，2023年から政府もオーバーツーリズム対策に向け動き出した．これからの観光客と観光地の良好な関係の構築が期待される．

10.2.2　訪日旅行者の期待と日本の観光資源

それでは，訪日旅行者は何に期待し，何を目当てに日本に訪問しているのだろうか．ここでは，旅行者の中でも，特に観光・レジャーを目的とした訪日旅行者に着目する．観光庁の訪日外国人消費動向調査（2024年4〜6月期以降はインバウンド消費動向調査に変更）をもとに，2023年の訪日旅行者が期待する内容の上位10項目を示した図10.4によると，上位から日本食を食べること，ショッピング，繁華街の街歩き，自然・景勝地観光，日本の酒を飲むこと，温泉入浴，歴史・伝統文化体験と続く．これらは日本の観光資源であり，日本を特徴づける要素の一つといえよう．次節以降ではこれらに関連した日本の自然環境，和食と日本酒，祭りと芸能から日本の地域像を検討する．

ところで，日本らしい風景として挙げられる要素の一つに桜がある．桜は日本を代表する花として紙幣や硬貨に用いられ，多くの人々に親しまれている．また，訪日旅行者にも人気で，p.112の写真の景観が見られる山梨県の公園には多くの旅行者が訪れている．この写真には桜と富士山と五重塔が写っており，日本らしい要素がたぶんに盛り込まれた景観として認識されている．

それでは，「桜＝日本」という図式はいかにつくられたのだろうか．佐藤（2005）によると，現在，日本でみられる桜の多くはソメイヨシノ（染井吉野）であるが，これは江戸末期から明治期初頭に園芸産業の一大拠点であった染井村（現在の東京都豊島区駒込）で生み出されたものである．日本にはヤマザクラやエドヒガンなどの自生種が生えていたが，日本の近代化の中でソメイヨシノが選択的に植樹され，全国各地でみられるようになった．ソメイヨシノは挿し木や接ぎ木によって増やされており，すべて同じ遺伝子をもつクローンである．そのため，同じ気象条件であればほぼ一斉に開花をするという特徴をもつ．春の風物詩の一つとなっている桜の開花予想日を結んだ桜前線も，こうしたソメイヨシノの性質が関係している．ソメイヨシノは桜を見るという行為を通して，本来異なっていた時間を同一のものとし，異なっていた土地を同じ場所，すなわち「日本」へと塗り替えたのである（佐藤，2005）．さらにソメイヨシノをめぐる物語は訪日旅行者のまなざしとともに，現代の日本のイメージへと取り込まれ，より強固に日本らしさとして国内外に刻み込まれるようになったのかもしれない．

10.3　日本の地形と自然災害

10.3.1　山　地

日本列島は北海道，本州，四国，九州と，それらに隣接する島々，および本州中部から南にのびる伊豆・小笠原諸島，九州から南西にのびる南西諸島から構成される弓形の弧状列島である．ここでは日本の自然の特徴を，山地と平野の地形に分けて考えてみたい．

日本は起伏に富む地形で，火山や丘陵を含む山地の面積は国土の約75%を占める．こうした地形を形づくる要因として，地球の表面を覆う巨大な岩盤（プレート）による運動が引き起こす地殻変動がある．日本列島周辺では複数のプレートがせめぎ合い，その結果，隆起や沈降が活発にみら

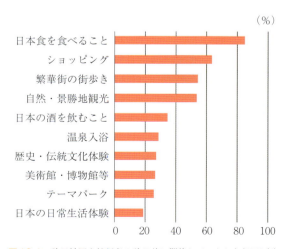

図10.4　訪日外国人旅行者の訪日前に期待していたこと（2023年）訪日外国人消費動向調査により作成．

れる．中部地方の日本アルプスは現在も隆起し，急峻な山地を形成し続けている．ただし，山地の標高が高くなればなるほど，それらを侵食する風雨などの影響も強くなるため，現在の環境下において極端に山地の標高が変化することはない．

10.3.2 火 山

もう一つ山地を形成する営力として火山がある．第9章でも確認したように日本は火山大国であり，現在活発な噴気活動のある火山および概ね過去1万年以内に噴火した火山（活火山）は全国に111ある（図10.5）．火山の分布をみると東北日本では北海道から東北地方，中部地方を通り，伊豆・小笠原諸島へと南下している．他方，西南日本では九州地方を縦断するように位置している．活火山の分布が1本の線で表すことができるほど明瞭であることから，この線は火山フロントと呼ばれ，プレートの潜り込みと関連していると考えられている（小泉，2008）．

火山は一度噴火をすれば，溶岩や噴煙などにより直接的，間接的に私たちの生活に大きな被害を発生させる．近年でも1991年の長崎県雲仙岳や2014年の長野県御嶽山の噴火にともなう被害が記憶に新しい．しかし，火山はマイナス面だけでなく，自然景勝地や温泉，地熱などの恩恵も多大にもたらしてくれる存在であり，日本の文化を形成する一つの要因になっているといえよう．

10.3.3 平 野

変動帯に位置する日本では隆起の場として山地が，沈降の場として平野が形成されることが多い．日本の平野の多くは沈降した場所に土砂が堆積することで形成される堆積平野である．激しい隆起や火山活動により急峻な地形ができやすい日本では，河川による侵食作用が強くなるため，山地から大量の土砂が運ばれ海や盆地を埋めて平野を形成する．

山がちな日本において，地形的な障壁が少ない平野には多くの人々が集中して居住している．2020年の国勢調査に基づき，総務省統計局が設定する統計上の地域区分である大都市圏は，札幌，仙台，関東，新潟，静岡・浜松，中京，近畿，岡山，広島，北九州・福岡，熊本であるが，これらのほとんどが平野に位置している．実際，

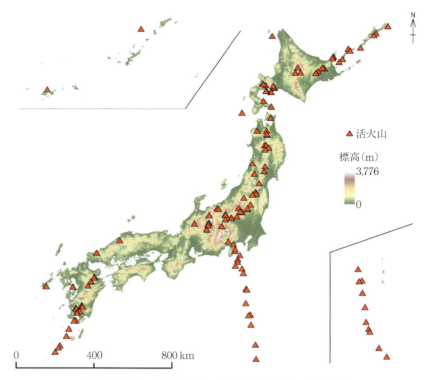

図10.5 日本の地形と活火山の分布（気象庁資料により作成）

標高別の人口分布でも，標高 10 m 未満の低標高地域に 3 割近くの人々が居住しており，居住域の標高は年々低下傾向にある（森田・小野，2024）．その背景には，過疎化が進行する山間地域での人口減少と大都市圏への人口集中がある．ただし，低標高地域における人口集中は首都圏で顕著であり，また太平洋ベルト地帯以外では人口減少が進んでいるといった特徴がみられることに留意が必要である（森田・小野，2024）．

多くの人口が集中する日本の平野は地質学的には新しい時代に形成されており，地盤が軟弱であるという欠点がある．こうした地層は地震の被害を拡大させる要因となる．そのため，日本では耐震設計や土質工学などが進展しており，日本の平野の特殊性が工学の発展に反映されている（貝塚，1992）．

10.3.4　自然災害

変動帯に位置し湿潤な気候の日本は世界的にみて自然災害の多い地域である（**表 10.1**）．被害の程度と地域スケールが大きいのが地震である．平成期以降でも規模の大きかった地震は複数回発生し，兵庫県を震源とする平成 7 年（1995 年）兵庫県南部地震（阪神・淡路大震災）や東北地方で発生した平成 23 年（2011 年）東北地方太平洋沖地震（東日本大震災）は特に大きな被害を出した．地震による被害は，活断層による直接的なものと地震動などが引き起こす間接的なものに分けられるが，海に囲まれた島国で平野に多くの人口が集中する日本では，後者による災害も甚大な被害をもたらす．その最たるものが津波である．東日本大震災を契機に日本各地で津波に対する防災意識が芽生え，海岸沿いには緊急時に一時避難ができる場所として津波避難施設が建設されるなど，ハード面での整備が進んでいる．他方，避難訓練や安否確認訓練など住民，地方公共団体，民間企業などが自主的に行うソフト面での取り組みもみられる．

また，前線の停滞や台風，季節風などがもたらす大量の降水も日本の特徴であり，こうした降雨や降雪はたびたび気象災害を引き起こす．日本の居住分布は都市部に集中していることから，近年では都市型水害も大きな問題となっている．日本は水に恵まれた国である一方，こうした災害による被害が多い国でもあることを意識することが重要である．

10.4　主食の生産と加工

10.4.1　稲　作

日本では古くから稲作が展開され，米が生産されてきた．普段私たちが食べている米はジャポニカ米と呼ばれ，米粒が短く，粘りが強いのが特徴である．稲作は水田で栽培する水稲と畑で栽培される陸稲に分けられるが，2022 年の作付面積は水稲 135.5 万 ha，陸稲 468 ha であり，収穫量は水稲 726.9 万トン，陸稲 1010 トンと，そのほとんどが水稲による栽培となっている．水稲で生育するメリットは連作障害が起きにくいこと，面積当たりの収穫量が多いこと，品質がよいことなどが挙げられる．

世界的にみて米は温暖で湿潤な地域の主食であり，日本も米を主食とする国の一つである．2022 年における都道府県別の水稲生産量をみると，最も多いのは新潟県の 63 万トンであり，全国の 8.7％を占めている．次いで北海道が 55 万トン

表 10.1　2011 年以降の主たる自然災害

年	災害名	主な被災地
2011	東日本大震災（Mw 9.0）	東日本（宮城，岩手，福島）
2011	台風第 12 号	近畿，四国
2011	大雪等	日本海側
2012	大雪等	日本海側
2013	大雪等	北日本から関東甲信越地方（山梨）
2014	8 月豪雨（広島土砂災害）	広島県
2014	御嶽山噴火	長野県，岐阜県
2016	熊本地震（M7.3）	九州地方
2018	7 月豪雨	全国（広島，岡山，愛媛）
2018	北海道胆振東部地震（M6.7）	北海道
2019	東日本台風	関東，東北地方
2020	7 月豪雨	全国（九州地方）
2021	7 月 1 日からの大雨	全国（静岡）
2021	8 月の大雨	全国（長野，広島，長崎）
2022	台風第 14 号	九州，中国，四国地方
2024	能登半島地震（M7.6）	石川県，新潟県，富山県

発生年は災害が起こった年とし，災害名につけられる発生年は省略した．令和 6 年版防災白書により作成．

(7.6％)，秋田県が46万トン（6.3％）と続く（図10.6）．こうしてみると，東日本において米の生産量が多い傾向にあることがわかる．この理由として，平坦な広い土地があること，水が豊富なこと，昼夜の寒暖差が大きいことで食味がよくなることなどが挙げられる．また，寒さに強いコシヒカリなどの品種が登場したことも東日本での生産を増加させる要因となった．

日本各地でみられる稲作であるが，それがつくりだす景観，特に水を大量に使用する水稲栽培の景観は日本を特徴づける要素の一つである．稲作地域では古くから水をめぐる争いが集落や村単位で繰り広げられていた．こうした地域において水は貴重な資源であり，取り決められた量での配分が求められてきた．そのため，水の配分をめぐる工夫がいたるところでなされており，その代表的な装置として円筒分水が各地に存在している（写真10.1）．これは，中心から水を噴出させ，その周囲にそれぞれ決められた量になるように区分し，各田に水を配分することができる装置である．写真10.1は富山県魚津市の東山円筒分水槽でサイフォンの原理で中心から水を噴出させ，3つの用水へと定量を比例分水する仕組みとなっている．水量の変化に影響されることなく，公平に分配できるよう設計されており，水の重要性が確認できる．

写真10.1　富山県魚津市における円筒分水（2024年8月）

10.4.2　日本酒

訪日旅行者が期待することの一つに日本酒を飲むことがある．日本酒は酵母を用いて米をアルコール発酵させてつくることから，米生産が盛んな日本を代表する酒の一つであり，ユネスコの無形文化遺産（2024年登録）でもある．

日本酒づくりに適した米は酒造好適米と呼ばれ，食用の米と比較して米の中心部分の心白が大きいことが特徴である．日本酒づくりでは，米に含まれるデンプンが重要であり，それを多く含んでいるのが心白である．そのため，この心白が大きい方がよりよい味の日本酒をつくることができる．また，米の表面には雑味となるたんぱく質やビタミンが含まれているため，表面部分を磨くことで雑味の少ない酒がつくられる．こうしたことから，食用とは異なる形状の米が用いられる．

2022年の都道府県別の酒造好適米の生産状況をみると，兵庫県が2万2202玄米トンで全国の生産量の27.9％を占めており，次いで新潟県1万409玄米トン（13.1％），岡山県5044玄米トン（6.3％）となっている（図10.7）．生産が東日本に偏っていた食用米と異なり，酒造好適米の生産は全国に分散していることが特徴として挙げられる．次に，生産される酒造好適米の品種をみると，2022年の生産量順では多い方から山田錦2万8168玄米トン（35.4％），五百万石1万4970玄米トン（18.8％），美山錦3741玄米トン（4.7％）となっており，上位2品種で5割以上を占めていることがわかる．山田錦が生産の主要銘柄となっている都道府県は21にのぼり，開発地の兵庫県をはじめ西日本で多く生産されている傾向がある．一方，五百万石は新潟県で開発され，

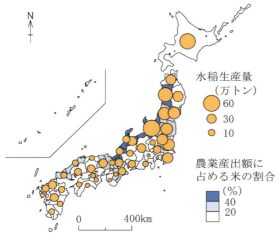

図10.6　都道府県別の水稲生産量および農業産出額に占める米の割合（2022年）
作物統計調査，生産農業所得統計により作成．

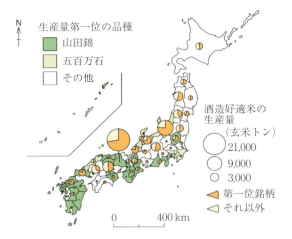

図10.7　都道府県別の酒造好適米の生産量と生産品種（2022年）
農林水産省資料により作成．

北陸三県や島根県といった日本海側と千葉県で主要銘柄として生産されている．その他の都道府県の主要銘柄はすべて異なっており，山形県の出羽燦々，茨城県のひたち錦，岐阜県のひだほまれなど，各地を代表する酒造好適米の生産がみられる．こうした原料米の違いが各地の地酒の味を決め，他地域の酒と区別する重要な要因となっている．

10.4.3　酒類の地理的表示制度

特定の地域で生産された酒に対し，適切な産地名の使用を促進する制度として「酒類の地理的表示（GI: Geographical Indication）制度」がある．日本では国税庁長官が指定し，日本酒や焼酎，ワインなどが登録されている．日本酒で指定を受けている産地名は2024年現在16あり，日本国全体の「日本酒」をはじめ，「長野」「新潟」などの都道府県単位，「灘五郷」「はりま」などの地方・地域単位，「白山」「信濃大町」などの基礎自治体単位など，様々な地域スケールで指定されている．ここでは「日本酒」と「信濃大町」を例に，地理的表示制度の特徴を概観する．

国税庁の地理的表示「日本酒」生産基準を確認すると，日本酒は年中行事や冠婚葬祭などで飲まれる慣習があり，国民生活・文化に深く根付いていることから，日本における重要な酒類とされている．そうした中で，地理的表示「日本酒」を使用するための条件として，2つの事項が決められ

ている．その一つが原料に関する事項で，酒税法に規定された「清酒」に関する原料を用いたもので，使用する米および米こうじは国内産米のみであることとされている．もう一つが製法に関する事項で，酒税法で規定された「清酒」の製造方法により，日本国内で製造されたものに限定されている．このように，国内産の米や米こうじを用いて国内で製造されたものだけが地理的表示「日本酒」として認定されるのである．

一方，長野県の北西部に位置する大町市の名称を冠した地理的表示「信濃大町」の生産基準をみると，酒類の特性として雑味が少なく濃厚な味わい，きれいで穏やかな香りの調和を有しつつ米由来の特徴的な香味が際立った酒と説明される．また，長野県大町市内および近郊で多く採取できる山菜などの旨味をともなった苦みをもつ香味野菜と相性がよいこと，産地の特産品の豚肉の旨味を引き立てることが特徴として挙げられており，地域の食との相性が重要視されている点が興味深い．こうした酒自体の特徴は，地形や稲作環境，醸造用水，気候の自然的要因と，杜氏などの酒造りと酒米の生産の人文的要因に帰せられる．さらに具体的な事項として，地域内で生産された特定の品種の米と水のみを原料として使用することが指定されている．

こうしたように，近年では特定の地域で生産される製品に対し，地理的表示制度として地域名を冠して保護およびブランド化する動きが展開されている．

10.5　日本の祭りと芸能

10.5.1　農山村の祭り

日本では四季折々に地域に密着した祭りが開催されている．例えば，農山村部では農業，特に稲作に関連して，季節ごと，地域ごとに異なる目的の祭りの様子がみられる．

田植えの季節である春にみられるのが，一年間の農作業の無事や豊作を祈る御田植祭である．次いで，稲が無事に成長するように夏に行われるのが，虫送りや雨乞いである．虫送りは稲に付く害虫を追い払う祭りで，火を灯した松明や提灯など

写真10.2 東京都府中市押立地区のどんど焼き（2025年1月）

を持って田のあぜ道を歩く行事である．一方，降雨が少ない地域では雨乞いを目的とした祭りがみられる．秋は農作物の収穫を喜び祝い，各地で秋祭りが行われる．その年に採れた穀物や野菜を振る舞ったり，様々な芸能が披露されたりする．農閑期となる冬には，新年の無病息災や五穀豊穣を祈願する祭りがみられる．多くの地域で開催されるものでは，左義長やどんど焼きと呼ばれる火祭りがあり，正月飾りを燃やした火で焼いた餅などを食べる（写真10.2）．こうしたように，日本では地域の自然環境を反映した祭りが全国各地で催されている．

しかし，近年では農山村部の人口減少や少子高齢化，第一次産業従事者の減少，祭りに対する意識の低下などの複合的な要因により，こうした祭りを開催することが難しくなっている．また，都市化により祭りに関わらない人々が地域内に増えることで，祭りの内容や開催場所をめぐる問題が発生する事例もみられるなど，古くから行われている祭りや行事の意義を改めて問い直す時期にさしかかっている．

10.5.2 都市の祭礼

2016年に「山・鉾・屋台行事」がユネスコの無形文化遺産に登録（代表一覧表へ掲載）された．その具体的な内容は，地域社会の安泰や災厄防除を願い，地域の人々が一体となり執り行う「山・鉾・屋台」の巡行を中心とした祭礼行事となっている．こうした山・鉾・屋台などの曳きものが町中を曳きまわされる祭りは，前項の地域の氏神への祈願や報謝にまつわる農村型の祭りとは異なり，中世以降の都市で育まれ，時々の流行を取り入れながら発展してきた（大島，2002）．ユネスコの無形文化遺産には青森県から大分県にて開催されている33件の行事が登録されているが，規模の大小はあるものの曳きものが出される祭礼は沖縄県を除く全国各地で行われている（図10.8）．曳きものは東海地方を中心に「やたい」，愛知県以東で「だし」，近畿地方を中核的に西日本で「だんじり」などと呼称されており，その名称には地域差が存在する．また，これらの曳きものの行事が執り行われる時期にも地域差がみられ，関東以北では夏季，それより南側では秋季に行われ，北陸地方と近畿地方の北部では他地域に比べて春季の割合が相対的に高い傾向にある（筒井，2011）．

曳きものを出す代表的な祭礼として京都の祇園祭が挙げられる．祇園祭は日本三大祭りの一つに数えられ，町衆と呼ばれる人々による山鉾の巡行が見物人を魅了する祭礼である．しかし，こうした都市部の祭礼も，住民の居住形態や働き方が流動化する現在，存続に大きな問題を抱えている．特に，古くから行われている地域では，祭礼に携われる人の属性が厳格に規定されており，新住民の参加を難しくしている．一方，こうした問題を受け，近年ではこれまでの決まり事を緩和し，担い手を確保する動きもみられるようになっている

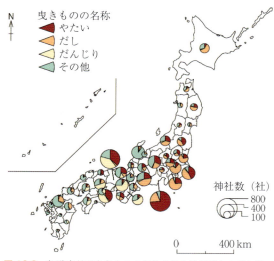

図10.8 都道府県別曳きものの祭礼を行う神社数および名称（筒井，2011により作成）

図 10.9　祇園祭のデジタルパンフレット
山鉾の位置がわかるとともに，それぞれの山鉾の特徴が説明されている．

(佐藤，2016)．

　都市の祭礼と農村部の祭りのどちらにおいても存続が深刻な問題となっている．その対応策として，先に挙げた担い手となる層の拡大や，固定されていた行事の日にちを多くの関係者が休みとなる土日祝日に変更する事例などが挙げられる．さらに，祭りや祭礼を観光資源として活用する動きも広まっており，例えば京都の祇園祭では山鉾の位置を表示する GIS を取り入れたデジタルパンフレットなど，現代の技術を合わせた取り組みがみられる（図 10.9）．観光資源や地域資源と認識されることで，こうした行事への関心が高まり，外部からの人的，金銭的な支援も含めて存続を模索する動きが広がっている．

10.5.3　新たな芸能

　日本各地には様々な芸能がみられる．それらは，どのような文脈で説明されるかにより「伝統」「郷土」「民俗」などの言葉で装飾される．伝統芸能といった場合，私たちは過去からの長い歴史を想像するが，現在，「伝統」で飾られる芸能もそのはじまりは比較的新しいのかもしれない．
　日本の芸能として全国で演奏されている創作太鼓もそうした新しい芸能の一つである．古くから祭りなどで使われてきた太鼓を用いて，複数人で複数台の太鼓を打つ創作太鼓のスタイルは，第二次世界大戦後に考案されたものである．創作太鼓は 1964 年の東京オリンピックや 1970 年の日本万国博覧会で演奏されたことで国内外に広く知れ渡り，1980 年代の地方創生事業により，各地で創作太鼓グループが結成されることとなった．当時のグループの数を正確に知ることはできないが，4000 以上のグループがあったといわれており（高他，1995），全国的に流行したことがわかる．地名やその土地を代表する歴史・文化・自然などをグループ名に組み込んだ創作太鼓グループは，地域とのつながりを積極的に強調し，またリズムの中に地域の音を取り入れながら活動を展開していった（八木，1994）．現在も各地の祭りやイベントなどで創作太鼓が演奏され，地域の芸能として定着した様子がみてとれる．
　創作太鼓の特徴は，基本的に誰でも参加可能な芸能であることが挙げられる．古くから伝わる祭りや祭礼，芸能の担い手には居住地や性別などの属性による制限が設けられることがあるが，創作太鼓は新しい芸能ということもあり，そうした制限をかけることは少ない．そのため，創作太鼓の活動を通したコミュニティの形成や積極的な活動がみられ，新たな地域の芸能として位置づけられている．

10.6　様々な地域像

10.6.1　文化としての和食

　食事はおうおうにして旅行者を魅了する重要な観光資源であるが，そうした中でも訪日旅行者の日本食や日本の酒に対する期待は相当高いものである．訪日外国人旅行者が期待する内容のデータを取り始めた 2014 年以降，訪日前の期待では毎年日本食を食べることが第 1 位であり，旅行者の 70％以上が回答している．
　このデータを取り始める前年の 2013 年には「和食；日本人の伝統的な食文化―正月を例として―」がユネスコ無形文化遺産に登録され，国内外に日本の食文化が保護される対象として認識された．この登録にあたり日本から提出された申請内容をみると，

　　「和食」は食の生産から加工，準備及び消費に至るまでの技能や知識，実践や伝統に係る包括的な社会的慣習である．これは，資源

の持続的な利用と密接に関係している「自然の尊重」という基本的な精神に因んでいる．「和食」は生活の一部として，また年中行事とも関連して発展し，人と自然的・社会的環境の関係性の変化に応じて常に再構築されてきた．……正月における「和食」は地域ごとに多様性に富み，各地の歴史的・地理的特徴を表している．

と説明され，和食は自然と人文の双方の環境が構築した文化と捉えられている．第2章でみた北海道の食の地域性や第9章の有明海の食文化が自然と人文の環境によって規定されていることからも，身近な食から日本の地域性を理解できることがわかる．

10.6.2 食べる地誌

和食と一口にいっても，その具体的な食べ物は多様であり，さらに日本各地にはその土地ごとの郷土食や味の差異がみられる．和食を文化とするならば，古くから行事食として食べられる雑煮や赤飯，花見・月見団子などとともに，普段私たちが食べている日常的な食事もまた和食である．

和食の特徴として出汁(だし)が挙げられることがあるが，地域によって使われる出汁の種類は異なっている．その事例として，ここではインスタント食品で使用される出汁の例をみてみよう．図10.10は食品製造企業が「だし比べ」としてイベント的に販売したきつねうどんのだしの分布を示している．各味の特徴は，以下のように説明されている．北海道は利尻昆布と鰹節をベースとして香りと旨みを感じられる優しい味わいである．新潟県，長野県，岐阜県，三重県以東の東日本は，本鰹と宗田鰹でコクと旨みを感じられる色の濃いつゆが特徴である．一方，西日本は昆布と本鰹による豊かな香りと後引く旨みの淡い色のつゆとし，九州地方は焼きあごとサバ節を用いて九州特有のすっきりとしながらもクセのある味わいで特徴を出している．こうした味の地域性は，以前は各地で手に入る素材の違いによって規定されていたが，物流や冷蔵・冷凍技術の発達によりどこでも同じものが食べられる現代において，なお味覚に地域差がみられることは非常に興味深い．

10.6.3 聞く地誌

特定の地域を理解することを目的とする地誌において，五感全体を使い感じることから地域性や地域像を捉えることは根源的な方法の一つであろう．ここでは，聞くこと，聞こえる音から日本の地域像を捉えてみたい．

私たちは日常の生活で音を聞いてはいるものの，意識することは少ないように思われる．少し古いデータだが，1983年に実施された調査によると，日本人の好きな身の回りの環境音は好きな順に小川のせせらぎの音，秋の虫の鳴き声，小鳥のさえずり，風鈴の音，波がよせる音となっている（NHK放送世論調査所，1984）．同調査結果で興味深いのは第16位にチャルメラの音が入っていることである．当時はチャルメラの音が情報を伝える人工音であり，そうした音は好まれないと説明されている（NHK放送世論調査所，1984）．現代の私たちからすると，チャルメラの音はノスタルジックで哀愁的に認識されるような音であることから，音の聞き方は時代により異なっていることを示している．

こうした音の聞き方に着目した概念としてサウンドスケープ（soundscape）がある．サウンドスケープは日本語では，音の景観や音風景と訳され，音とそれを聞く人間との関係に着目した概念である．前節の創作太鼓が地域の芸能として定着

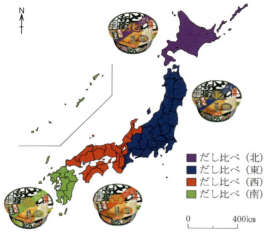

図10.10　インスタント食品のだしの地域差（日清食品資料により作成）

した背景には，地域の音やリズムを曲中に組み込みながら，それらを積極的に意義づけていった取り組みにあると考えられる．こうした，特定の音やリズムに対し共通の聞き方をする人々に着目することで，サウンドスケープからも地域性を読み解くことができよう．

10.6.4 日本の地域像

以上，日本に居住する人々や日本を訪問する観光客，飲食物や祭り・祭礼などから日本の様々な姿を概観した．ここでみた日本の地域像は自然環境をベースとして，そこで生きる人々の生活と密着した文化や歴史と関連しながら形づくられている．一方，ソメイヨシノや創作太鼓の事例など，近代以降に登場したものが「日本」らしさの象徴として位置づけられていることは，日本という地域像の流動性を示し，それは外部からのまなざしと絡み合いながら構築されるものであると理解できる．特に近年はデジタル技術の発達により，私たち一人一人がインターネットを用いて世界に情報を容易に発信できることから，より加速的に地域像が形成され拡散されていく時代となっている．デジタル社会において，私たちは自らの住む国や地域を自然・人文環境の両面から知るとともに，国際社会との関係の中でつくられる地域像も理解する必要がある．

[坂本優紀]

・・・・・・・・・さらに探究する・・・・・・・・・

身近な地域の特徴を自然的要素と人文的要素の両方の観点から多角的に考察してみよう．

文 献

NHK放送世論調査所編（1984）：音．データブック日本人の好きなもの，pp.186-187，日本放送出版協会．

大島暁雄（2002）：山・鉾・屋台行事の保護への新たな取り組み―「山・鉾・屋台行事に関する調査研究」の報告―．月刊文化財，467：4-9．

貝塚爽平（1992）：平野と海岸を読む，pp.53-55，岩波書店．

小泉武栄（2008）：世界と日本の大地形．自然地理学概論（地理学基礎シリーズ2，高橋日出男・小泉武栄編著），pp.75-85，朝倉書店．

佐藤俊樹（2005）：桜が創った「日本」―ソメイヨシノ起源への旅―，236p，岩波新書．

佐藤弘隆（2016）：京都祇園祭の山鉾行事における運営基盤の再構築―現代都市における祭礼の継承―．人文地理，68：273-296．

高他 毅（1995）：戦後和太鼓小史．和太鼓がわかる本（たいころじい編集部），pp.42-45，十月社．

筒井 裕（2011）：「曳きもの」の祭礼にみられる地域的差異―『平成「祭」データ』を手掛かりとして―．國學院大學伝統文化リサーチセンター研究紀要，3：141-153．

外山昌樹（2023）：海外旅行市場の系譜と可能性．観光文化，257：4-7．

福井一喜（2020）：観光の経済効果の地域格差―観光政策による格差再生産とCOVID19―．E-journal GEO，15：397-418．

森田匡俊・小野映介（2024）：日本列島における標高別の人口分布の特徴と推移．E-journal GEO，19：65-77．

八木康幸（1994）：ふるさとの太鼓―長崎県における郷土芸能の創出と地域文化のゆくえ―．人文地理，46：581-603．

終章　日本の地誌は何に役立つか

1　地誌で日本を視覚的に紹介する

　地誌にはたくさんの地図が使われている．それらはいったい何の役に立つのだろうか．

　地図はなくても，地域の説明はできる．例えば，「東北地方は本州の北東に位置する．青森，岩手，宮城，秋田，山形，福島の6県からなる……」というように，文章だけでも説明できる．

　その文章が，短くまとまっていれば，地誌というよりも，地名辞典の分野になる．文章が長ければ，読むのが苦痛になる．

　地誌の語源の一つは，リージョナル・ジオグラフィーである．地域の（regional）・地理（geography）である．地理には地図がつき物である．例えば，高等学校や中学校の地理には地図帳が使われている．地図帳が地理の教科書とともに用いられることは，国（文部科学省）によって，きちんと決められている．

　すべての分野は，ある目的を達成するために存在する．その目的は，他の分野では達成されなかったものだ．地図を使うことは，地理の分野の存在意義となる方法であった．地誌は地理の伝統を引き継いでいる．なお図1は，私が大学の地図学（cartography）の授業で，学生に勧めているソフトウェアである．

　情報技術が進歩し，膨大なデータを処理するようになると，地図のデザインは統一されてくる．今の地図の多くは，ほとんどがソフトウェアのデフォルトのデザインである．型にはめてつくられた大量生産である．大量生産も大切だが，全員が同じものをつくる必要はない．地図は人に自分の考えを伝える方法である．それは言葉や音楽と同じようにである．

　今の人たちはとても忙しい．仕事だけでなく，スマートフォンでゲームをしたり，タブレットでユーチューブを見なければいけない．地誌を書く

図1　画像製作ソフトウェアの例
Inkscapeは地図製作に使えるソフトウェア．無料で使える．地図のデザインを考えるため，昔の地図帳を見るのもよい．例えば，氷見山ら（1995）の大判の地図帳．

人は，そんな忙しい人たちの目をもらうことができるだろうか．

2　日本地誌は日本を学ぶ基礎

　日本地誌は多くの人に日本の情報を伝えることができる．その情報は，自然，歴史，文化，経済，産業など幅広い話題をカバーする．人にたとえるならば，話題が豊かで，多くの人と会話ができるタイプである．それはスペシャリストではなく，ジェネラリストである．

　大学で地誌を受講する学生は多い．様々な専門分野に基礎的な情報を提供できるためである．国家資格（教諭免許状）をとるための科目にも指定されている．地誌を通して，自分が住んでいる地域のことを勉強し直すという学生も多い．

　東京都立大学の学生でも，伊豆諸島と小笠原諸島の区別がつかない人がいる（その大学は東京都が主管する大学であり，伊豆諸島も小笠原諸島も東京都に含まれる）．しかし，それは当然のこと

だ．彼らは厳しい受験の競争に勝つために，余分なものを捨ててきたからである．

　地誌を受講する学生のほとんどは，地誌以外の分野で卒業論文を書く．それぞれの分野でスペシャリストになる．そして，大学を卒業した後は，無限の価値観がある世の中で，生きていかなければならない．

3　地誌は生涯学習に役立つ

　定年退職した人たちが大学で地誌を学んでいる．いろいろな仕事をしてきた人たちが，いろいろな理由で学んでいる．例えば，「学生時代に一番好きだったのが地理だったから」「Webページで旅行記を公開していて，その勉強に」「兄弟で私だけ修士号が無いから」……

　学生時代は工学や理学で専門的な科目を学び，社会に出てからは，人のために働いてきた．シニアになってようやく，自分のために勉強する時間ができた．そのような人たちに地誌は人気がある．それぞれの問題意識で身近な地域を研究している．野外で観察したり，聞き取り調査をしたり，文献を読んだり，GISで地図を製作している（図2）．地誌を学ぶことは人生の幸せである．

4　地誌で地域の魅力を伝える

　地誌は地理の伝統を引き継いでいる．地理の本質は，地面の記録である（geo + graph）．伝統的な地理のように，ただただ地面を記録することが，いったい何の役に立つのだろうか．

　いつの時代も人は地域の情報を必要としてきた．それが今も地誌がなくならない理由である．日本で最古の地誌書は8世紀に編集された風土記だろうか．江戸期以前は，旅をすることは危険だった．知らない地域の情報を正しく知ることは，自分の命を守ることだった．

　工業化が進んだ今，人は飛行機で移動し，自動車を所有する．地域の情報が命を守るという表現は，国内旅行ではオーバーだ．観光の学部で働いている私は，地誌の力で，地域の魅力をなるべく多くの人に伝えたいと思っている．どのようにして伝えるのか．そのヒントは，「どんな音器も音は出るけれども，音楽にしなければ心と共鳴しない」ことだと思う．

5　地誌は野外での教育に役立つ

　大学では多くの分野が野外実習を行う．ほとんどの分野は，ある目的地を決めて，そこを重点的に説明する．それに対して，地誌の実習では，移動する行程を含めて線的・面的に地域を説明できる．地誌は守備範囲の広い分野である．

　私も複数の大学で野外実習を担当した（写真1）．実習の前には，分厚い地誌書から地図やグラフを選んで，コピーをして，配布資料をつくった．説明する内容も，地誌書で勉強した．それが役に立った．

　野外に出るのは楽しかった．地誌書にはたくさんのオプションがあり，地域の解釈はオープンで自由であった．本に書かれている内容を野外で確認したり，本に書かれていない新しい発見をしたりした．どちらの場合も，野外でとても大切なも

図2　東京都立大学生涯学習コースの学生がGISで製作した地図

写真1　北海道大学のバス巡検（2011年5月，サロベツ原野）
昔，大学には野外実習用のバスがあり，いろいろな場所へ行けた．

のを見つけたような気持ちだった．

どうして野外実習があるのだろうか．学生の頃に野外で先生から聞いたことは，今でもよく覚えている．外の風にあたりながら考えたことは，人の心の深いところに記憶されるのだろう．

● 6　地誌は国際化する観光に役立つ

観光について，本書を執筆した全員が，観光に関する研究を発表している．ここでは，観光の国際化に関して，私が思い出したことを書く．

私は昔の職場で"Regional geography of Japan"という講義をした．外国からお客さんが来たときに，英語で日本を案内できることが，その講義のねらいだった．私の経験では，外国人の案内を日本人にお願いすると，「英語に自信がないのでムリです」という人が多かったためである．

その講義は，日本人向けの講義だったが，留学生の受講も多かった．彼らは日本に来るのだから，日本のことを知りたいのだ．彼らの素直な好奇心を満たすのに，地誌は役立った．

例えば，パーティーでホタテの寿司が出てきたとき，「これは何ですか」と聞かれる．私は「それはホタテ scallop です」と答える．そしてホタテは北海道で養殖されていることや，中国へ輸出されていることを話す．それをきっかけに話が進んでいく．

● 7　防災の教育に役立つ

防災について，日本はいわば災害の百貨店である．図書館に並べられている市町村史（誌）をざっとめくっただけでも，地震，津波，噴火，台風，洪水，地滑り，大火，暴風雪，飢饉などの記録が見つかる．前述の野外実習でも，防災をテーマにすることが多かった．

地誌を読めば，自分もいつか何らかの災害に遭うことが想定できる．しかしコンピュータと違って，人の心は忘れやすい．人生の不愉快なこともたいてい忘れてしまうが，その特性が危険になることもある．

山が大噴火をおこしたり，バケツの底が抜けたような大雨が降るのは，ただの自然である．何億年も前から続くサイクルである．そのサイクルが，地面をつくったり，削ったりした．そこに人がいなければ災害は発生しない．人が「災害である」と認識することで災害が発生する．人は自然の一部でなく，自然を認識する主体である．比喩を使えば，「われ雨を見る，故にわれ在り」である．

現在，ほとんどの人が都市的な生活をしている．仕事も遊びも高度化している．自然をゆっくりと，自分の頭で認識する時間もない．学校の教師が次の世代にうまく伝えられるとよいけれど……

● 8　地誌でSDGsを理解する

地誌は昔ながらの分野である．地誌には，地名の暗記が多いというイメージがあるので，地誌の勉強をあきらめる人がいる．暗記が問題であるという課題は，教える人も，読む人も，想像力をなるべく使わず，型にはめて考えるようになったためだと思う．例えば，「『やませ』がもたらす被害について述べなさい」と問うと，皆よく答えられるが，「『やませ』について述べなさい」と問うと，何を答えてよいかわからなくなってしまう．夜の海に放り出されたようになってしまう．

そのような理由で地誌の勉強をあきらめる人がいる一方で，パッチをあてながら地誌を使い続ける人もいる．パッチとは，コンピュータの分野では，バグを修正するコマンドのことである．

パッチをあてながら使い続ける方法の一つに，動態地誌という視点がある．その視点は10年以上前に，本書の初版（菊地，2011）で試みられたので，ここでは割愛する．ここでは地誌を書いた先人の本から考える．

一つは，地誌により，持続可能な開発目標（SDGs）を理解することである．その方法は，飯塚・菊地（2021）の終章で説明される．その説明は未完なので，ここで解釈してみる（表1）．

1つ目の「資源や文化の違いを理解し，公平な社会をつくる」ことについて，「資源」には，石油などの地下資源だけでなく，風や植物などの自然環境も含まれる．「文化」もまた，音楽や絵画

表1 SDGsにつながる地誌

地誌の学び		持続可能な開発目標
資源や文化の違いを理解し，公平な社会をつくる．	→	10. Reduced inequalities
他の地域の人と仲良くつき合う．	→	17. Partnerships for the goals
他の地域の性格を学ぶことで，自分の生きる力を得る．	→	4. Quality education
地域の良いところを，発信し，後生に伝える．	→	11. Sustainable cities and communities

だけでなく，人が何かをつくる広い営みのことである．それらは，地域ごとに似たものもあれば，違うものもある．違うものを正しく知ることが，公正な社会をつくる基本である．

2つ目の「他の地域の人々と仲良くつき合う」ことについて，私の経験では，地誌は知らない人と話をするのに役立った．「どこから来たの？」とか，土地の気候とか，パーティーに出てくる食べ物など，そんな小さな話題から何かがはじまる．

3つ目の「他の地域の性格を学ぶことで，自分の生きる力を得る」ことについて，私にとって，地誌を書くことは問題が多いけれども楽しみでもある（fun problem）．周りに目を向けると，旅行好きな人は多い．旅行記をWebページで紹介する人もいる．地誌で私たちの話は面白くなる．

4つ目の「地域の良いところを，発信し，後生に伝える」ことについて，何かのよいところを発信し，後生に伝えることは，ほとんどの人の営みに共通する．例えば，周りの研究室をみると，「まちづくり」の人たちは，開発のためによいところを伝える．生態学の人たちは，自然保護のためによいところを伝える．

それに対して，地誌を書く人は，地域のよいところを伝える．地域には，都市も農村も，人も自然も含まれる．書き手も，読者も，中立的に地域を知ることができる．そのために書き手（貴方）は，有能なキュレーターが絵画を説明するように，地域のことを説明する．

9 地誌を書くための視点「文化層序」

文化層序は，ある大学の地誌学教室を牽引してきた斎藤功氏が，退職する頃に提唱した考え方である（斎藤は朝倉書店の『首都圏II』（日本の地誌6）も執筆）．

「文化層序とは，ある時代の植物や花粉が池に堆積して地層をなすように，ある地域に流入した時代の文化はそれが建造物であれ書物であれ文化財であれ，何らかの痕跡を残すと考える」（斎藤，2006）．

図3は，文化層序の模式図である．上の部分が今の空間構造である．構造とは，複数のパーツでできた全体である．それが表面である．たいていの人はそれだけを見ている．

その空間構造を縦に切った場合，内面には地層のような構造が見えてくる．それが文化層序である．斎藤はよく「見ようと思えば，見えるんだ」

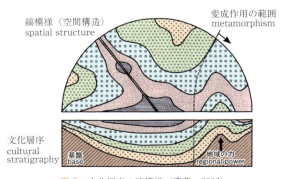

図3 文化層序の縞模様（斎藤，2006）

と言っていた．

　新しい文化が，古い文化の上に積もっていく．ときに優しく，ときに激しく．そこで貴方が見たものを，正しく書くことが，文化層序である．それは，ただただそこに存在するだけである．小石や原子核のように．

[仁平尊明]

文　献

飯塚　遼・菊地俊夫（2021）：観光地誌学，188p，二宮書店．

菊地俊夫編（2011）：日本（世界地誌シリーズ1），176p，朝倉書店．

斎藤　功編（2006）：中央日本における盆地の地域性―松本盆地の文化層―，268p，古今書院．

氷見山幸夫ほか編（1995）：アトラス　日本列島の環境変化，187p，朝倉書店．

索　　引

ア 行

Iターン　84
会津盆地　33
アイヌ文化　17
アイランドツーリズム　86
明石海峡大橋　94
秋吉台　76
亜高山帯　66
阿蘇山　100
有明海　102
阿波踊り　91

諫早駅　110
石狩汁　25
石鎚山　90
衣食住　11
偉人　55
出雲大社　78
伊勢神宮　59
厳島神社　79
糸魚川-静岡構造線　52
稲作　117
石見銀山　79
インバウンド　60, 83
インバウンドツーリズム　59, 106

ウォーターフロント　45, 73
牛文化　68
馬文化　68

駅伝制　10
SDGs　126
エゾシカ　15
エネルギー転換　20
園芸作物　56
塩田　82

隠岐諸島　84
お接待　96
オーバーツーリズム　68, 114
温泉　58, 107
温帯　66

カ 行

カーアイランド　105
外国人　57
外食産業　19
外水氾濫　41

海水浴場　48
海成段丘　97
海賊　85
街道　53, 55
科学都市　73
花卉栽培　86
カキ養殖　86
鹿児島県　106
火山　100, 116
火山活動　100
火山性ローム　23
火山フロント　116
菓子　102
菓子文化　102
果樹園　23
果樹栽培　21
カスリーン台風　41
河成段丘　98
過疎化　82, 113
活火山　15
狩野川台風　41
カルスト地形　76, 98
観光　114
観光公害　68
観光資源　115
観光農園　43
観光農業　56
観光立国　114
幹線街道　10
環太平洋造山帯　37
干拓　81, 102
関東大震災　40
関東地方　39
関東平野　39

紀伊山地　64
祇園祭　120
気候区分　8
気象災害　117
北前船　18, 70　→ 弁財船
機能地域　14
九州横断自動車道　107
九州新幹線　109
宮都　67
旧長崎街道　102
清洲越　61
近畿三角帯　64
近郊農業地帯　56
近代化産業遺産　86
近接性　10

空海　89, 95
グリーンツーリズム　83
黒川温泉　106
黒毛和種　70
黒瀬川構造体　98
黒ボク土壌　23
軍艦島　108

景観　2
景観分析　2
景観変化　3
軽種馬　18
系統地理学　1, 5
芸能　121
京阪神大都市圏　70
圏構造　14
県庁所在地　55
原爆ドーム　79

広域地方行政区分　9
郊外　71
豪雪地帯　28, 64
高知平野　90
交通　11
弘法大師　95
高齢化　113
高冷地野菜　19
五畿七道　9, 66
国勢調査　112
国民休暇村　83
国民宿舎　83
国立公園　66, 67
金刀比羅宮　90
コミュニティ　121
古民家　83
米　117
コロナ禍　106
コンビナート　82

サ 行

サイエンスパーク　73
災害「知」　75
再開発事業　73, 104
サイクリストの聖地　87
サイクリング　86
サイクルスタンド　87
在郷町　90
在来線　111
祭礼　55, 120
サウンドスケープ　122

桜　115
桜島　100
鎖国　102
札仙広福　104
讃岐うどん　92
讃岐平野　89, 90
サロベツ原野　18
山陰海岸ジオパーク　77
産業遺産観光　107
三大都市圏　14, 60
山地　115
三富新田　3
三平汁　25
山陽新幹線　80

JRグループ　12
ジオサイト　101
ジオストーリー　97
ジオツーリズム　97
塩の道　54
ジオパーク　66, 67, 96, 100
四国カルスト　98
四国山地　89
四国遍路　95
地震　117
施設園芸農業　92
自然災害　117
自然条件　10
持続的な開発　37
漆器　34
支店経済都市　103
自転車道　87
自動車産業　105
地場産業　56
しまなみ海道　80, 94
四万十川　90
重要伝統的建造物群保存地区　59, 85, 90
シュガーロード　102
酒造好適米　118
首都圏　39
生涯学習　125
城下町　90, 93
小京都　59
商品作物　85
情報通信　11
消滅可能性都市　82
縄文文化　17
照葉樹林文化　29
昇龍道プロジェクト　60
諸環境　2
食糧自給率　18
ショッピングモール　42
シリコンアイランド　105
シリコンロード　33
新幹線　109
ジンギスカン料理　25
人口　112
人工林　66
新産業都市　93

新田開発　3

水害　101
水稲栽培　118
スキー　58
スケール　5
ストロー効果　63
スーパーメガリージョン　63
スマートリージョン　63

生活文化　11
静態地誌　1, 2, 6
整備新幹線　109
世界遺産　67
世界遺産観光　107
世界恐慌　22
世界自然遺産　17
世界農業遺産　70
世界文化遺産　107
石材産業　86
関所　54
積雪　17, 53
石炭　20
石油化学コンビナート　56
脊梁山脈　8
石灰岩　98
瀬戸内気候区　89
瀬戸内国際芸術祭　86
瀬戸大橋　80, 93
瀬戸内海　76, 88
線状降水帯　101

相互関連性　6
創作太鼓　121
装置型工業　20

タ行

耐寒性品種　19
大規模小売店舗　82
大規模小売店舗法　42
滞在型観光　83
大山　79
大地溝帯　8, 52　→フォッサマグナ
太平洋プレート　27
太平洋ベルト地帯　14
大宰府　101
出汁　122
但馬牛　69
たたら製鉄　77
多文化共生　57
炭鉱　25
壇ノ浦　78

地域おこし協力隊　94
地域区分　7, 13
地域構造　11
地域構造図　6
地域差　11, 14, 113

地域スケール　1
地域単位　7
地球温暖化　101
地形　115
地形区分　8
地誌学　1, 5
地図　124
「地」の「理」　4
地方運輸局（国土交通省の）　11
中央構造線　52, 64, 88
中京工業地帯　56
中国山地　64, 76
中国自動車道　80
中国地方　78
中心軸　14
中枢管理機能　62
中部圏開発整備法　54
昼夜間人口比率　73
潮汐作用　102
地理的表示　119

通学　109
通学・通勤定期券補助　109
通勤　109
対馬海流　17

定期券　109
デイリーリズム　61
出稼ぎ農村空間　32
デジタルパンフレット　121
テーマパーク　107
伝承　75
天神ビッグバン　104
伝統行事　55
伝統工芸　56
伝統料理　103
天文館地区　110
電力会社　12

TOKYO 2020　45
東京臨海部　44
島弧　52
道後温泉　91
東西差　10
杜氏　119
等質地域　14
動態地誌　1, 2, 6
道府県　10
特産　30
都市システム　62
都市農業　43
土砂災害　101
鳥取砂丘　77
利根川水系　39
利根川東遷事業　39
トラクター　23
どんど焼き　120

130　索引

ナ 行

内水氾濫　41
長崎　102
名古屋飛ばし　61
南海型気候　89
南海道　90
南海トラフ　89, 90
南北差　10
南北性　13

西九州新幹線　110
西日本豪雨　77
西之島　40
ニシン漁場（番屋）　20
ニシン魚肥　21
ニシン漁　20
日本放送協会（NHK）　12
日本アルプス　52
日本海　76
日本酒　118
入植　18
乳頭温泉郷　36
ニュータウン　72
ニューツーリズム　107
仁淀川　90

農外就業　56
農家カフェ　44
農業地域区分　10
農村空間の商品化　32
農泊　83

ハ 行

梅雨前線　53
廃墟ブーム　107
廃藩置県　10, 54
ハウス栽培　56
ハウステンボス　107
博多コネクティッド　104
端島　108
阪神・淡路大震災　74
阪神工業地帯　70, 73
半導体　33
半導体関連企業　104

比較地誌　1, 2, 7
ヒグマ　15
肱川　90, 99
肥前鹿島駅　110
広戸風　77

フェーン現象　17, 53
フォッサマグナ　8, 52　→ 大地溝帯
付加価値額　62
付加体　97
福岡　102
福岡市　104
副菜　103
武家社会　11
札所　95
復興計画　74
風土記　125
フードツーリズム　6
ブナ帯文化　29
ブラキストンライン　15
ブランド化　119
不連続堤防　52
文化遺産　67
文化財　55
文化層序　127

並行在来線　110
平野　9, 116
別子銅山　93
別府八湯　106
弁財船　18, 70　→ 北前船
遍路道　96

防災　126
訪日外国人旅行者　113　→ インバウンド
北西季節風　53
北洋母船式サケ・マス漁業　20
北海道開拓使　15
ボランティア　74
本州四国連絡橋　94

マ 行

マイクロツーリズム　107
マクロスケール　2
松江城　79
松前漬け　25
松山平野　90
祭り　119

三重津海軍所跡　108
身欠きニシン　25
ミクロスケール　2
民宿地域　49

武蔵野台地　41
ムツゴロウ　103
村上水軍　85

室戸半島　97
「明治日本の産業革命遺産　製鉄・製鋼，造船，石炭産業」　107
メソスケール　2
綿花栽培　81

毛利氏　78
桃太郎伝説　78

ヤ 行

野外実習　125
山・鉾・屋台行事　120
弥生文化　17

ユネスコ無形文化遺産　120
湯布院温泉　106

養殖業　93
よさこい祭り　91
吉野川　90

ラ 行

酪農　18
ラストベルト　73

リアス海岸　27, 98
リアルな地域　1
律令制度　9
離島　84
離島対策振興法　84
リニア中央新幹線　55
リーマンショック　56
リンゴ　20

冷温帯　66
冷害　23
冷帯気候区　16
歴史的町並み景観　3
レンタサイクル　87

6次産業化　92
露地栽培　56

ワ 行

和牛　81
和紙　82
和食　121
和人　17

索　引　131

編集者略歴

仁　平　尊　明
1971 年　茨城県に生まれる
2001 年　筑波大学大学院博士課程地球科学研究科修了
現　在　東京都立大学都市環境学部教授
　　　　博士（理学）

菊　地　俊　夫
1955 年　栃木県に生まれる
1983 年　筑波大学大学院地球科学研究科博士課程修了
現　在　東京都立大学名誉教授，同大学プレミアム・カレッジ特任教授
　　　　理学博士

シリーズ〈世界を知るための地誌学〉
日　　本　　　　　　　　　　　定価はカバーに表示

2025 年 4 月 5 日　初版第 1 刷

編集者　仁　平　尊　明
　　　　菊　地　俊　夫
発行者　朝　倉　誠　造
発行所　株式会社　朝　倉　書　店
　　　　東京都新宿区新小川町 6-29
　　　　郵便番号　162-8707
　　　　電　話　03（3260）0141
　　　　FAX　03（3260）0180
　　　　https://www.asakura.co.jp

〈検印省略〉

© 2025〈無断複写・転載を禁ず〉　　シナノ印刷・渡辺製本

ISBN 978-4-254-16951-5　C 3325　　Printed in Japan

JCOPY　〈出版者著作権管理機構 委託出版物〉

本書の無断複写は著作権法上での例外を除き禁じられています．複写される場合は，そのつど事前に，出版者著作権管理機構（電話 03-5244-5088，FAX 03-5244-5089，e-mail: info@jcopy.or.jp）の許諾を得てください．

世界自然遺産 小笠原諸島 ―自然と歴史文化―

東京都立大学小笠原研究委員会 (編)

A5 判／ 196 ページ　ISBN：978-4-254-18058-9 C3040　定価 3,300 円（本体 3,000 円＋税）

世界自然遺産・小笠原諸島の地形・気候・生態と歴史・文化・生活を深く知る。カラー図版豊富。〔内容〕小笠原諸島の成り立ち／父島・母島の地形と地質／気候と大気／水環境／生態系の特徴／固有の生物／外来生物／歴史／言語／音楽／産業

地誌トピックス1 グローバリゼーション ―縮小する世界―

矢ケ﨑 典隆・山下 清海・加賀美 雅弘 (編)

B5 判／ 152 ページ　ISBN：978-4-254-16881-5 C3325　定価 3,520 円（本体 3,200 円＋税）

交通機関，インターネット等の発展とともに世界との距離は小さくなっている。第 1 巻はグローバリゼーションをテーマに課題を読み解く。文化の伝播と越境する人，企業，風土病，アグリビジネスやスポーツ文化を題材に知見を養う。

地誌トピックス2 ローカリゼーション ―地域へのこだわり―

矢ケ﨑 典隆・菊地 俊夫・丸山 浩明 (編)

B5 判／ 152 ページ　ISBN：978-4-254-16882-2 C3325　定価 3,520 円（本体 3,200 円＋税）

各地域が独自の地理的・文化的・経済的背景を，また同時に地域特有の課題を持つ。第 2 巻はローカリゼーションをテーマに課題を読み解く。都市農業，ルーマニアの山村の持続的発展，アフリカの自給生活を営む人々等を題材に知見を養う。

地誌トピックス3 サステイナビリティ ―地球と人類の課題―

矢ケ﨑 典隆・森島 済・横山 智 (編)

B5 判／ 152 ページ　ISBN：978-4-254-16883-9 C3325　定価 3,520 円（本体 3,200 円＋税）

地理学基礎シリーズ，世界地誌シリーズに続く，初級から中級向けの地理学シリーズ。第 3 巻はサステイナビリティをテーマに課題を読み解く。地球温暖化，環境，水資源，食料，民族と文化，格差と貧困，人口などの問題に対する知見を養う。

世界地誌シリーズ2 中国

上野 和彦 (編)

B5 判／ 180 ページ　ISBN：978-4-254-16856-3 C3325　定価 3,740 円（本体 3,400 円＋税）

教員を目指す学生のための中国地誌学のテキスト。中国の国と諸地域の地理的特徴を解説する。〔内容〕多様性と課題／自然環境／経済／人口／工業／農業と食糧／珠江デルタ／長江デルタ／西部開発と少数民族／都市圏／農村／世界の中の中国

世界地誌シリーズ5 インド

友澤 和夫 (編)

B5 判／ 160 ページ　ISBN：978-4-254-16925-6 C3325　定価 3,740 円（本体 3,400 円＋税）

インド地誌学のテキスト。インド共和国を中心に，南アジアの地域と人々のあり方を理解するために最適。〔内容〕地域編成と州／巨大人口と多民族社会／自然／農業／鉱工業／ICT 産業／交通と観光／農村／巨大都市圏／他

世界地誌シリーズ 6 ブラジル

丸山 浩明 (編)

B5 判／184 ページ　ISBN：978-4-254-16926-3　C3325　定価 3,740 円（本体 3,400 円＋税）

ブラジル地誌学のテキスト。アマゾン，サンバ，コーヒー，サッカーだけでなくブラジルを広く深く理解するために。〔内容〕総論／自然／都市／多民族社会／宗教／音楽／アグリビジネス／観光／日本移民／日本の中のブラジル社会／サッカー

世界地誌シリーズ 7 東南アジア・オセアニア

菊地 俊夫・小田 宏信 (編)

B5 判／176 ページ　ISBN：978-4-254-16927-0　C3325　定価 3,740 円（本体 3,400 円＋税）

東南アジア・オセアニア地域の地誌学のテキスト。自然・生活・文化などから両地域を比較しつつ，その特色を追求する。〔内容〕自然環境／歴史・文化の異質性と共通性／資源／伝統文化／グローバル化と経済活動／都市の拡大／比較地誌

世界地誌シリーズ 8 アフリカ

島田 周平・上田 元 (編)

B5 判／176 ページ　ISBN：978-4-254-16928-7　C3325　定価 3,740 円（本体 3,400 円＋税）

アフリカ地誌学のテキスト。〔内容〕自然的多様性・民族的多様性／気候・植生／生業と環境利用（焼畑・牧畜・ブドウ栽培）／都市と農村／都市環境問題／地域紛争／グローバル化とフォーマル経済／開発援助・協力／大衆文化／日本との関係

世界地誌シリーズ 9 ロシア

加賀美 雅弘 (編)

B5 判／184 ページ　ISBN：978-4-254-16929-4　C3325　定価 3,740 円（本体 3,400 円＋税）

ロシア地誌学のテキスト。自然・産業・文化などから全体像をとらえ，日本や東アジア，世界との関係性を解説する。〔内容〕総論／国土と自然／開発と資源／農業／工業／社会経済／都市／伝統文化／民族と地域文化／日本・世界との関係

世界地誌シリーズ 10 中部アメリカ

石井 久生・浦部 浩之 (編)

B5 判／168 ページ　ISBN：978-4-254-16930-0　C3325　定価 3,740 円（本体 3,400 円＋税）

中部アメリカ地域の地誌学のテキスト。自然と災害・民族・産業などを概観し，欧米・世界との関係を解説する。〔内容〕地域概念・区分／自然と災害／民族と文化／農業／経済・都市／人と富の移動／貧困と格差／地政学／ツーリズム／他

世界地誌シリーズ 11 ヨーロッパ

加賀美 雅弘 (編)

B5 判／180 ページ　ISBN：978-4-254-16931-7　C3325　定価 3,740 円（本体 3,400 円＋税）

教員を目指す学生のためのヨーロッパ地誌学テキストの改訂版。大きく変容するヨーロッパ・EU を多面的な視点から解説する。〔内容〕総論／自然環境／農業／工業／都市／観光／市民の暮らし／地域主義・民族／移民問題／国境／世界と EU

シリーズ〈世界を知るための地誌学〉 アメリカ

二村 太郎・矢ケ﨑 典隆 (編)

B5判／144ページ　ISBN：978-4-254-16952-2　C3325　定価 3,850 円（本体 3,500 円＋税）

アメリカ合衆国の地誌をわかりやすく解説する好評テキストを現在の地誌研究に即してアップデート。社会科教員を目指す学生だけでなく，アメリカを知りたいすべての人に。本文カラー。〔内容〕アメリカ地誌へのアプローチ／自然環境／国家形成／多民族社会／食料生産／産業構造／都市／生活／経済格差／高齢化／アメリカと世界／他

地理学基礎シリーズ1 地理学概論 （第2版）

上野 和彦・椿 真智子・中村 康子 (編)

B5判／180ページ　ISBN：978-4-254-16819-8　C3325　定価 3,630 円（本体 3,300 円＋税）

中学・高校の社会科教師を目指す学生のスタンダードとなる地理学の教科書を改訂。現代の社会情勢，人類が直面するグローバルな課題，地球や社会に生起する諸問題を踏まえて，地理学的な視点や方法を理解できるよう，具体的に解説した。

地理学基礎シリーズ2 自然地理学概論

高橋 日出男・小泉 武栄 (編著)

B5判／180ページ　ISBN：978-4-254-16817-4　C3325　定価 3,630 円（本体 3,300 円＋税）

中学・高校の社会科教師を目指す学生にとってスタンダードとなる自然地理学の教科書。自然地理学が対象とする地表面とその近傍における諸事象をとりあげ，具体的にわかりやすく，自然地理学を基礎から解説している。

地理学基礎シリーズ3 地誌学概論 （第2版）

矢ケ﨑 典隆・加賀美 雅弘・牛垣 雄矢 (編著)

B5判／184ページ　ISBN：978-4-254-16820-4　C3325　定価 3,740 円（本体 3,400 円＋税）

中学・高校教員を目指す学生のための定番教科書。全編カラー。〔内容〕身近な地域の地誌／地域変化の歴史地誌／朝鮮半島／中国／インド／東南アジア／オーストラリア／中東／ヨーロッパ／アメリカ合衆国／ラテンアメリカ／アフリカ／他

東京地理入門 ―東京をあるく，みる，楽しむ―

菊地 俊夫・松山 洋 (編)

A5判／164ページ　ISBN：978-4-254-16361-2　C3025　定価 2,640 円（本体 2,400 円＋税）

全国学校図書館協議会選定優良図書。
東京の地理を自然地理・人文地理双方の視点から，最新の知見とともにバランスよく解説。概説とコラムで東京の全体像を知る。〔内容〕東京を見る／地形／気候／植生と動物／水と海／歴史と文化／東京に住む／経済／観光／東京の未来。

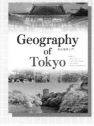

Geography of Tokyo

菊地 俊夫・松山 洋・佐々木 リディア・エランガ ラナウィーラゲ (編)

A5判／168ページ　ISBN：978-4-254-16362-9　C3025　定価 3,080 円（本体 2,800 円＋税）

全国学校図書館協議会選定優良図書。
全編英語で執筆された，東京の地理の入門書。〔内容〕Landforms／Climate／Animals and Plants in Tokyo／Waters and Seas／History and Culture／Living in Tokyo／Economy／Tourism

上記価格は 2025 年 3 月現在